Quentin Bell

Erinnerungen
an Bloomsbury

Aus dem Englischen von Claudia Wenner

S. Fischer

Die Originalausgabe erschien 1995 unter dem Titel
Elders and Betters im Verlag John Murray, London.
Copyright © 1995 by Quentin Bell
Für die deutsche Ausgabe:
© S. Fischer Verlag, Frankfurt am Main 1997
Gesamtherstellung: Clausen & Bosse, Leck
Printed in Germany 1997
ISBN 3-10-005209-9

Inhalt

Schweinchen in der Mitte*

Dieses Buch sollte eigentlich eine Autobiographie werden. Noch vor nicht allzu langer Zeit dachte ich, meine Biographie zu schreiben wäre angenehm. Nach drei mißglückten Versuchen bin ich anderer Meinung; daher ist der Hauptteil dieser Arbeit nicht mir gewidmet, sondern Menschen, die für mich »Respektspersonen« waren – ein Begriff, den ich für meine Eltern, ihre Freunde und Bekannten verwende. Trotzdem halte ich es für notwendig, etwas über mich selbst zu sagen. Meine Porträts stützen sich größtenteils auf eigene Beobachtungen; mein Zeugnis hängt wesentlich davon ab, wie qualifiziert ich als Zeuge bin, und der Leser hat das Recht, mich zu prüfen, bevor er sich meine Aussagen anhört. Wie die Figuren am Rand eines Gemäldes, die nach innen auf das Hauptsujet des Bildes deuten, beanspruche ich keine wichtige Position, aber ich muß vorhanden sein, denn nur der sichtbare Zuschauer gewährleistet menschliche Maßstäbe und vermag außerdem den zeitlichen Rahmen des Ganzen abzustecken.

Die Festlegung des zeitlichen Rahmens ist nämlich sehr wichtig. Fast alle von mir beschriebenen Personen wurden vor 1890 geboren; ich bin 1910 geboren. Die Menschen, von denen ich spreche, konnte ich erst richtig beobachten, als sie bereits in ihrer Lebensmitte standen. Davor (sagen wir vor 1920) hatten sie zuerst in einer Welt gelebt, in

---

* Der Titel verweist auf das gleichnamige englische Kinderspiel, bei dem sich zwei einen Ball zuwerfen und der dritte in der Mitte versuchen muß, diesen Ball zu fangen. Wenn ihm dies gelingt, tritt er an die Stelle dessen, der den Ball geworfen hat. [Anm. d. Ü.]

der Frieden herrschte, und dann Schreckliches mit angesehen – Krieg, Hungersnot und Revolution –, eine Epoche der Gewalt und der Unsicherheit, die immer noch nicht vorbei ist. Ich wuchs unter Menschen auf, die älter waren als ich und daher weniger fähig, das Neue im Leben zu genießen, und die die Nöte der Epoche stärker empfanden als wir, ihre Kinder.

Die Menschen, an deren Porträts ich mich versucht habe, waren in der Mehrzahl Literaten und bildende Künstler oder Kunst- und Literaturmäzene, und man hat sie, vielleicht etwas vage, als »Bloomsbury« bezeichnet. Ich habe Bloomsbury aus unmittelbarer Nähe erlebt, zu einer Zeit, die ich als sein Spätstadium betrachte und die mit Beginn des Zweiten Weltkriegs vorüber war. Es war auch das Ende meiner ziemlich langen Unmündigkeit.

Der Zeitraum, den ich hier darzustellen versuche, ist also eher begrenzt, und später werde ich über ihn hinausgehen. Aber er ist eine Beschreibung wert, da es wenige Menschen gibt, die die gleichen Erfahrungen gemacht haben und noch am Leben sind.

Ich wurde am Gordon Square 46 in Bloomsbury geboren. Die Türen der Nr. 45 und Nr. 47, genaugenommen die aller Häuser am Platz, waren schwarz oder zumindest dunkelgrau oder düsterblau. Die Tür der Nr. 46 war von einem schreiend grellen Zinnoberrot. Die Farbe hatte Vanessa, meine Mutter, ausgesucht; sie dekorierte auch das Innere des Hauses und benutzte dabei ebenso schreiende Farben. Mein Vater, Clive Bell, war zu jener Zeit ein Linksradikaler. Von Kindesbeinen an wußte ich, daß wir merkwürdig waren.

Ich ging zusammen mit meinem zweieinhalb Jahre älteren Bruder Julian in eine Schule auf der anderen Seite des Platzes; sie war für ganz kleine Jungen und für Mädchen aller Größen und offerierte jeden Morgen Gebete der konfessionslosen Art. Julian freundete sich mit einem kleinen Jungen an, dem Sohn eines Nonkonformistenpfarrers, der gleich um die Ecke in der Taviton Street wohnte. Unsere Kinderfrauen gingen mit uns in den Regent's Park, wo mein Bruder und sein Freund miteinander debattierten; die Debatten überstiegen gewöhnlich meinen Horizont, aber in einer erfuhr ich, daß ich irgendwann sterben muß.

Quentin Bell (Duncan Grant, 1922)

Als wir unseren Freund zu Hause besuchten, war ich erstaunt und beeindruckt: Alles war so gepflegt und sauber und blank. Ich bewunderte die Linkrustatapete, die gerahmten Photographien in ihren Samtpassepartouts, das polierte Messing und vor allem den Elefantenstoßzahn mit den wundervollen Schnitzereien, der aussah wie eine Prozession von immer kleiner werdenden Miniaturelefanten. Eines Tages erfuhren wir dann, daß man unserem Freund verboten hatte, mit uns zu sprechen. Man lehnte uns ab, und zwar nicht wegen des Einrichtungsgeschmacks unserer Eltern, sondern weil Julian es gewagt hatte, die historische Wahrheit der Schöpfungsgeschichte anzuzweifeln. Wir waren die eigentlichen Nonkonformisten. Wir – das heißt die Bell-Kinder – konnten die Geschichte von Noahs Arche unglaubwürdig finden, ohne daß das große Folgen gehabt hätte; es gab kaum jemanden, der etwas für dieses Thema empfand. Aber alle – so schien es – waren sich darüber einig, daß die Deutschen unmenschliche Bestien waren, das heißt alle bis auf unsere Eltern. Wir hatten ein Kindermädchen, Mabel Selwood, die ich gern mochte; sie war an die Stelle einer gewissen Elsie getreten, die ich fürchtete und verabscheute. Mabel hatte einen Liebhaber, einen Unteroffizier bei den Coldstream Guards. Mabel war eine begeisterte Patriotin und steckte mich mit ihrer Begeisterung an. Manchmal sah ich nachts das wütende, schreckliche Gesicht des deutschen Kaisers, das mich aus dem Dunkeln anfunkelte. Nach dem Tee spielte ich im Wohnzimmer Grammophon, wobei ich mit Kreide Kreise auf den Zimmerboden kratzte und die grauenhaftesten Feindesbeschimpfungen herausbrüllte. Mein Onkel Leonard Woolf, der nicht nur musikalisch, sondern auch Sozialist war, fand diese Vorführungen laut, vulgär und abscheulich. Er und Virginia gewöhnten sich an, von Besuchen in der Nr. 46 abzusehen, wenn ein Vortrag von mir zu erwarten war.

Ich hatte, wie man sagen könnte, von Anfang an »vom Krieg gewußt«, aber ich verstand wohl kaum, daß der Krieg Auswirkungen auf mich oder meine Familie haben könnte. Zu Beginn war er etwas Fernes und zugleich Erschreckendes, das mich aber auch begeisterte. In der ersten Zeit gab es keine Rationierungen, und von den Freunden meiner Eltern schien niemand in Gefahr. 1915 geschah jedoch etwas, was meine Phantasie aufs heftigste erregte.

In der Fitzroy Street, ein paar Schritte von unserem Haus, gab es einen ausgezeichneten Bäcker namens Zeller, der das beste Brot und die besten Brötchen der ganzen Gegend backte. Als 1915 die »Lusitania« von einem deutschen U-Boot versenkt wurde, marschierte eine Schar »Patrioten« zu Mr Zellers Laden und schlug die Scheiben ein. Es stellte sich heraus, daß Mr Zeller für das Versenken der Lusitania keine Verantwortung trug und daß er in Wirklichkeit Schweizer war. Hoffentlich hat er eine anständige Entschädigung erhalten; man hat ihm sicherlich die Scheiben ersetzt und mit dem Wappen jener deutschen Familie geschmückt, die sich jetzt Windsor nannte.

Ich hörte zu einer Zeit von dem Vorfall, in der mir langsam klar wurde, daß meine Familie und viele Freunde meiner Familie die patriotischen Gefühle nicht teilten, die bei uns im Kinderzimmer und in der Schule vorherrschten. Wenn die Deutschen die Unhöflichkeit haben sollten, noch ein Schiff zu versenken, bestand dann nicht die Möglichkeit, daß die Menge unsere knallrote Tür am Gordon Square einschlagen würde?

Weil der Sieg über den Feind mit einer Freiwilligenarmee fehlgeschlagen war und diese Armee große Verluste erlitten hatte, beschloß die Regierung 1916 die Einführung der allgemeinen Wehrpflicht. Mein Vater und viele seiner Freunde sahen sich mit der Notwendigkeit konfrontiert, einer Sache zu dienen, die ihnen als törichte, überflüssige Zänkerei erschien, oder aber ins Gefängnis zu kommen. Es gab jedoch einen Ausweg: Männer, deren Arbeit für das Land von Bedeutung war, wurden freigestellt, wenn sie ein Tribunal überzeugen konnten. Zu diesem Zweck flüchtete sich mein Vater nach Garsington, dem Anwesen von Lady Ottoline Morrell, und bewegte sich dort ganz wie ein Landwirt zu Pferd durch die Ländereien. Duncan Grant, der meiner Erinnerung nach praktisch schon immer zu unserer Hausgemeinschaft gehört hatte, ging in die Wissett Lodge nach Suffolk. Begleitet wurde er von David Garnett, der in einer Quäker-Sanitätseinheit in Frankreich gedient hatte. Sie hatten vor, dem Kriegsdienst zu entkom-

11 ·

men, indem sie Obst anbauten. Vanessa kam mit, zusammen mit dem Dienstpersonal und den Kindern.

Wissett Lodge war ein wunderbarer Ort: es gab dort einen ausgedehnten Garten und zwei große Teiche. In einem davon schwamm ein großer Schwarm Goldfische, Fische, die so einfältig waren, daß ein Kind sie mit der Hand fangen konnte. Der Garten war ideal zum Spielen, und wir machten eine Menge Unfug. Die Erwachsenen hatten sich offenbar so sehr von unserem unbändigen Verhalten anstecken lassen, daß sie bei den Kriegsspielen mitmachten, nach denen wir süchtig waren. Eines dieser Spiele sollte für mich die Freuden von Wissett beenden. Julian und ich hatten beschlossen, daß wir Athener Soldaten waren, und stürmten mit Knüppeln bewaffnet, die so groß waren wie wir, über den Rasen, um imaginäre Spartaner zu besiegen. Ich stürzte und schlug gegen die messerscharfe Kante eines zerbrochenen Blumentopfs. Ich drehte mich zum Haus um und schrie: »Ich hab mir das Bein abgeschnitten, mein Bein ist ab, es hängt nur noch an der Haut.« Ich war ein Kind mit blühender Phantasie, aber die Wunde war wirklich schlimm – die Narbe habe ich heute noch.

Den Rest meiner Wissetter Zeit verbrachte ich im Bett, und nach London kehrte ich liegend zurück. Durch ein Fenster an der Rückseite des Gordon Square blickend, fand ich London aus irgendeinem Grund bezaubernd. Ich entsinne mich, wie ich mit Freude der Glocke des Gebäckverkäufers lauschte und die Strahlen der Suchscheinwerfer beobachtete, die am Nachthimmel aufleuchteten.

Das Tribunal hatte es abgelehnt, Duncan und seinen Freund David Garnett, genannt Bunny, vom Kriegsdienst zu befreien, was mein Bruder und ich aber nicht wußten. Es war eine sorgenvolle Zeit für unsere Mutter. Ich erinnere mich noch, wie sie eines Abends am Gordon Square Charleston beschrieb, das unser neues Zuhause werden sollte. Langsam und bedächtig zeichnete sie das Haus, den von einer Mauer umgebenen Garten, den vorderen Teich und einen zweiten Teich weiter hinten, die Koppel, die Rasenflächen und den Obstgarten.

Zwei Kriegsdienstverweigerer, die beide aufgrund des neuen Gesetzes hätten strafrechtlich verfolgt werden können, eine Frau mit zwei ungezogenen Kindern und ohne erkennbaren Ehemann sowie eine

12

Hausangestellte und ein Hund entstiegen im Oktober 1916 am Tor von Charleston Mr Suttons altem Taxi.

Ich jedoch war enttäuscht. Man hatte mir gesagt, Charleston befinde sich im Süden (es befindet sich in Sussex). Kurz zuvor war ich zum ersten Mal im Kino gewesen und hatte einen Film über Captain Scotts Antarktis-Expedition gesehen. Die Antarktis lag, wie Charleston auch, südlich vom Gordon Square 46, und ich hatte mir Pinguine und Eisschollen erhofft. Hätten wir ein paar Wochen gewartet, wäre ich vielleicht zufriedengestellt worden. Ich weiß noch, wie ich im kalten Winter 1916/17 mit einem Eimer übers Feld lief – zur einzigen Quelle weit und breit, die nicht eingefroren war.

Sogar im Sommer war das Haus kalt; die einzige Heißwasserquelle war der Küchenherd; kaltes Wasser mußte man mit der Hand pumpen. Nachts ging man mit einer Kerze zu Bett und versuchte unerschrocken, an dunklen Ecken vorbeizugelangen. Tagsüber hielten wir uns vor allem im Eßzimmer auf; hier lernten wir Lesen und Schreiben und ein wenig Französisch sprechen, hier weinte ich, weil das Siebener-Einmaleins so schwer war. Hier ließ während der Märzoffensive von 1918 das Kanonenfeuer von der anderen Seite des Ärmelkanals unsere Fensterscheiben klirren, genau wie dann später im Sommer 1940. Hier nahmen wir unsere immer kärglicher werdenden Mahlzeiten ein.

Das Neueste in jener Gegend war die Eisenbahn, und trotz der Eisenbahn verlief das Leben sehr gemächlich. Ein paar Meilen von uns entfernt war ein großer Kreidesteinbruch, wo die Kreide bis vor gar nicht so langer Zeit auf Ochsenkarren geladen wurde. Der Ochse zog seine Last ohne Beaufsichtigung: er bekam einen Schlag aufs Hinterteil und lief alleine los, die Bo-Peep Lane hinunter zum Feldweg, der heutigen A 27 von Brighton nach Eastborne. Diesen überquerte er und lief zielsicher weiter geradeaus, ohne nach links oder rechts abzubiegen, bis er am Bahnhof von Berwick ankam. Es war ein langer Weg für einen Ochsen, der zwar ungeheuer stark, aber langsam ist. Die Bauern, die das Pflügen von Hügelland lohnend fanden, benutzten in den ersten Jahrzehnten dieses Jahrhunderts immer noch Ochsen; ein Pferd war zu schwach, um einen Pflug durch derart steiles, steiniges Gelände zu ziehen. Erst als der Traktor kam, gab man die Ochsen auf.

Die alten Landarbeiter freuten sich über den Anblick des Traktors: »Der hat's den Scheißpferden aber ganz schön gezeigt.« Für sie war das Pferd ein moderner Eindringling.

Wir Kinder fanden bald heraus, wie paradiesisch der Garten war und die nähere Umgebung, wo man Militär- und Marinespiele spielen konnte. Auf den Downs weideten Schafe, die das Gras abfraßen und die Gegend zu einer riesengroßen Rasenfläche machten, auf der es damals noch keine Drahtzäune gab. Man konnte hier Tümpel finden, in denen es herrliche Kammolche mit orangefarbenen Bäuchen gab und überraschenderweise sogar kleine Fische. Die alte Straße, die am Fuß der Downs von Firle nach Alfriston führte, wurde immer noch vom Lieferwagen des Lebensmittelhändlers befahren (sie ist heute ein Feldweg), während die »neue« Straße, die sich um die Felder bis nach Lewes schlängelte, ohne Gefahr für Kinder auf Eseln war. In späteren Jahren habe ich die acht Meilen nach Lewes allein mit dem Rad zurückgelegt, um Schießpulver zu kaufen – für einen Vorderlader, wie ich vorgab.

Es scheint beinah so, als hätte Vanessa ihre Kinder nach homöopathischen Grundsätzen erzogen. Auf die Schule am Gordon Square, die uns Religiosität und Patriotismus beibrachte, und auf die Kinderfrauen, die ganz ähnlicher Ansicht darüber waren, was für Kinder das richtige sei, folgte eine Gouvernante, die meinen Bruder dazu brachte, seine Zweifel bezüglich der Schöpfungsgeschichte zu wiederholen. Sie ging mit uns erst in die Kirche in Selmeston und dann zur Charlestoner Kirchenbank in Firle. Ihre Ansichten über den Krieg waren ebenso konventionell. Mit Julian hatte sie eine Menge Ärger; mich verwöhnte sie. Sie nannte sich Mrs Brereton und hatte eine Tochter, die wir Kinder mochten, sowie einen liebenswerten, ziemlich schwachen jungen Mann, doch ein Mr Brereton war nicht in Sicht. Darin entsprach sie dem – falls man so sagen kann – Sittenkodex von Charleston.

Trotzdem hatte sie keine hohe Meinung von uns und fand uns kulturell prätentiös; sie mißbilligte unseren Geschmack, was die Inneneinrichtung betraf, und schrieb einen satirischen Roman über uns. Falls er noch vorhanden ist und ein Gelehrter ihn finden sollte, besäße er zumindest eine literarische Kuriosität – eine der allerersten Satiren über Bloomsbury und vielleicht sogar ein Meisterwerk. Wie gesagt, mich verwöhnte Mrs Brereton, und ich war ihr treu ergeben. Sie lehrte mich einiges an Geschichte, wobei sie unterhaltsam, aber nicht glaubwürdig war.

Mrs Brereton hatte einen Freund im Kriegsministerium, der uns davon überzeugte, daß wir die Sieger waren, wo doch aller Anschein dagegen sprach. Am Ende siegten wir wirklich. Der Frieden kam, aber nicht der Überfluß, und danach kam eine kleine Schwester und eine Zeit, die noch mühseliger schien als das, was wir im Krieg kennengelernt hatten. Wir Jungen wurden zu einer unerträglichen Plage in Charleston. Man schickte uns zu den Woolfs nach Asham, ein paar Meilen weiter weg, was eine besondere Freude war. Dann kamen wir ins Hogarth House nach Richmond, bis Leonard uns an den Gordon Square 46 zurückbrachte, wo zu jener Zeit ein gemischtes Völkchen wohnte: Clive, Maynard Keynes, der Mathematiker Harry Norton und J. T. Sheppard, der später Dekan des King's College wurde, sowie verschiedene »Anhängsel« wie zum Beispiel Mary Hutchinson. Clive tat alles, um uns Vergnügungen zu bieten; wir sahen das Ballett, wir überaßen uns in Buszards' Tea Rooms und wurden ins Kino ausgeführt. Aber schließlich wurden wir doch zu lästig, und man schickte uns nach Charleston zurück.

Als ich etwa acht oder neun war, hatte ich eine ästhetische Erfahrung, die es wert ist, festgehalten zu werden. Im Kinderzimmer des Gordon Square 46 gab es ein Grammophon – einen großen quadratischen Kasten mit einem Schalltrichter oben und einem Hund auf der Seite. Es gab auch ein paar Schallplatten mit patriotischen Liedern – das einzige, an das ich mich entsinne, stammte aus dem Burenkrieg. Dieser Apparat gelangte vom Gordon Square nach Charleston, doch erinnere ich mich nicht, daß er dort in Gebrauch war, obwohl wir keinen anderen hatten. Als ich ihn fand, war er in seine Einzelteile zerlegt, und die waren völlig verstaubt. Bei dem Apparat lag eine Schallplatte, auf der etwas stand, was ich nicht verstehen konnte. Ich war allein, aber es war nicht sehr schwer, die Teile ohne fremde Hilfe zusammenzubauen. Ich wußte, daß man eine Nadel brauchte, und es war keine vorhanden, doch da war ich bereits entschlossen, das Ding zum Laufen zu bringen. Ich nahm ein Taschenmesser und ging aufs Feld vor dem Haus. Dort fand ich einen Schwarzdornstrauch, von dem ich einen Zweig abschnitt; er lieferte mir mehrere Nadeln. Ich zog den Apparat auf. In Charleston gab es keine Musiker und keine Musikinstrumente. Was ich hörte, war daher ganz wider jegliche Erwartung, gespenstisch leise, aber ganz klar und rein. Heute weiß ich, daß es eine Partita von Bach war, aber damals konnte ich diese Musik nicht benennen. Sie rührte mich zu Tränen. Die Begebenheit ist von einem gewissen historischen Interesse. Heutzutage werden wir so reichlich mit Musik versorgt, daß sie wahrscheinlich selbst für ein achtjähriges Kind kaum noch ein Novum ist. Traurig daran ist, daß diese schöne Überraschung nicht einem jungen Musiker widerfuhr.

Die Ereignisse der nächsten paar Jahre könnte man sorgfältig chronologisch ordnen, sie verdienen jedoch kaum eine derart genaue Betrachtung; eine Zeitlang wurde ich von Miss Rose Paul unterrichtet und eine Zeitlang ging ich wieder am Gordon Square zur Schule.

Wir verbrachten einen Herbst in St. Tropez, einem damals sehr ruhigen Ort, an dem die Kinder die Freiheiten späterer Zeiten vorwegnahmen und nackt im Meer badeten. Aber ich war dort nicht glücklich. Ich glaube, Julian und ich waren beide eifersüchtig auf unsere Schwester Angelica, obwohl es ganz normal war, daß das jüngste Kind in mancher Hinsicht bevorzugt wurde, und Vanessa hatte sich schon immer ein Mädchen gewünscht. Von meinen eigenen Empfindungen kann ich mit einiger Gewißheit sprechen – es waren die Gefühle des Schweins in der Mitte.

So wollte ich also im Alter von etwa zehn Jahren einen Mord begehen. Ich beschloß, Angelicas Puppe zu töten, ein ziemlich schickes französisches Ding mit Klimperaugen und einem albernen, dümmlichen Lächeln. Als eines Nachmittags keine Zeugen zugegen waren, schleuderte ich sie brutal auf den Steinboden und zerbrach ihr den Schädel; er war aus einem widerstandsfähigen Mischmaterial, und das dumme Lächeln blieb intakt, so daß ich mich irgendwie besiegt fühlte. Ich entsinne mich, daß ich tiefe Schuldgefühle hatte, als ich die Spuren meines Verbrechens tilgte, das dann tatsächlich niemals entdeckt wurde. In späteren Jahren ärgerte ich mich immer noch darüber, daß ich, wie ich fand, zu kurz kam, und dieses Gefühl verschwand erst ganz, als mir klar wurde, daß Duncan und nicht Clive Angelicas Vater war. Als Julian und ich aus Frankreich zurückkamen, führten wir ziemlich ernste Gespräche über die Zukunft. Er sollte von der Londoner Owen's School abgehen und nach Leighton Park wechseln. Ich sollte auf eine Preparatory School in Hampstead gehen. Julian hatte sich auf der Owen's School nicht wohl gefühlt, glaubte jedoch, seine neue Schule würde ihm mehr entsprechen. Er war dann sehr unglücklich in Leighton Park, wie ich auch, aber erst einmal hatte ich für ein paar Jahre Glück mit meiner Schulkarriere. Peterborough Lodge war eine gute Schule. Wegen des großen Zustroms von Jungen aus jüdischen Familien, die in Hampstead wohnten, war das Niveau beachtlich, und ich verliebte mich, platonisch und völlig unschuldig, in einen sehr klugen kleinen Jungen, den Sohn eines Dr. Roaf. Ich habe immer erwartet, diesen ungewöhnlichen Namen auf irgendeiner Liste hervorragender Naturwissenschaftler oder Akademiker zu entdecken. Er schwang sich über mich in eine höhere Klasse und schien dafür bestimmt, Großes zu leisten.

Wir trafen uns immer in der Vormittagspause auf dem Schulhof und sprachen über Dinge, die nicht auf dem Lehrplan standen: über die Existenz Gottes, die Unsterblichkeit der Seele, die Möglichkeiten der Wissenschaft, über die naturwissenschaftlichen Erzählungen von H. G. Wells, die Wahrscheinlichkeit eines Krieges mit den USA sowie über aktuelle politische Themen.

Es war die Zeit, in der ich ein Bewußtsein für Politik entwickelte. Julian war aus der Schule gekommen und hatte erklärt, er sei Sozialist. Ich beschloß, ein Liberaler zu sein. Es war das Jahr 1924, und Ramsey MacDonald hatte die erste Labour-Regierung gebildet. Eine Erinnerung an diese Zeit wirft etwas Licht auf meine Mischung aus Schläue und Einfalt. Während eines Zwiegesprächs mit einem Lehrer las dieser mir aus irgendeinem Grund John von Gaunts patriotische Rede aus *Richard II.* vor (»Der Königsthron hier, dies gekrönte Eiland« usw.) und bat mich um einen Kommentar. Ich betrachtete die Rede als par-

17

teipolitische Stellungnahme. Ich sagte nicht, John von Gaunt sei ein Halunke oder ein Hurrapatriot, sondern ich sagte, er »trage ein bißchen dick auf«, oder sinngemäß: er denunziere die Opposition und werbe um die Gunst der Wähler.

Mir war sofort klar, daß ich das Falsche gesagt hatte. Mein Lehrer war bewegt, nicht nur von Shakespeares Poesie, sondern auch von seinen eigenen patriotischen Gefühlen. Ob ich die nicht teilen würde? Vermutlich schon, sagte ich, das sei ein Aspekt, auf den ich nicht gekommen sei. Er war sehr verärgert und dachte, wie mir jetzt klar wird, ich würde ihn auf den Arm nehmen. Hätte er mich die Antwort, die er suchte, auch nur ahnen lassen, hätte ich mich sicher gefällig gezeigt, denn er konnte mir das Leben schwermachen und tat das auch.

Insgesamt war es eine Zeit, in der ich sehr viel lernte, denn über mein Schulpensum hinaus bekam ich einigen Unterricht von Maynard Keynes.

Clive hatte vorgeschlagen, daß ich statt auf eine Public School lieber nach Frankreich gehen sollte. Der Vorschlag wurde eines Tages nach dem Mittagessen gemacht und enthielt allerlei betörende und verlockende Ausschmückungen. Ich war dabei und wußte nicht, daß man nach dem Mittagessen geschmiedete Pläne nicht allzu ernst nehmen sollte. Als ich meinen Irrtum entdeckte, war ich verzweifelt. Vanessa brachte die Angelegenheit wieder in Ordnung.

Ein liebenswürdiger Monsieur Renoir, Neffe des großen Impressionisten, hatte am Lycée Louis Le Grand in Paris einen Kollegen, Monsieur Pinault, der mich beherbegen und unterrichten konnte, und zu ihm wurde ich im Alter von vierzehn Jahren geschickt, im Frühjahr 1924.

Die ersten paar Tage waren schrecklich; ich stellte fest, daß ich kein Wort von der Sprache verstand, aber Monsieur Pinault war ein guter Lehrer, und ich entdeckte bald, daß ich mich verständlich machen konnte, und dann, daß ich etwas verstand. Madame Pinault war eine freundliche Frau und eine wunderbare Köchin – ich wurde ungeheuer dick.

Monsieur Pinault gehörte zu den Franzosen, deren gesamtes Leben

18

durch die Dreyfus-Affaire verändert worden war. Sie hatte ihn zu einem leidenschaftlichen Feind des Militarismus gemacht, zu einem erbitterten Gegner der Kirche, und wenn auch meines Wissens nicht zu einem Mitglied, so doch zu einem Anhänger der Kommunistischen Partei und zu einem Gewerkschafter. Er war kultiviert und hatte aufrichtigen Respekt vor den Schriftstellern des 17. Jahrhunderts, doch seine wahre Begeisterung galt Voltaire und den Enzyklopädisten sowie Victor Hugo und Zola; in der Malerei bewunderte er Delacroix und Courbet.

Meine eigenen Ansichten waren bereits von Julians Sozialismus beeinflußt, und ich war imstande, vielem von dem beizupflichten, was Pinault zu sagen hatte. Pinault war von einer Großzügigkeit, einem Anstand und einer intellektuellen Neugier, die ihn unwiderstehlich machten. Ich wußte damals nicht, daß seine Vorliebe für gutes Essen, guten Wein und intelligente Unterhaltung einzig von seinem Appetit auf junge Frauen übertroffen wurde.

Nach dem 14. Juli verließen wir Paris, nahmen den Zug nach Argenton und fuhren von dort nach Gargilesse, einem Dorf an den Ausläufern des Zentralmassivs, das durch George Sand berühmt geworden war. Dort hatten die Pinaults eine Tochter, einen Schwiegersohn und ein Bauernhaus, und dort wurde Pinault ein anderer Mensch. Er legte seine häßliche korrekte Stadtkleidung samt der Fertigkrawatte ab und trug ganz einfache Sachen oder gelegentlich auch gar nichts, zum Beispiel wenn er, muskulös, behaart und altgriechisch, durch das reißende Wasser der Creuse schritt, um sein Netz zum Fischen auszuwerfen. Ich erinnere mich auch noch, wie er den Weizen seines Schwiegersohns in Mandeln zusammenstellte, während ich den Zugrechen hinterherzog und die Ähren aufsammelte.

Vor ein paar Monaten bekam ich einen Brief von Monsieur Renoir, der mich daran erinnerte, daß er mich mit Pinault bekannt gemacht hatte. Er fragte mich, ob etwas aus der Begegnung geworden sei, und ich antwortete ihm wahrheitsgemäß, daß sie überaus wertvoll für meine Bildung gewesen sei und mein Leben sehr bereichert habe.

Als ich im Herbst 1924 in Leighton Park in Reading ankam, war ich furchtbar dick, schlecht im Sport, hoffnungslos in Mathematik und in

19

allen Fächern sehr schwach, bis auf Bibelkunde (das war immer meine Stärke und ein Lieblingsfach von Pinault gewesen). Ich war wirklich überall schlecht, sogar in Französisch, das ich zwar sprechen, aber nicht schreiben konnte, und zwar bis zum heutigen Tag. Ich lernte sehr wenig, war eine Zeitlang absolut unglücklich und später dann nur noch gelangweilt. Meine Schulzeit war scheußlich, brutal und zum Glück kurz. Ich versuchte erst gar nicht, einen Abschluß zu machen, und verließ die Schule drei Jahre später als Siebzehnjähriger.

Kurz danach ging ich nach München, wo ich vermutlich einiges lernte; die Alte Pinakothek ist eine reiche Sammlung, in der noch dazu fast alle großen europäischen Schulen vertreten sind, und in der Oper kostete ein Platz auf der Galerie nur 50 Pfennig.

Ein Jahr später ging ich wieder nach Paris und begann dort zum erstenmal ernsthaft zu malen – auf meine Karriere als Kunststudent komme ich später noch kurz zu sprechen. Im Sommer fuhr ich nach La Bergère, dem Haus in Cassis, das meine Familie sich auf irgendeine Weise mit einem pensionierten Colonel Teed teilte, der Winzer war und exzellenten Wein produzierte. Er bezeichnete Cassis als das Quartier Latin von Sodom und Gomorra.

Zwei Sommer hintereinander wohnte ich mit Clive zusammen in dem Haus und spielte gleichsam die Rolle des Leporello, während Clive Don Juan war; das war manchmal schwierig und schmerzhaft, manchmal aber auch sehr amüsant. Am Ende des ersten Sommers nahm ich in Marseille ein Schiff und fuhr nach Neapel. Ich verbrachte einen kargen, einsamen Winter in Rom, karg, weil ich einen Großteil meines Unterhalts für die Miete und Möblierung eines Appartements in der Via Margutta ausgegeben hatte, einsam, weil ich niemanden kannte und niemanden traf, was sich erst in den letzten Monaten meines Mietverhältnisses änderte, und weil ich außerdem herausfand, daß ich die Einsamkeit ganz gerne hatte.

Im Sommer 1929 kehrte ich über Arezzo und Florenz nach Cassis zurück, wo ich Clive vorfand, der versuchte, eine komplizierte Beziehung zu einer jungen Frau aufrechtzuerhalten.

Wie früher schon waren die Kompliziertheiten des Lebens interessant, doch auf eine neue Weise, denn jetzt war ich an ihnen beteiligt,

20

und zwar als der Freund und spätere Verbündete von Yvonne Kapp, die nicht nur Clives Geliebte, sondern auch seine Rivalin war. Die Aufregungen und Umwege dieser Dreiecksgeschichte sind hier nur von Belang, weil Yvonne und ich Freunde wurden und diese Freundschaft trotz gewisser Unterbrechungen bis heute besteht.

Als ich mich in Yvonne verliebte, muß es so ausgesehen haben, als wollte ich damit »meine Familie vor den Kopf stoßen«, um mit Jane Austen zu sprechen. In Wirklichkeit hatte ich keine Hintergedanken, ich fand einfach ihre Stimme, ihr Äußeres und ihr Denken enorm attraktiv, und Clive fand sie in der Tat ebenso anziehend, doch änderte das nichts an der gespannten Lage, die wirklich deprimierend war. Yvonne mochte damals fast nichts von dem, was Bloomsbury je geschrieben oder gemalt hatte, und das gilt vielleicht bis heute. Bloomsbury (womit ich eigentlich Clive meine) stand dem, was Yvonne schrieb, leicht ablehnend gegenüber, aber als sie der Kommunistischen Partei beitrat, gab es genug Munition, die man in ihre Richtung schießen konnte. Ich kann mir vorstellen, daß beide Seiten den Schußwechsel genossen, für das Schwein in der Mitte war er jedoch kein bißchen spaßig.

1933 fuhr ich mit Yvonne nach Südspanien in Urlaub. Auf der Rückreise, die genau wie die Hinreise per Schiff erfolgte, erkältete ich mich schwer. Als ich wieder nach Charleston kam, war ich die Erkältung immer noch nicht los. Ich bekam hohes Fieber, das nicht zurückging, und Husten, mein Brustfell war entzündet und mußte schließlich von den Ärzten entleert werden; man saugte mir einen Liter Flüssigkeit ab, die aussah wie Champagner. Der berühmte Spezialist Doktor Chalmers diagnostizierte Tuberkulose, und auf seine Empfehlung verbrachte ich den Winter 1933/34 auf dem Gipfel eines Schweizer Berges.

Ich war nicht beunruhigt. Ich war davon überzeugt, nicht wirklich schwindsüchtig zu sein; auch fühlte ich mich, bis auf den Husten und das Fieber, nicht krank. Ich genoß ein paar heftige Auseinandersetzungen mit einem Geistlichen, brachte es fertig, ein bißchen zu malen, und begann mit historischen Forschungen über das Fürstentum Monaco, wofür ich in keiner Weise qualifiziert war. Diese Arbeit, die

21

Yvonne mir vorgeschlagen hatte, war eine wunderbare Medizin. Meine mangelnde Qualifikation zwang mich zum Selbststudium, das mich bei Laune hielt, obwohl ich nie genug wußte, um eine Veröffentlichung auch nur absehbar zu machen. Bis zum Frühling hatte sich mein Husten beruhigt, meine Temperatur war wieder normal, und nachdem ich in der Schule recht schlank geworden war, wurde ich jetzt ziemlich dick.

Den folgenden Winter verbrachte ich in Südfrankreich; ich arbeitete immer noch an meinen unsinnigen Forschungen und hatte die Unverschämtheit, dem großen Monsieur Gabriel Hanoteaux einen Besuch abzustatten. Er war ein berühmter Historiker, der einmal um ein Haar einen Krieg zwischen England und Frankreich ausgelöst hatte, der 1899 den großen Wohltätigkeitsbasar hatte brennen sehen und der jetzt die – wie soll ich es nennen – großzügige Torheit besaß, mir Empfehlungsschreiben an die Monsignori mitzugeben, die mir Zutritt zum Vatikan verschaffen konnten. Wenn ich mir meine Unwissenheit vor Augen führe, bin ich höchst erstaunt über meinen Mut.

Nach Rom gelangte ich in Vita Nicolsons Wagen, den sie Vanessa samt Chauffeur geliehen hatte. Angelica, die mit uns fuhr, hat diesen Italienaufenthalt in ihrer Autobiographie *Freundliche Täuschungen** beschrieben. Bei der Lektüre ihres Berichts betrübt mich die Entdeckung, was für Qualen sie durchmachte, während ich dachte, sie würde sich amüsieren. Sie macht mir keine Vorwürfe, aber ich glaube, ich war sehr gefühllos. Einen Ausflug in Richtung Süden über Neapel und weiter nach Paestum, den ich sehr genoß, hat sie als eine Folge von Schicksalsschlägen in Erinnerung – schmutzige Hotels, verdreckte Toiletten, Ungeziefer, Hitze, schlechtes Essen und eine Magenverstimmung, und darüber konnten sie auch der Zauber von Caserta und die Pracht des Poseidontempels nicht hinwegtrösten; es ist keine heitere Lektüre.

Als wir in Italien waren, wurden gerade viele Meisterwerke der italienischen Malerei in Frankreich ausgestellt. Das war für mich der

---

* Angelica Garnett, *Freundliche Täuschungen. Eine Kindheit in Bloomsbury.* Frankfurt am Main: Fischer Taschenbuch Verlag, 1993.

Anlaß, die Rückreise ein bißchen früher anzutreten als meine Familie und über Paris zu fahren. Als ich zurück zum Gordon Square kam, waren Julian und Clive dabei, eine Chinareise zu planen. Julian hatte an jenem Nachmittag einen Lehrstuhl an der Universität von Hankau angeboten bekommen. Seit seinem Examen in Cambridge war er auf Stellensuche.

Am 29. August 1935 reiste Julian nach China ab, Angelica ging kurz danach für längere Zeit nach Paris, und Mitte September war ich allein in Charleston, abgesehen von Grace, unserer »Perle«, die jetzt ständig bei uns im Haus wohnte. Das war mein Glück, weil ich eine schwere Erkältung und Fieber bekam. Leonard und Virginia kamen aus Rodmell, um mich aufzuheitern und über die Welt auf dem laufenden zu halten. Die Welt befand sich in einem interessanten Zustand. Italien traf Vorbereitungen für einen Krieg mit Abessinien, und die Labour-Partei entschied, was sie tun werde, falls es zum Krieg käme. Die Woolfs, die bei dem Labour-Parteitag in Brighton gewesen waren, überbrachten mir die Labour-Sicht der Debatte, in der der charmante Pazifist Lansbury gegen den brutalen Realisten Bevin antrat. Damals war ich fasziniert, aber mein Fieber ging davon nicht zurück.

Dann begannen wir Briefe zu bekommen von jemandem, der Pierre Gerôme hieß; anscheinend hatte er Kontakt zu einer antifaschistischen Organisation französischer Intellektueller. Er machte Pläne für die Wirtschaftspolitik der Front Populaire, die hoffentlich bei den nächsten Wahlen wieder an die Macht kommen würde. Ob Mr Keynes sie sich freundlicherweise einmal ansehen würde?

Ich bat Grace, Keynes zu benachrichtigen, der eine halbe Meile entfernt in Tilton wohnte. Sie kam mit ein paar Zeilen von Maynard wieder. Wer Monsieur Gerôme sei und ob es sich um einen verkappten Kommunisten handele? Natürlich wußte ich das nicht. Briefe gingen hin und her, die Verhandlungen wurden kompliziert, und mein Gesundheitszustand verbesserte sich nicht. Schließlich kam heraus, daß Monsieur Pierre Gerôme kein verkappter Kommunist war, ja, daß er nicht einmal Monsieur Pierre Gerôme war; das war nur ein Deckname, und in Wirklichkeit handelte es sich um meinen Freund François Walther, in dessen Haus meine Schwester wohnte. Als all diese

23

Komplikationen gelöst waren, sah Maynard sich den Programmvorschlag an und tat ihn ab, weil er zu reaktionär sei, um ernst genommen werden zu können. In der Zwischenzeit hatte sich meine Temperatur wieder normalisiert.

Während Julian nach China ging und Angelica nach Paris, ließ ich mich in einem weniger aufregenden Teil der Welt nieder – in Five Towns. Ich hatte beschlossen, Töpfer zu werden, und schien dafür bestimmt zu sein. Zugegebenermaßen war zu jener Zeit das, was man »unser gutes Porzellan« nannte, ziemlich scheußlich; das war mir klar. Ich suchte nicht Schönheit, sondern technische Kenntnisse. Doch ich entdeckte Schönheit. Die Einwohner beklagten sich, und nicht zu Unrecht, daß das erbärmliche Durcheinander aus billigen Häusern und altmodischen »Topfreihen« eine Schande sei; und das stimmte, aber es war auch sehr, sehr schön.

Der alte Flaschenofen war etwas Schönes, und wenn er blaue Flammen in den nächtlichen Himmel spie, war er herrlich. Unten am Kanal gab es großartige Brocken leuchtendgelben Schwefels. Es war unordentlich, aber auf eine äußerst malerische Weise. Die Bucht von Neapel mit dem unablässig rauchenden Vesuv war nicht so aufregend wie Stoke-on-Trent bei Schnee, wenn alle Brennöfen leuchteten.

Abgesehen von der landschaftlichen Schönheit gab es in Five Towns vieles zu bewundern: die Burslem School of Art und ihren Direktor, den liebenswürdigen Scot Gordon Forsyth; die Kunstgalerie, die hervorragend, jedoch gewöhnlich menschenleer war; sogar die Keramik konnte sich sehen lassen. In ästhetischer Hinsicht war es also ein attraktiver Ort, aber ich war noch von etwas anderem angezogen und muß hier noch einmal zurückgehen.

Wenn ich früher nach Cambridge kam, um Julian und seine Freunde zu besuchen – Anthony Blunt, Guy Burgess, Harry Lintott oder Eddie Playfair –, fiel mir auf, daß mein Bruder für einen Exzentriker gehalten wurde, weil er sich für Politik interessierte. Als er die Universität verließ, hielt man ihn immer noch für einen Exzentriker, aber jetzt, weil er der Kommunistischen Partei *nicht* beigetreten war.

Ich habe immer gedacht, ich hätte einen erhellenden Essay über die Oxford-Bewegung schreiben können, wenn ich nur ein wenig mehr über die Kirche von England gewußt hätte. Ich empfand vieles, was diese jungen Männer ebenfalls empfunden haben müssen: die »Sympathisanten« des englischen Establishment, die sich dem römischen Kreml immer mehr annäherten. Auf der einen Seite unser selbstgefälliges, bequemes »reformistisches« religiöses Establishment, das so lau ist und der ehrbaren anglikanischen Gewerkschaftsbewegung so nahesteht; auf der anderen Seite die energische, heroische, romantisch verderbte Internationale von Rom und Moskau. Den Gemäßigten fehlte es an Glanz, die Extremisten jedoch rochen nach Verlogenheit und unschuldigem Blut.

Julian und ich blieben beide in der Labour-Partei, aber weil mich die Spaltung der Sozialisten und die Energieverschwendung brüderlicher Zwietracht bekümmerte, ging ich im Kampf um eine geschlossene Front sehr weit, vielleicht weiter, als unsere Führer gestatteten, während Julian, der die Kommunisten haßte, in seiner Haltung unnachgiebig blieb. Ironischerweise veranlaßte sein Tod für die Republikaner im Spanischen Bürgerkrieg sogar einen so gut unterrichteten Politiker wie Tom Driberg zu der Annahme, er sei Kommunist gewesen, eine Annahme, die auf ihre Art ein gutes Licht auf die Kommunistische Partei wirft.

Die Kommunisten, denen Julian begegnete, gehörten wohl fast alle zur Mittelschicht, und ein paar dieser Männer und Frauen waren intellektuell beeindruckend, aber es gab auch sehr viele Bekehrte, die durch Begeisterung wettmachten, was ihnen an gesundem Menschenverstand fehlte; sie waren romantisch, und das war für Julian ein Schimpfwort. Sie schnitten negativ ab im Vergleich mit den praktisch gesinnten Arbeitern, die er in unserem eigenen, sehr konservativen Wahlkreis bei einem harten Kampf beobachten konnte.

Meine eigene Erfahrung war ein wenig anders. Auch ich lernte unsere Genossen im finstersten Sussex kennen und schätzen, aber als ich nach Staffordshire kam, traf ich Sozialisten von einem anderen Schlag. Auch hier gab es junge Enthusiasten, die ich bewundern konnte, aber ich begegnete auch anderen, hauptsächlich älteren Männern, die in der Labour-Partei vorwärtsgekommen waren, das Fußvolk hinter sich gelassen hatten und jetzt voll und ganz damit zufrieden zu sein schienen, in den bequemen Positionen zu verharren, die ihnen Freude machten. Sie tendierten viel eher dazu, sich den Kommunisten zu widersetzen, als ihren konservativen Gegnern Unannehmlichkeiten zu machen. Man mußte zugeben, daß die Kommunisten auch bereit waren, bei ihren Gegenangriffen auf die Sozialisten sehr schmutzige Waffen zu verwenden. Und doch gab es unter ihnen ein paar heroische Figuren, Männer, die in großer Armut lebten und dennoch bereit waren, das bißchen, was sie hatten, selbstlos und ohne persönlichen Ehrgeiz für das auszugeben, was sie für die Befreiung des Menschen hielten.

Der Wahlkreis Newcastle-under-Lyme, in dem ich mich befand, war eigentümlich; es war ein Bezirk, der wie zu Zeiten der Feudalherren einer leutseligen, aber unberechenbaren Persönlichkeit gehörte, nämlich Colonel Wedgwood. Wedgwood hatte seit 1906 ein Mandat, um das er nur einmal kämpfen mußte, und zwar bei seiner Scheidung. Er bezeichnete sich jetzt als Sozialist. In Staffordshire konnte sich ein Wedgwood bezeichnen, wie er wollte, und dennoch ohne Gegenstimme gewählt werden – so war der Colonel manchmal ein Unabhängiger und dann wieder ein »Mann der Einheitssteuer«. (Die Doktrinen des Henry George florierten in den Töpfereien – eine eigentümliche regionale »Ketzerei«.)

Wenigstens kam ich unter diesen Umständen in Kontakt mit den Industriearbeitern und dem großen Heer der Arbeitslosen. Ich konnte lernen, wie man sich Konfrontationen stellt und wie man mit einer feindseligen oder – noch schlimmer – gleichgültigen Menschenmenge spricht oder sogar mit einer nicht vorhandenen Menge; ich konnte lernen, auf einem Marktplatz oder an einer Straßenecke zu stehen und mit Zwischenrufern fertig zu werden, die manchmal schwarze Hemden trugen und ihre Fäuste benutzten. Ich hatte damals Spaß an »Kreideparties«, bei denen wir scharfe Parolen an öffentliche Wände schrieben, wobei es immer einen Späher gab, der pfiff, wenn die Polizei auftauchte. Ich machte auch die Erfahrung, daß ich zum Stimmenwerben kaum zu gebrauchen war, trotz der Anleitung eines genialen Menschen, der an der Haustür Wunder vollbringen konnte, seit er einmal rezeptfreie Markenmedizin verkauft hatte.

All dies führte mich zu Organisationen, die von der Labour-Partei

geächtet waren, und als ich nach London zurückging, schloß ich mich
wiederum einer kommunistisch geführten Organisation an, die sich
»Artists' International Association« (AIA – Internationale Künstler-
vereinigung) nannte. Ich weiß noch, wie ich mich bei Peggy Angus
beklagte, daß unsere Ausschußsitzungen unerträglich lang seien. Sie
war damals sehr aktiv in der Bewegung und antwortete: »Ausgerechnet du mußt das sagen, du mußt nicht einmal zur Teilversammlung.«
Der »Teil« bestand, soweit ich mich erinnern kann, aus den acht
kommunistischen Vorstandsmitgliedern; der »Rest«, insgesamt zwei
Personen, bestand aus Mischa Black und mir. Die unglücklichen Genossen, die zu beiden Treffen zu kommen hatten, müssen von etwa
vier Uhr nachmittags bis Mitternacht getagt haben. Um Mitternacht
war Schluß mit der Arbeit, und ich fuhr in meinem verbeulten Morris
nach Charleston zurück.

Aber trotz dieses schwerfälligen Vorstands brachten die Künstler
etwas zustande. Man sagte mir, die Bilder für unsere antifaschistische
Ausstellung – aus der die Polizei ein Porträt entfernte, das, wie man
befürchtete, Herrn Hitler beleidigen könnte – seien in nicht einmal
zwei Wochen zusammengestellt und aufgehängt worden. Als die
Deutschen in die Tschechoslowakei einmarschierten, wurde sofort
eine Organisation ins Leben gerufen, die sich um geflohene Künstler
kümmerte. In dieser Organisation waren ein paar sehr fähige Funktio-
näre, und mit am kompetentesten von allen war Elizabeth Watson.

Ich hatte sie um 1930 in Paris kennengelernt, und zwar im Atelier
Moderne, in der Rue Notre-Dame-des-Champs. Dort studierten vor
allem gut angezogene junge Frauen aus Amerika. Wenn Elizabeth
Englisch oder Französisch sprach, war klar, daß sie zur britischen
Oberschicht gehörte; sie war sehr attraktiv, schön gebaut und grazil,
hatte wunderschöne Augen, die, besonders wenn sie geschlossen
waren, wie modelliert wirkten. Ihre Kleider sahen schlicht und abge-
tragen aus, wie die von jemandem, der eisern spart und sich nur Ölfar-
ben leistet.

Nach ihrer Rückkehr nach England sah ich sie ab und zu; sie verstand sich gut mit Vanessa und später mit Yvonne. Ich erfuhr jedoch
erst nach meiner Rückkehr aus Staffordshire, daß sie Mitglied der

27

Partei war. Vermutlich hat erst ihre Arbeit für die AIA mich in die Bewegung gebracht. Sehr wahrscheinlich wurde ich durch sie in das verstrickt, was sich als mein verhängnisvoller Umgang mit Picasso erwies.

1937 war das Jahr der Weltausstellung in Paris und das Jahr, in dem Julian aus China zurückkam und nach Spanien ging. Die spanische Regierung hatte Picasso gebeten, ein Wandgemälde für ihren Ausstellungspavillon zu malen. Ich weiß nicht, ob Vanessa und Duncan besonderes Interesse an diesem Werk hatten, aber sie waren im Mai ein paar Tage in Paris und beschlossen, ihn zu besuchen. Ich begleitete sie. Picasso hatte damals ein Atelier in der ehemaligen Botschaft der Herzöge von Savoyen. Es lag auf dem linken Seineufer im siebten Arrondissement; man stieg eine herrliche Treppe hinauf und befand sich in einem Raum, der zwar recht groß war, aber zu schmal für sein noch nicht vollendetes Bild von der Bombardierung von Guernica. Es stand daher schräg an der hinteren Wand. Davor standen eine Menge kleiner Töpfe auf dem Boden, in denen flüssige Farbe war. Wie es dem Künstler gelang, sich an der großen Leinwand entlangzuarbeiten, ohne die Töpfe umzuwerfen, weiß ich nicht. Eine Zeitlang starrten wir schweigend auf das Guernica-Bild, dann sagte Vanessa: »C'est bien terrifiant.« Ich weiß nicht mehr, was wir sonst noch sagten. Aber ich wollte den Meister aus einem besonderen Grund sehen. Ich hatte ein Blatt Papier für ihn dabei.

»Wozu ist das?«

»Damit Sie es bitte unterschreiben.«

Picasso unterschrieb, und ich ging jubelnd von dannen.

Damals fielen Francos Truppen gerade über Biscaya her, Menschen flohen aus dem Land, unter ihnen viele Kinder; sie waren alle mittellos, und verschiedene Organisationen, einschließlich der »Artists' International« versuchten, Geld für sie aufzutreiben. Man entwarf einen Brief an die *Times*, ich glaube, Eddie Playfair dachte ihn sich aus; er sollte eine riesige Zusammenkunft in der Albert Hall einleiten, an der die halbe Weltintelligenzia anwesend sein würde. Ich war wohl von Elizabeth gebeten worden, die Unterschriften von Picasso und Matisse zu beschaffen. Ich ließ den Brief von Janie Bussy und François Walther

28

(alias Pierre Gerôme) übersetzen, und das war der Zettel, den Picasso unterschrieb. Nur die Unterschrift von Matisse fehlte noch. Sie zu beschaffen würde nicht leicht sein, das wußte ich. Matisse war zuzutrauen, daß er vor allem zurückschreckte, was den Verdacht erweckte, von Kommunisten angeregt worden zu sein. Ich besprach mich noch einmal mit Janie und François; sie kannten Matisse weitaus besser als ich und waren hilfsbereit und verständnisvoll; sie sagten mir, es wäre fatal, wenn ich zugeben würde, daß Picasso unterschrieben hatte.

Angsterfüllt, aber entschlossen ging ich in eine Galerie an der Place Vendôme, in der Matisse ausstellte. Es war eine herrliche Ausstellung, und ich hatte keine Schwierigkeiten, etwas Erfreuliches zu sagen, als ich den Künstler traf, doch als ich auf den Brief zu sprechen kam, war er nicht begeistert. Vergeblich wies ich darauf hin, daß die Kinder, denen wir zu helfen versuchten, viel zu jung waren, um politische Ansichten zu haben, vergeblich beteuerte ich, daß ich kein Kommunist sei und daß das vorgeschlagene Albert-Hall-Treffen keine Parteiangelegenheit sei. Er blieb hart. Als ich schließlich alle Hoffnung verloren hatte, ihn doch noch zu bewegen, offenbarte ich ihm, daß Picasso unterzeichnet hatte. Er fuhr zusammen, machte große Augen, zog seinen Füllfederhalter heraus und fügte seinen Namen hinzu.

Ich muß gestehen, daß ich ziemlich zufrieden mit mir war. Zu der Zeit wußte ich noch nicht, daß die *Times* sich weigern würde, den Brief zu veröffentlichen. In der Zwischenzeit wurde ich mit einer anderen Aufgabe betraut. Paris wurde damals von der überschwenglichen Architekturphantasie der »Expo 37« beherrscht. Im Zentrum der Ausstellung befand sich ein gewaltiger, geschmackloser Turm, der von einem unsympathischen Adler gekrönt war – das war der deutsche Pavillon. Gegenüber davon stand der sogar noch groteskere russische Pavillon, den ein Revolutionsheld und eine Revolutionsheldin krönten; beide waren riesengroß und sahen aus, als würden sie jeden Augenblick vom Dach kippen. Der Friedenspavillon, der noch längst nicht fertig war, lag bescheiden außerhalb des eigentlichen Ausstellungsgeländes. Es gab dort Schwierigkeiten mit der Architektur, und man erwartete von mir eine Lösung, da der AIA in mancher Hinsicht an dem Gebäude gelegen war. Weil ich nichts von Architektur verstand, war ich keine große Hilfe, aber glücklicherweise traf der gesamte AIA-Vorstand samt Frauen und Geliebten im Hôtel de Londres ein, dem Pariser Quartier von Bloomsbury. Sie nahmen sich des kränkelnden Pavillons an. Elizabeth kam mit und hatte neue Anweisungen dabei: Wir sollten Picasso und Matisse überreden, in die Albert Hall zu kommen.

Ich sagte ihnen, Matisse würde von vornherein ausscheiden, aber Picasso könne man überreden. Wir besuchten ihn gemeinsam, und er war einverstanden. Im nachhinein glaube ich, daß es ein Fehler war, Elizabeth mitzunehmen; Picasso war offensichtlich sehr entzückt von ihr, und wenn ich allein gewesen wäre, hätte er mir eine glatte Absage erteilt. Er hatte sich zwar einverstanden erklärt, aber in einer solchen Weise, daß Elizabeth und ich Zweifel hegten, ob er sein Versprechen im entscheidenden Augenblick halten würde.

Als das Londoner Komitee fragte, ob Picasso einverstanden sei, antworteten wir, er sei einverstanden, aber... Das Komitee erwiderte, eine Einladung könne man nur annehmen oder ablehnen. Das klang vernünftig, aber... Am vereinbarten Tag standen Elizabeth und ich vor Picassos Tür, aber sie ließ sich nicht öffnen. Wir klingelten an. Ja, Monsieur Picasso sei da, doch nach ein paar Minuten war er dann nicht mehr da. Wir blieben vor seiner Tür, bis schließlich klar war, daß er nicht mehr kommen würde. Elizabeth bat mich, nach London zu fahren und dem Publikum in der Albert Hall eine Nachricht von ihm zu überbringen. Ich war so verrückt, einzuwilligen. Zum Glück war das letzte Flugzeug gerade weg.

Inzwischen war ich nicht mehr zufrieden mit mir. Ich hatte nicht nur das Gefühl, daß ich die Sache ungeschickt gehandhabt hatte, sondern auch, daß Picasso schließlich etwas Besseres zu tun hatte, als die Albert Hall zu besuchen, und daß es unverschämt von mir gewesen war, ihn damit zu belästigen. Elizabeth, die in Paris blieb, traf ihn weiterhin von Zeit zu Zeit. Er machte nie eine Anspielung auf die Albert Hall, sondern war in der Tat ganz bezaubernd zu ihr, also war vielleicht doch kein großer Schaden angerichtet worden.

In der Zwischenzeit ging ich nach Charleston zurück. Ich war damit beschäftigt, einen Brennofen zu installieren und mich um andere

30

Dinge zu kümmern, die mit der Töpferei zusammenhingen. Am 20. Juli fuhr Leonard bis zur Haustür vor und sagte mir, Julian sei getötet worden. Er brachte mich nach London, wo wir Vanessa vorfanden, halb verrückt vor Kummer. Eine Zeitlang wurde das Leben zu einer Art Daueralptraum.

Als die ersten entsetzlichen Verzweiflungsanfälle dann vorbei waren, folgte eine lange Genesungszeit. Vanessa fing an, eine Art Monument zu entwerfen. Sie hatte zwei Ideen, und aus beiden wurde nichts. Als erstes pflanzte sie ein Pappelwäldchen zwischen der Gartenmauer und dem heutigen Parkplatz von Charleston. Die Bäume gediehen nicht. Ihr zweites Projekt war ein Gedenkbuch. Ich war an der Arbeit beteiligt, und sie entsprach ebenfalls nicht den Erwartungen. Für mich war es ewas Neues; ich hatte keine Erfahrung als Herausgeber oder Verleger, und Vanessas Pläne entzogen sich meiner Kontrolle. Sie wollte, daß jemand sagte, Julian sei ein Genie gewesen, und keiner war bereit, mehr zu sagen, als daß ein Genie aus ihm hätte werden können, wenn er länger gelebt hätte. Ein paar Prominente wurden um Beiträge gebeten. Auch wenn sie Dinge sagten, die Vanessa nicht sehr gefielen, war es schwer, ihre Beiträge abzulehnen, und am Ende lagen zwar ein paar interessante Aufsätze und Briefe von Julian vor, ein sehr interessanter Aufsatz von Charles Mauron sowie Beiträge von Maynard Keynes, David Garnett und E. M. Forster, aber dem Buch fehlte es an Ordnung und Struktur. Alles in allem hatten wir nichts hervorgebracht, was sich als monumental bezeichnen ließe.

Es gab ein weiteres Buch, das man ebenfalls ein Monument für Julian nennen könnte. Virginia Woolfs *Three Guineas* (*Drei Guineen*; siehe Anhang I) handelt vom Krieg und den Frauen, aber es ist bis zu einem gewissen Grad auch eine Auseinandersetzung mit Julian. Doch mit Toten zu streiten kann ein gefährliches Unterfangen sein; anders als bei einer Diskussion mit den Lebenden besteht dabei keinerlei Aussicht auf jenen dialektischen Prozeß, bei dem die beiden Parteien vielleicht zu einer Verständigung gelangen können.

Drei Guineen erschien 1938, im Jahr des Münchener Abkommens. Während der Krise, die zu dem tragischen Abkommen führte, war ich in Frankreich und merkte, wie sehr den Franzosen daran gelegen war,

sich herauszuhalten. Anfang September hatte ich Maynard Keynes'
Vortrag *My Early Beliefs* (*Mein Glaube von einst*) gehört, den er vor dem
Memoir Club hielt. Es war eine deprimierende Erfahrung für mich
(siehe Anhang II). Dann kam das Münchener Abkommen. Unsere Feinde hatten auf
Kosten unserer Verbündeten einen weiteren leichten Sieg errungen.
Wir waren wie Medea, die ihren Bruder in Stücke riß und die zerstük-
kelten Glieder nacheinander ins Meer warf, so als wollte sie den wut-
entbrannten Vater ablenken, der sie verfolgte; doch anders als für Medea schien es für uns kein Entrinnen zu geben.

Kurz nach der Besetzung der Tschechoslowakei im März darauf
war ich mit einer Gruppe von Labour-Anhängern in Newhaven. »Wir
sollten hören, was unser Führer* zu sagen hat«, bemerkte einer, also
schalteten wir das Radio ein. Chamberlain sprach in Birmingham vor
einer loyalen Zuhörerschaft. Er sagte bemerkenswerte Dinge. Auch
wenn er es nicht ausdrücklich sagte, sah er ein, daß die Politik des
Appeasement gescheitert war. Jetzt war er endlich bereit, sich dem
Angreifer zu widersetzen. Er gab Polen eine Garantie, und die Polen
nahmen ihn ernst.

Der Krieg wurde nun praktisch unvermeidlich, und ich schlug
Vanessa vor, einen Vorrat an haltbaren Lebensmitteln in Charleston
anzulegen. Solche Vorsichtsmaßnahmen müssen Alix und James Strachey (Lyttons Bruder) sinnlos vorgekommen sein. Eine übermächtige
Flugzeugarmada würde auf uns herabstoßen und uns in einem Meer
aus Giftgas ertränken; wir wären auf der Stelle vernichtet. Vielleicht
hatten sie eine außergewöhnliche Phantasie, aber jeder rechnete damit, daß Giftgas zum Einsatz kommen würde, und als der Krieg ausbrach, bekamen wir alle von der Regierung kleine Kartons mit Gas-
masken.

Ich hatte Vorbereitungen getroffen, die eher persönlicher Art waren: Ich versuchte vergeblich, mir ein passendes Gesundheitszeugnis
von einem Facharzt ausstellen zu lassen, und wollte dann eine Arbeit
finden, mit der ich mich nützlich machen konnte. Schließlich suchte

---

* Im Original deutsch. [Anm. d. Ü.]

ich mir den Ausweg, der am einfachsten war und mich so gut wie gar nicht von meiner Familie entfernte – ich arbeitete auf Maynards Bauernhof.

Die eigentliche Kriegserklärung war fast eine Enttäuschung – keine Kämpfe an der Westfront, kein Gas und eine ganze Weile lang keine Bomben. Doch ging der Erklärung ein politisches Erdbeben voran, das enorme Ausmaße hatte.

Der Hitler-Stalin-Pakt war in jeder Hinsicht eine Katastrophe. Wir hatten ihn selbst herbeigeführt; wir hatten gezeigt, daß wir unzuverlässige Verbündete waren und einer Macht, der gegenüber wir offen feindlich gesinnt waren, höchstwahrscheinlich nicht zu Hilfe kommen würden. Trotzdem erschien es den meisten von uns, als würden Himmel und Hölle kopulieren. Viele traten aus der Kommunistischen Partei aus, und es gab harte politische Kämpfe.

Und doch war damit der unglückselige Flirt der britischen Intellektuellen mit der Sowjetunion nicht beendet. Als Deutschland Rußland angriff und wir feststellten, daß wir einen Verbündeten hatten, der trotz schrecklicher Verluste grausam und unbesiegbar war, lebte die Unterstützung für die Sowjetunion heftig auf, wovon sich viele anstecken ließen, die von ihren eigenen Gefühle überrascht gewesen sein müssen und die noch überraschter sind, wenn sie sich heute daran erinnern.

Ich habe die Grenzen überschritten, die ich mir für diesen kurzen Bericht über meine Jugend und die letzten Jahre von Bloomsbury gesetzt hatte. Aber auch wenn das Treffen des Memoir Clubs im Jahre 1938 als Endpunkt gelten mag, glaube ich doch, daß der vierundzwanzigste Geburtstag meiner Schwester, den sie Ende 1939 feierte, vielleicht ein passenderer Schluß ist.

Das Haus war gerammelt voll, und natürlich waren auch Gäste da wie unsere Nachbarn – die Woolfs aus Rodmell und die Keynes aus Tilton. Ein paar Freunde meiner Schwester sorgten für eine Spur Jugend und Schönheit. Der Krieg hatte uns noch nicht hart mitgespielt, so daß wir reichlich Essen und Trinken anbieten konnten. Das Fest dauerte mehrere Tage. Es gab Musik und Tanz. Maynard erzählte uns, wie man ihn einmal mit Duncan verwechselte und

Duncan mit ihm, zum großen Ärger von Mr Bernard Berenson. Marjorie Strachey gab eine ihrer libidinösen Vorstellungen, und Lydia Lopokova tanzte zum letzten Mal. Alles in allem war es ein gutes Ende.

Clive Bell

*I*ch kann mich noch deutlich an den 4. August 1914 entsinnen, fünfzehn Tage vor meinem vierten Geburtstag. Ich war in Cleeve House in Seend in der Grafschaft Wiltshire, dem Haus meiner Großeltern Mr und Mrs William Heward Bell. Sie hatten gerade von der Kriegserklärung erfahren und waren begeistert. Ich und mein Bruder Julian teilten die Gefühle unserer Großeltern. Zu unserer Freude brachte man uns auch noch durch die große gotische Haustür nach draußen zur Auffahrt und zeigte uns ein Wunder. Von links hörte man ein fernes Brummen; es wurde immer lauter, und bald sahen wir eine Maschine, die durch die Luft flog. Meiner Erinnerung nach bewegte sie sich ganz langsam, sie schien dicht über den Bäumen zu sein, die vor uns standen, flog über sie hinweg und verschwand in Richtung Devizes. Es war mein erstes Flugzeug.

Weil es die erste Erinnerung an ein Ereignis mit ungeheuren Folgen ist, mag man mir ein paar ganz banale Beobachtungen verzeihen; ich will hier nur festhalten, daß der Unterschied zwischen der Einstellung meiner Eltern und der meiner Großeltern sehr markant war. Der jüngere Sohn Clive war in fast allem anderer Meinung als sein Vater, und es gab wohl kein wichtiges Thema, bei dem Vanessa mit ihrem Schwiegervater oder ihrer Schwiegermutter übereingestimmt hätte.

Ich weiß nicht viel über die Geschichte der Bells. Ich glaube, sie waren ursprünglich Bauern in den Cheviot Hills; irgendwann stieß einer auf Kohle und begann Geld zu verdienen. Mein Großvater, der in den Einzelhandelsbereich der Kohleindustrie einheiratete, unterhielt – wenn man so sagen kann – Bergwerke in Merthyr Tydfil.

35

Laut Clive, der dort kurze Zeit »zugange« war, um sich zu finanzieren, gehörte seiner Familie das gesamte Tal – die Gruben, die Eisenbahn, die Pubs, die Häuser, die Läden – alles. Jeder als Lohn ausgezahlte Penny kam am Ende zum Arbeitgeber zurück, »und trotzdem«, sagte Clive, »konnte Vater nicht verstehen, warum die Männer Sozialisten wurden«.

Die Betriebe warfen beträchtlichen Gewinn ab, der es meinem Großvater ermöglichte, ein großes Haus im Dorf Seend zu erwerben, es fast vollständig abzureißen und neu aufzubauen. Clive fand das schade, obwohl das aus dem achtzehnten Jahrhundert stammende Haus nicht sehr elegant war. Die neuen Gebäude, die 1894 errichtet und etwa zwanzig Jahre später durch Anbauten erweitert wurden, waren merkwürdig unpraktisch. Wer zu Besuch ins Cleeve House kam, wurde aufs eindringlichste gebeten, kein Bad zu nehmen oder sich mit sehr wenig Wasser zu begnügen, falls er unbedingt baden mußte: In Seend herrschte Wassermangel, egal wie niederschlagsreich es andernorts sein mochte. Das Haus hatte keine Toiletten mit Wasserspülung; statt dessen gab es geniale Vorrichtungen, die mit Sand arbeiteten. Bald stellte man fest, daß das Haus im Verhältnis zu seiner Größe zu wenige Schlafzimmer hatte. Man hatte Raum geopfert, um Platz für einen großen Saal zu haben. Die riesige Halle reichte von der weiten Grundfläche, die wie eine Bahnhofshalle während eines Streiks aussah, bis hinauf zu den geschichtsträchtigen Dachbalken des Hauses. An zwei Seiten des Saales befanden sich Emporen mit Balustraden. Die Heizkosten müssen enorm gewesen sein.

Der Saal war eigens dafür gedacht, die Tapferkeit der Familie Bell zur Schau zu stellen. Nicht daß die Schwerter, Lanzen, Musketen, Streitäxte usw., die hier ausgestellt waren, in irgendeinem historischen Zusammenhang mit der Familie gestanden hätten, doch die unzähligen Geweihe, ausgestopften Köpfe, die ausgestopften Fische und Vögel in Glasvitrinen, die Fuchslunten, Löwen- und Tigerhäute waren alle sozusagen »selbsterbeutet«. Das östliche Saalende beherrschte ein gewaltiger Elchkopf; Form und Glanz der Schnauze erweckten den Anschein, als litte das Wesen fortwährend an Schnupfen. Außer dem Elch und anderer Fauna gab es auch eine Fahne, die über die Balu-

Clive Bell (Henry Lamb, 1911)

strade hing und, wenn ich mich richtig entsinne, auf einer azurblauen Grundfläche drei silberfarbene Glocken zeigte; die Helmzier war ein mit einer Glocke versehener Falke. Damit wir auch ja überall Musik hören konnten, gab es außerdem ein paar hundert Meter weiter in der selben Straße ein Pub, das noch existiert und bis heute *The Bell* (Die Glocke) heißt.

Hinweise auf die Jagd waren allgegenwärtig. Virginia Woolf erinnerte sich an ein Tintenfaß aus dem Huf eines Lieblingsjagdpferdes, in das sie ihre Feder tauchte. Der Saal war das Hauptmagazin für totes Inventar. Das lebende Inventar – Chow-Chows, die farblich genau zur Eichentäfelung des Hauses paßten, und das Rudel Skye-Terrier meiner Großmutter – bildete eine Dauerplage.

Auch die Kunst hatte ihren Ort: Im Damenzimmer wurden in einer Reihe von Bildern, die ein *Punch*-Künstler angefertigt hatte, die komischen Möglichkeiten einer Bridgepartie untersucht, vielleicht war es aber auch Whist. Ein anderer *Punch*-Illustrator namens G. D. Armour, der für die wöchentliche Jagdkarikatur zuständig war, hatte Großvater Bell zu Pferde in einem rosa Mantel verewigt. Shannon hatte die Mädchen gemalt, offenbar nicht sehr gut, denn die Farbe war stumpf geworden. Man hatte Vanessa gebeten, sie zu restaurieren, und sie hatte mit jugendlichem Ungestüm Kopallack draufgeklatscht – das Ergebnis war verheerend. »Da wir uns in Seend befanden«, sagte sie, »hat es niemand gemerkt.«

Als Julian und ich Kinder waren, liebten wir Seend; es war aufregend groß, die alte Kinderfrau war nett, wir akzeptierten den Ort, wie er war. Die Küche war gut, der Weinkeller ausgezeichnet – ich erinnere mich immer noch an den Geschmack des Portweins Jahrgang 1896. Als Jungen hatten wir Spaß daran, in der Obhut des vortrefflichen Chauffeurs Ovens den Jagdhunden zu folgen. Mein Bruder verlor nie die Lust am Jagen und ging sogar mit, als die Familie sich in ein schottisches Moorschneehuhngebiet begab. Außerdem waren dort ein paar Verwandte, mit denen man gerne verwandt war. Aber schließlich begannen wir doch, die Weihnachtsfeiertage zu fürchten.

Seinen Söhnen zufolge war Großvater Bell ein unangenehmer Typ. Ich glaube, sie hatten recht. Er war ein grämlicher kleiner Mann, der die Leute anschrie, und ein Heuchler, der den religiösen Glauben zum Schein aufrechterhielt.

Jeden Morgen wurden wir von einem Gong ins Frühstückszimmer zitiert; dort saß am einen Ende die Familie auf Ledersofas und Sesseln, während am anderen Ende das Dienstpersonal in einer Reihe saß – etwa sechs Frauen in makellosem Schwarzweiß. Großvater las das Tagesgebet und einen Bibelabschnitt, dann fielen wir alle gleichzeitig auf die Knie und untersuchten unsere Stuhlpolster. Ich war immer fasziniert von der tadellosen Präzision, mit der die Dienstmädchen dieses Manöver ausführten. Sie sahen aus wie ein Schwarm Teichhühner, die mit dem Kopf nach unten in den Weiher tauchten. Wenn das Vaterunser gesprochen war, erhoben sie sich und gingen in der gleichen disziplinierten Art hintereinander aus dem Zimmer, um alsbald mit Porridge, Rühreiern, Kaffee und Tee wiederzukommen.

Mr und Mrs Bell, ein treues Paar, hatten vier Kinder: die zwei Söhne Cory und Arthur (später Clive) und zwei Töchter, Lorna und Dorothy. Nur meine Großmutter nahm die Frühstücksreligion wirklich ernst, wenn auch Lorna regelmäßig zur Kirche ging. Die Dienstmädchen hegten vielleicht die Hoffnung, am Ende möglicherweise doch noch eine bessere Welt zu entdecken. Selbst mein Onkel Cory, der nicht von einem ausgeprägten sozialen Gewissen geplagt wurde, war entsetzt, als er das Haus zum ersten Mal inspizierte und sich die Schlafzimmer der Dienstmädchen ansah. Das Hausmädchen – in den Augen meiner Großmutter eine »Perle« – war der Inbegriff ihres Namens, den ihr ein viktorianischer Romancier hätte verliehen haben können: sie hieß Meek (Lammfromm).

Als ich ungefähr fünfzehn Jahre alt war, alt genug, um mit den Erwachsenen zu Abend essen zu dürfen, zusammen mit den alten Bells, meinen Eltern, meinem Onkel Cory, seinem Sohn, seiner Tochter und Julian, wurden mir die Augen für das wirkliche Leben in Seend geöffnet. Cory, der ewige Tolpatsch, brachte es fertig, einen Karaffenverschluß zu zerbrechen. »Du Dreckskerl«, brüllte mein Großvater. »Ein Dreckskerl bist du, ein Dreckskerl!« Oberstleutnant Cory Bell (außer Dienst), Abgeordneter des Unterhauses, Träger des Kriegsverdienstordens und der Croix de Guerre, saß stumm und betreten da, während sein Vater ihn anschrie. Es kam mir barbarisch vor. Ich fragte mich, ob das auch in anderen Familien vorkam und ob er so auch manchmal mit Großmutter redete.

Von der ganzen Verwandtschaft mochte Clive Cory am liebsten; seine Ansichten waren ganz grauenhaft, aber man mußte ihn einfach gern haben. Nach dem Krieg war er Abgeordneter des Unterhauses für die Konservativen gewesen und hatte sich mit ein paar Leuten von der Labour-Opposition angefreundet, die in ihrem Haß gegen Lady Astor mit ihm einig waren. Seine Stimme eignete sich gut für jemanden, der sich im Lärm des Artilleriegefechts Gehör verschaffen mußte. Sein Lachen – er hatte einen ausgeprägten Sinn für Humor – war wie eine Bombenexplosion. Ich glaube, er hätte sich gern über seinen Vater lustig gemacht, aber dazu brauchte man mehr als den Kriegsverdienstorden. Er machte sich aber ein Vergnügen daraus, seine beiden Schwestern gegen sich aufzubringen. Die Älteste, Lorna, war die Tante, die ich am wenigsten mochte; man muß aber sagen, daß sie kein Glück hatte. Als ich ungefähr vier war, kleidete man meinen Bruder und mich in weißen Satin und beschäftigte uns als Pagen bei ihrer Hochzeit – an die ich keinerlei Erinnerung habe. Anschließend gab es ein ungeheuer luxuriöses Freß- und Saufgelage. Der Bräutigam war William Acton, von dem es hieß, er sei der schönste Mann in der britischen Armee; als ich ihn dann später ein wenig kennenlernte, erschien er mir zwar nicht mehr als der schönste – wie sollte er auch, der arme Kerl, nach den schrecklichen Verletzungen, mit denen er aus dem Krieg zurückkam –, dafür aber nun bestimmt als der dümmste. Ich mochte und bedauerte ihren Sohn und ihre Tochter. Ich war Tante Lorna auf den Seiten von *Mansfield Park* begegnet, doch Jane Austen beging nicht die Grausamkeit, Tante Norris Kinder zu schenken.

Meine Tante Dorothy, die jüngste ihrer Generation, war in vieler Hinsicht die verständnisvollste. Als ich sie zum ersten Mal erlebte, war sie noch nicht verheiratet. Im Winter lief sie begeistert hinter den Jagdhunden her, im Sommer mußte sie sich, glaube ich, mit Tennis begnügen. Sie hatte auch eine gewisse Neigung, sich sozial nützlich zu machen – sie organisierte einen Mädchenverein in Seend, »ein Verhalten, das«, dem Dorfpfarrer zufolge, »zeigte, daß sie nicht besser war als die Bolschewiken«. Kann der Verein derart interessant gewesen sein? Um 1925 heiratete sie dann einen Gutsbesitzer, der in der Nähe von Marlborough lebte und Henry Honey hieß. Leider traf man ihn selten im Cleeve House an; und wenn doch, dann schien er sich nicht in seinem Element zu fühlen, denn er war ein intelligenter und aufgeschlossener Mensch. Er schien bereit, über jedes Thema zu sprechen; er war weitaus kultivierter, gebildeter und weiter gereist als die Gäste, die normalerweise nach Seend kamen. Dorothy hatte wirklich mehr Glück als ihre Schwester.

Vielleicht rührte daher die Feindseligkeit zwischen den beiden; allerdings glaube ich, daß Lorna sich immer Feinde machte, wohin sie auch kam. Auch wenn Henry Honey kein Berufssoldat war wie sein Schwager, hatte er eine Offiziersstelle inne. Eines Tages bemerkte Dorothy nach dem Frühstück in Seend, er habe die Halbinsel Gallipoli als letzter verlassen.

Es war ungeschickt, so etwas zu sagen. Lorna explodierte sofort. Ihr Billy war als letzter gegangen. Laut Clive und Cory gab es den entsetzlichsten Krach zwischen den Schwestern, bei dem auf beiden Seiten unverzeihliche Dinge gesagt wurden. Es wurde nie geklärt, wer im Recht war. Henry, der Türkisch sprach und Nachrichtenoffizier war, war vielleicht aus guten Gründen bei der Nachhut geblieben. Wenn man das Kommando über eine Truppe im Rückzug hatte, mochte es andererseits sinnvoll erschienen sein, Billy zurückzulassen. Von den Helden war keiner zugegen, und die Sache bleibt ein Rätsel. Das Resümee überließ man Cory:»Tja, Clive. Ich glaube, wir können uns glücklich preisen, daß wir zwei Schwager haben, die die Halbinsel Gallipoli beide als letzter verlassen haben.«

Die Tugenden von Seend waren von der schicklichen Art: Mut, Stärke, Patriotismus und eine etwas derbe gute Laune. Die Laster waren Zorn, Heuchelei, verworrenes Denken und Gefühllosigkeit. Clives Eltern waren, soweit ich weiß, von mustergültiger Keuschheit und Korrektheit, und in dieser Generation deutete auf jeden Fall nichts auf einen Skandal hin. Der Skandal ereignete sich später, und zwar nicht dort, wo man vielleicht mit ihm rechnen würde, sondern an einem ganz und gar unvermuteten Ort.

Mein Onkel Henry Honey, ein erfinderischer Mann, der technische Neuheiten liebte, hatte etwas Außergewöhnliches erhalten: eine Lizenz für eine experimentelle Funkstation (das war in den Anfangszeiten des Rundfunks). Sein Haus war ein Paradies für technisch begabte Schuljungen, und es war nicht weit weg vom Marlborough College... Der moderne Leser wird keine weiteren Informationen benötigen, im Unterschied zu den entrüsteten Eltern der Marlborough-Jungen. Die Geschichte ist ziemlich alltäglich, aber das einigermaßen Erstaunliche ist, daß meine Tante Dorothy verblüfft war; die bloße Vorstellung homosexueller Liebe versetzte sie in Verwunderung. Aber trotz ihrer Unkenntnis besaß sie die Klugheit und Barmherzigkeit, sich richtig zu verhalten und ihre Familie vor einer Katastrophe zu bewahren.

Dies ist im großen und ganzen ein unmittelbarer Bericht über die Bells im Cleeve House, wie ich sie in ihren letzten Jahren erlebt habe, zu einer Zeit, da man trotz ihres Reichtums und ihres Ansehens spürte, daß etwas nicht stimmte. Die Verheißungen jenes glücklichen Tages im Jahr 1914 lagen, wie es schien, in weiter Ferne, der Kohleindustrie ging es schlecht, die Landwirtschaft war in der Krise, und Großvater Bell trauerte den siebziger Jahren des vergangenen Jahrhunderts nach, als ein englischer Landbesitzer das glücklichste Geschöpf auf Erden war.

1899 ging Clive nach Cambridge aufs Trinity College. »Nach all den fürchterlichen Jahren in Marlborough«, sagte er, »behandelte man mich plötzlich als Menschen.« Und das war noch nicht alles; er hatte ganz entschieden Glück. Er kam mit sämtlichem Gerät und Lebendinventar an die Universität, das man brauchte, um auf die Jagd zu gehen, Vögel zu töten oder Schauspielerinnen zu unterhalten. Außerdem wollte es das Schicksal, daß er auf demselben Stockwerk landete wie Saxon Sydney-Turner und Lytton Strachey. Leonard Woolf ging auf dasselbe College. Clive muß in Cambridge bald auf G. E. Moore getroffen sein, den großen intellektuellen Stimulator jener Generation, den Autor der *Principia Ethica*, einen Philosophen, in den die jungen Männer sich intellektuell so sehr verliebten, daß sie von einer Leidenschaft erfaßt wurden, die für spätere Generationen schwer verständlich ist.

Außer der ungeheuren und gleichsam heiligen Persönlichkeit Moores gab es in Cambridge einen Klub, in dem sich junge, mit der Gabe einer gewissen Weltabgewandtheit begnadete Männer versammelten, um nach Wahrheit zu streben. Sie wurden als Elite betrachtet und versuchten daher diejenigen, die ihren Maßstäben nicht ganz entsprachen, vor der Kenntnis des Paradieses zu bewahren, zu dem sie keinen Zugang hatten. Clive war einer davon; ja, er schied sogar von vorneherein aus. Die »Apostel« betonten ihre Weltabgewandtheit, und mit seinem Jagdhorn und seinen hübschen Freundinnen war Clive ganz und gar weltlich. Ein anderer seiner Freunde, Thoby Stephen, der als Kandidat viel eher in Frage kam als Clive, wurde in Betracht gezogen, aber nicht in die Apostolische Vereinigung aufgenommen. Auch er war süchtig nach den Freuden der Jagd, die, soweit ich weiß, auch den Damen galt. Er war ein fröhlicher, gutaussehender, vergnügter Riese von einem Mann, dessen Blick auf die Welt vernünftig und herzlich war. Es war jedoch eine andere Art von Vernunft als die, die Clive von zu Hause gewohnt war. Mein Vater muß vom geistigen Rüstzeug seiner neuen Freunde ziemlich beeindruckt gewesen sein; sie waren keine Blender, sondern von ungewöhnlicher, bewundernswerter Tiefe. Doch auf einem Gebiet, glaube ich, war er ihnen voraus. Lytton mochte den gesamten Racine auswendig können, und Saxon las Pindar wie Sie und ich die Morgenzeitung, doch bin ich mir ziemlich sicher, daß keiner von beiden einen Degas von einem Renoir unterscheiden konnte. Ja, ich habe Zweifel, ob sie zu ihrer Cambridger Zeit überhaupt irgend etwas über diese beiden modernen Meister zu sagen gewußt hätten.

Clive hatte eine Reproduktion von Degas in seinem Zimmer in Trinity hängen. Wenn Clive sie nach Cambridge mitgebracht hat, was ich glaube, aber nicht beweisen kann, dann stellt uns das vor ein interessantes Rätsel. Wenn er die Reproduktion erst in Cambridge erworben hat, so ist damit immer noch nicht alles geklärt.

Im Jahr 1900 hatten wahrscheinlich nicht einmal tausend meiner Landsleute von Degas gehört, und große Photoreproduktionen waren noch ein Novum. Für Thoby Stephens Schwester Vanessa mochte Degas durchaus ein Begriff gewesen sein, und möglicherweise stammte die Reproduktion von ihr und war über Thoby zu Clive gelangt. Falls Clive jedoch die Reproduktion neben dem Jagdhorn und den 12-Millimeter-Patronen mit im Gepäck hatte, als er nach Cambridge kam, dann gibt es nur einen Menschen, der einen Degas besorgt haben könnte, als er noch in Marlborough war.

Die Bells zählten mindestens zwei Zeichner des *Punch* zu ihren Nachbarn, nämlich G. D. Armour und Leonard Raven-Hill. Raven-Hill wollte eigentlich Maler werden, aber seine Zeichnungen fanden besseren Absatz als seine Gemälde: *Punch* gab ihm Aufträge und nahm ihn später an seinen Round Table. 1899 heiratete er Annie Rogers. Während er in London arbeitete, blieb sie in Wiltshire und befreundete sich mit mehreren Offizieren, die in Devizes stationiert waren. Sie war Clives erste Geliebte, und trotz anderweitiger Bindungen gingen sie jahrelang miteinander ins Bett.

Es ist hoffentlich nicht zu weit hergeholt, wenn man in Raven-Hills *Punch*-Karikaturen das Werk eines Künstlers sieht, der stark von Forain beeinflußt ist; und vom Einfluß Forains zum Einfluß Degas' ist es nur ein kleiner Schritt. Ist es nicht naheliegend, daß Clive von seiner ersten Geliebten eine Reproduktion geschenkt bekam, die ihn diskret an sie erinnern würde, und erscheint es nicht natürlich, daß ein junger Mann, der nach seiner Cambridger Zeit zum Erlernen der Sprache in die Touraine ging und von dort nach Paris, wo er das ungezwungene Leben eines Libertins führen und neue ästhetische Anregungen genießen konnte, von einer Geliebten geleitet wurde, die vor ihm dort war?

1906 machte Clive Thobys Schwester einen Heiratsantrag; er wurde zurückgewiesen, aber nicht endgültig abgelehnt. Vanessa war siebenundzwanzig und Jungfrau, hatte eine unglückliche Liebesaffäre hinter sich und war jetzt Mittelpunkt einer Gruppe, die die große Kühnheit besessen hatte, die Freiheiten der »Apostel« von Cambridge in eine gemischte Gesellschaft zu tragen. Die steifen Bewohner von Kensington, wo die Stephen-Kinder einmal gelebt hatten, zweifelten bereits an der Sittlichkeit der zwei jungen Frauen, die am Gordon Square 46 ein offenes Haus führten und eine Gruppe schlecht gekleideter, unmanierlicher Männer empfingen, die bis in die frühen Morgenstunden redeten und diskutierten. Von Lytton Strachey oder gar Saxon Sydney-Turner hatten sie vielleicht wenig zu befürchten, aber Clive war nach seiner Rückkehr aus Paris eindeutig eine Gefahr und tatsächlich fast der einzige Junggeselle in der Gruppe, der in Frage kam. Auch war er der einzige, der Vanessas Interesse an Malerei teilte. Doch obwohl Clive in gewisser Hinsicht wie geschaffen für sie war, begriff er, daß er etwas für ihn unerhört Schwieriges versuchte, und vielleicht begriff auch sie das zum Teil. Mit Sicherheit konnte er zu ihrem materiellen Wohlergehen beitragen; er hatte, wie Vanessas Halbbruder George Duckworth bemerkte, einen guten Sitz beim Reiten und ging zu einem guten Schneider; aber hatte er wirklich das moralische Format, die Charakterstärke, die ihm das Recht gab, auf die Hand einer Miss Stephen zu hoffen? Es gab zwei Damen, die das nicht glaubten. Die eine war Beatrice Meinertzhagen (die spätere Mrs Mayor), die in Thoby verliebt war; die andere war Virginia Stephen, Vanessas jüngere Schwester. Beide hielten Clive für ein Leichtgewicht. Doch später waren beide bereit, seinem Charme – bis zu einem gewissen Grad – nachzugeben. Eigentlich galt das auch für Vanessa. Ihre Hochzeit im Jahr 1907, kurz nach Thobys Tod, war ein prompter Erfolg.

Ich habe Vanessa einmal gefragt, ob Clive ein schöner Mann gewesen sei, als sie ihn heiratete. »Nein«, sagte sie, »aber er war sehr amüsant.« Und eine Zeitlang war es, laut Lytton, am Gordon Square 46 außerordentlich amüsant. Aber auch wenn diese Heiterkeit vielleicht sieben oder acht Jahre angehalten haben mag, so gefährdete die Torheit von Clive und seiner Schwägerin dieses ungetrübte Glück, das die Bells 1907 vereinte und das durch Julians Geburt 1908 zweifellos noch größer wurde.

Ich habe diese traurige Angelegenheit in meiner Biographie von Virginia geschildert; hier möchte ich nur kurz anmerken, daß mir die Affäre als größter Schandfleck im Leben von beiden erscheint; sie hätten wissen müssen, daß niemand etwas davon haben würde und daß die Sache alle, vor allem Vanessa, unglücklich machen würde. Die Hauptschuld liegt wohl bei Clive. Virginia hat sich sehr schlecht benommen, wurde aber immerhin von eifersüchtiger Leidenschaft für ihre Schwester dazu bewegt, denn »die Sache« war, wie sie sich ausdrückte, »Salz in ihrer Wunde«. Clive fühlte, wie ich fürchte, eigentlich kaum etwas; er handelte unverantwortlich.

Und trotzdem war diese Zeit in Clives Leben auf ihre Art bewundernswert. Wie auf Vanessa hatte die Begegnung mit Roger Fry ungeheuren Einfluß auf ihn. Gleichzeitig wurde Bloomsbury größer; eine etwas jüngere Generation hatte eine so bedeutende Persönlichkeit wie Maynard Keynes hervorgebracht. Inzwischen erschienen andere Gestalten auf der Bildfläche – Duncan Grant, Desmond und Molly MacCarthy, Gerald Shove, Ottoline Morrell –, von denen manche kaum etwas mit Cambridge zu tun hatten.

Clive betätigte sich eine Zeitlang politisch im Kampf zwischen dem Volk und den Peers um das Parlamentsgesetz von 1911. Eine Weile nannte er sich einen Radikalen. Gleichzeitig arbeitete er mit Roger Fry an der ersten und – deutlicher sichtbar – an der zweiten Post-Impressionisten-Ausstellung. Dieser gewaltige ästhetische Umbruch, der für die Weiterentwicklung der Kunst in diesem Jahrhundert richtungsweisend war, veranlaßte Clive dazu, sein Buch *Art* (*Kunst*) zu schreiben, das 1914 veröffentlicht wurde und sicherlich zu den grundlegenden Werken der damaligen Zeit gehört. Es ist ein Buch, das mehr zitiert als gelesen wird und das meiner Meinung nach über weite Strecken tatsächlich schwer zu lesen ist. Ich glaube jedoch, daß man in Anbetracht der Kunstgeschichte der vergangenen 150 Jahre zumindest seine Meinung zu den Problemen äußern kann, denen Clive und seine Zeitgenossen gegenüberstanden.

Das Problem für den Betrachter um 1914 bestand darin, daß man lange Zeit von ihm verlangt hatte, sich Kunstwerke anzusehen, deren Wesen ihm fremd war. Exotisches wie japanische Drucke und indianische Skulpturen war nach Europa gelangt, und obwohl man sie anfangs eher für Kuriositäten hielt, wurden sie schon bald von Künstlern und Kritikern als – manchmal große – Kunstwerke bestaunt. Auf den »etablierten Kunstmarkt« kamen natürlich andere Dinge, aber trotzdem gelangte eine Menge Exotisches nach Europa.

Eine chinesische Schriftrolle mit einem Gedicht in fließender Schreibschrift, einer Art schneller Handschrift, wird von einem chine-

46

sischen Gelehrten sicherlich in erster Linie als Literatur angesehen, und es mag sein, daß die fließende Schreibschrift sich für literarische Zwecke besonders gut eignet.

Trotzdem existiert das übrige, das heißt die Formen, die der Pinsel geschaffen hat und die man bewundern kann – das, was Clive »bedeutsame Form« nennt –, und in der Tat berechtigt uns dieses formale Merkmal dazu, die Schriftrolle als Werk der bildenden Kunst zu bezeichnen. Das ist kein Werturteil: Das Gedicht des Kalligraphen mag visuell völlig mißlungen sein, aber das Ganze ist erst dann kein Werk der bildenden Kunst mehr, wenn das Gedicht laut vorgetragen wird, ohne daß dabei überhaupt ein Bild zu Hilfe genommen wird.

Völlig abstrakte Gemälde warfen ein ähnliches Problem auf; hier mag das Kunstwerk aus der Absicht des Künstlers resultieren, etwas zu sagen, was sich vielleicht in einem Gedicht ausdrücken ließe – eine schwierige Aufgabe, sofern nicht auf die sichtbare Welt Bezug genommen wird –, doch ungeachtet des Gelingens oder Mißlingens dieses »literarischen« Ausdrucksversuchs kann der Künstler dennoch zu einem formal befriedigenden Ergebnis gelangen.

Jede Definition von bildender Kunst muß verlangen, daß Artefakte sichtbar und für einige Leute auch in gewisser Weise interessant sind. Daß solche Werke auch »literarische« Botschaft liefern müssen, trifft eindeutig nicht zu, denn oft kann die Botschaft nicht empfangen werden.

Clives Argumentation wurde allerdings oft ohne jede Einschränkung angewandt: Formale Eigenschaften betrachtete man als die wichtigste und einzige Tugend in der bildenden Kunst, und die Geschichte, die ein Gemälde »erzählte«, galt als unwesentliches oder sogar bedauerliches Element. Vielleicht war das eine Reaktion auf eine Malweise, deren Erzählung absurd und deren Form entsprechend schwach war. Wenig später wies Roger Fry darauf hin, daß diese Art der Kritik auf Rembrandt nicht zutraf, und Clive verwarf in seinen Renoir-Kommentaren bereitwillig jede Form von Kritik, die darauf hinauslief, daß eine schlechte »Erzählung« häufig das Motiv für ein schlechtes Bild liefere.

In Wirklichkeit sind die Elemente, die man in einem Bild finden

47

kann, so zahlreich und so schwer zu entwirren, daß nur in den Fällen, in denen außer der Form alles unsichtbar ist, ein formalistischer Ansatz zwingend wird.

Im August 1914 äußerte Clive in einem Gespräch mit Ottoline und anderen die Ansicht, der Krieg werde der Zivilisation ein Ende setzen. Etwa zur selben Zeit äußerte er in einem Brief an die *Daily News* seine Bedenken denjenigen gegenüber, die es für moralisch zwingend hielten, auf der Seite Frankreichs, Serbiens und Rußlands in den Krieg einzutreten. Er glaubte, ein Sieg der Alliierten könne zu einem weiteren Krieg zwischen den Alliierten führen.

Seine Freunde brauchten viel länger, um Position zu beziehen, und manche, wie zum Beispiel Maynard, taten es eigentlich nie; für manche kam der Krieg sehr unerwartet, und daß außer den Berufssoldaten jemand in ihm kämpfen würde, schien derart unwahrscheinlich, daß ein klarer Standpunkt zunächst nicht erforderlich war. Doch da Clive genügend mit Politik zu tun gehabt hatte, gelangte er sofort zu einem klaren Schluß; und als dann 1915 ein schnelles Kriegsende unwahrscheinlich geworden war, brachte Clive ein Pamphlet mit dem Titel *Peace at Once* (*Frieden sofort*) heraus, in dem er Frieden durch Verhandlungen forderte. Die Entscheidung zu diesem Schritt kann ihm nicht leichtgefallen sein; er wußte oder vermutete stark, daß seine Familie in Seend sein Verhalten verurteilen würde, und die Familie war im Besitz der Geldsäcke – nicht daß das Vanessas Ehevertrag hätte tangieren können; aber er hatte genug zu befürchten, um sich deswegen unwohl zu fühlen. Anderseits konnte eine öffentliche Stellungnahme – und sein Pamphlet wurde vom Henker öffentlich verbrannt – nicht unbemerkt bleiben. Praktisch gesehen ging Clive ein ziemlich großes Risiko ein, verstoßen oder enterbt zu werden – und wofür? Wenn er wie Zola seiner Empörung zu einem Zeitpunkt Luft gemacht hätte, da die öffentliche Unzufriedenheit so groß war, daß seine Worte eine Volksbewegung entfacht hätten, dann hätte er vielleicht tatsächlich etwas Gewaltiges erreicht: einen Frieden, der Millionen Menschenleben und die gesamte Sozialstruktur Europas gerettet hätte. Der mögliche Gewinn war so enorm, daß es wert schien, die Wette einzugehen, auch wenn die Gewinnchancen furchtbar gering waren.

Heute wirkt *Peace at Once* in der Tat wie ein Ding der Unmöglichkeit. Man bedenke, was aus dem nächsten wichtigen Versuch wurde, dem Gemetzel Einhalt zu gebieten: Diesmal stammte er nicht von einem Kunstkritiker, sondern von einem Peer, der Vorsitzender der Konservativen Partei und im Kriegskabinett gewesen war. Lord Lansdowne, der wie Clive Friedensverhandlungen wollte, forderte 1917, nach den fruchtlosen Angriffen von 1915, dem Dardanellen-Fiasko und dem schrecklichen Desaster an der Somme, eine Erklärung der Kriegsziele, die ein vernünftiger Deutscher akzeptieren konnte. Die Argumente sind tatsächlich ganz ähnlich wie die, die Maynard Keynes später in seinem Buch *The Economic Consequences of the Peace* (*Die wirtschaftlichen Folgen des Friedensvertrages*) anführte. Die Erklärung wandte sich gegen ein Friedensdiktat der Rache und wurde daher abgelehnt, unter den wütenden Entrüstungsschreien der Patrioten in England und in den übrigen alliierten Ländern. Man wollte Rache; man würde keinen Frieden akzeptieren, der nicht von intensivem und gedankenlosem Haß inspiriert war. »Wenn ich mit Menschen- und mit Engelzungen redete und hätte den Haß nicht, so wäre ich ein tönendes Erz oder eine klingende Schelle.« Dies war 1917 die Religion der Patrioten.

Haß war eine der »niederen Leidenschaften«, denen Bloomsbury mißtraute und die die vernünftigen Vorschläge von Männern wie Clive und Maynard und Lord Lansdowne zunichte machten; die so sorgsam gesäte und gehegte Saat des Hasses sollte eine Generation lang in weiten Landstrichen Europas aufgehen.

Peace at Once war nicht Clives letzte politische Stellungnahme. Als der Krieg vorbei war, veröffentlichte er das Pamphlet *On British Freedom* (*Über die Britische Freiheit*). Es wurde besser aufgenommen, war jedoch fast ebenso wirkungslos, jedenfalls dem Anschein nach. Ich bezweifle, daß Roy Jenkins oder irgendein anderer von den Gesetzgebern, die der Verfolgung der Homosexuellen per Gesetz ein Ende machten, die Bühne befreiten und all die Mißstände behoben, die Clive in den zwanziger Jahren beklagt hatte, jemals *On British Freedom* gelesen haben, aber seine Schrift hat wohl einen guten Beitrag zum allmählichen Wandel des moralischen Klimas in England geleistet.

Ich muß ins Jahr 1914 zurückkehren, weil Clive sich in dem Jahr in Mrs St John Hutchinson verliebte, die Frau eines angesehenen Rechtsanwalts, und mit ihr ein Verhältnis anfing, das vermutlich das wichtigste seines Lebens war. Ich kann nicht behaupten, daß ich viel über die Sache weiß; in den Augen eines Kindes war sie vielleicht bedeutender, als bewußt zu begreifen war. Von 1916 an gehörte Clive kaum noch zur Familie; theoretisch war er als Landarbeiter in Garsington für Ottoline und Philip Morrell tätig; ab und zu kam er nach Charleston und brachte dann gewöhnlich Mary Hutchinson mit. Er brachte uns auch Geschenke, die während des Krieges besonders willkommen waren. Zu der Zeit standen Clive und Vanessa auf freundschaftlichem Fuß miteinander, und mehr erfuhr man im allgemeinen nicht. Vanessas Affäre mit Roger Fry (siehe Kapitel 3) war mehr oder weniger geheim gewesen; sie lebte offiziell mit Duncan, und als diese Verbindung mit einem Sprößling gesegnet wurde, war Clive absolut bereit, die Rolle des nachsichtigen Ehemanns zu spielen, was er durchaus mit Würde tat.

In den Nachkriegsjahren muß Clive wohl eine gewisse Genugtuung empfunden haben: Er hatte recht gehabt in bezug auf die Post-Impressionisten, er hatte recht gehabt – furchtbar recht –, was den Krieg anbelangte; jetzt, im mittleren Alter, konnte er sich auf seinen Lorbeeren ausruhen, glücklich darüber, eine Geliebte gefunden zu haben, die – abgesehen von ein paar Treulosigkeiten – ausgezeichnet zu ihm paßte. Er begann sich in die bessere Gesellschaft – die *beau monde*, wie er sie nannte – vorzuwagen; er versöhnte sich mit seiner Familie, was wohl zum großen Teil ein Resultat der etwas plumpen Diplomatie seines Bruders Cory war, der wie so mancher Berufssoldat ernste Zweifel am Wert der Wehrpflicht hegte. Politisch wurde Clive immer konservativer. In Charleston stritt er mit Maynard, dessen Gefühle immer in gewisser Weise deutschfreundlich waren, während er selbst immer mehr für Frankreich eintrat, so daß er sich bei Fragen wie der Ruhrbesetzung auf seiten der reaktionären französischen Politiker befand.

Als dann feststand, daß ich vor der Public School für ein Vierteljahr nach Paris sollte, schickte er mich dennoch zu Leuten, bei denen ich die ›Carmagnole‹ und die ›Rote Fahne‹ lernte. Änderte Clive also seine Meinung? Keineswegs. Er war von Monsieur Pinault entzückt. Er erklärte, französische Kommunisten seien anders; sie seien eigentlich Jakobiner; Pinault sei ein Mann, der auf die Barrikaden gehen würde, »einer von 48«. Und in gewisser Weise hatte er recht; Pinault sprach viel von Voltaire und Victor Hugo und kaum von Marx.

In jenem Pariser Sommer lernte ich nicht nur eine Menge von Pinault, sondern auch von Clive. Er verbrachte ein paar Wochen in Paris und machte jede Woche einen schönen Ausflug mit mir. Ich erinnere mich insbesondere an eine Dampferfahrt nach St. Cloud, wo wir gastfreundliche Amerikaner besuchten, die in einer Villa wohnten, in der Gounod komponiert hatte. In einem schönen Garten trank ich meinen ersten Cocktail, und ein kleiner Mann mit wunderschönen braunen Augen spielte chinesische Musik auf einem Grammophon. Die Musik bestand aus furchtbaren Schreien, die eine Chinesin ausstieß; der kleine Mann erklärte, daß die langen Finger der Frau zwischen zwei Tischen ausgestreckt wurden; wenn man sie ihr mit einem Hammer brach, erzeugte jeder Finger einen Schrei. Ich war nicht entsetzt; der Mann hatte etwas an sich, was das Entsetzen zu einem unangemessenen Gefühl machte. Ich spürte, daß er ein bedeutender Mensch war, aber erst später wußte ich ganz sicher, daß es Picasso war.

Clive gab sich große Mühe, mir Paris zu zeigen und unsere Ausflüge unvergeßlich zu machen. Später tat er dann genausoviel für Angelica. Julian wurde ebenfalls zu Pinault geschickt – das war nach seinem Schulabgang –, als er einen Kurs an der Sorbonne machte. Besondere Einladungen zu Ausflügen kamen daher nicht in Frage, und zur damaligen Zeit waren Clives Einladungen auch nicht gerade das, woran Julian Gefallen fand.

Julian und Clive konnten über englische Literatur reden (einschließlich Surtees), über die Französische Revolution und über die Jagd, und damit hatte es sich. Wenn sie sich der Politik näherten, drohte ein Krach. »Du wirst eines Tages seine Biographie schreiben müssen«, sagte ich. »Ich hätte nicht genug Mitgefühl«, erwiderte Julian. Woher kam der Mangel an Mitgefühl? Die Antwort lautete: »Von *Civilization*.«

Clives 1928 erschienener Essay war sicherlich kein Werk, an dem ein junger Sozialist Gefallen finden konnte, und eigentlich auch kein alter: Man denke an Leonard Woolfs Essay über Erasmus, *sein* Vorbild eines zivilisierten Menschen. Leonard Woolfs Frau, der Clives Buch ja mit einiger Ausführlichkeit gewidmet war, sagte zu mir, daß Clive sich zwar in den ersten Kapiteln mit großem Spaß darüber auslasse, was Zivilisation nicht sei, wenn es aber um eine Definition gehe, stelle sich heraus, daß Zivilisation »eine Lunchparty am Gordon Square Nr. 50« sei.

Das Wort »Zivilisation« kann man unterschiedlich verwenden, man ist jedoch an einen sehr beschränkten Wortgebrauch gebunden, wenn man wie Clive von vorneherein sagt, Zivilisation sei ein Mittel, um eine gute Gemütsverfassung zu erlangen. Wenn man seine Argumentation in diese Richtung führt, kann man diejenigen ignorieren, die eine Gesellschaft dann für zivilisiert halten, wenn sie einen gewissen Grad an technischer und sozialer Organisation erreicht hat, und man kann das Wort Zivilisation bestimmt nicht für eine Gesellschaft verwenden, die zwar hoch entwickelt ist, aber keine Literatur hinterlassen hat.

Julians Kritik galt, glaube ich, vor allem den Passagen, in denen Clive in Lenin und Mussolini die künftigen Retter der Zivilisation sieht, die das Proletariat schließlich in seine Schranken weisen würden, was bedeutet, daß es für die Annehmlichkeiten der zivilisierten Minderheit zu sorgen hat. Es ist unfair, derlei Aussagen aus dem Zusammenhang zu reißen, aber man darf sagen, daß Clive sich aufs heftigste von seinen demokratischen Vorstellungen von 1910 abgewandt hatte und dem Demos zutiefst mißtraute (ihn auch manchmal haßte). Wenn man gesehen hatte, mit welcher Leichtigkeit die Arbeiterklasse dazu überredet werden konnte, die Internationale zu vergessen und gehorsam in den Krieg zu ziehen, war es für einen enttäuschten Pazifisten immerhin nicht unvernünftig, wenn er es für klüger hielt, sich auf das Wohlwollen derjenigen zu verlassen, die die Massen vielleicht am besten gefügig machen konnten.

Es ist aber doch interessant, daß Clive diese Ansicht 1927 vertreten konnte, als in Europa eine willommene, wenn auch trügerische Ruhe herrschte. Während der nächsten zehn Jahre sollten sich die sozialen und internationalen Weltprobleme auf eine neue, schreckliche Art verschärfen. Die Zeit von 1927 bis 1937 war für Clive eine traurige Zeit, doch hatte das eher persönliche als politische Gründe. Die Beziehung zu Mary Hutchinson, die so wunderbar und einträchtig erschien, ging in die Brüche. Ich kenne den wahren Sachverhalt nicht und weiß nicht einmal, ob dieser Ausdruck hier zutrifft. Aber ich habe gesehen, was für traurige Auswirkungen die Trennung auf Clive hatte. Ein Symptom seines Leidens waren seine verzweifelten Frauengeschichten, eine Art Impuls, jeder jungen Frau, die in seine Nähe kam, habhaft zu werden und mit ihr zu schlafen. Es gab vermutlich indignierte Damen, die mit Mühe und Not den leidenschaftlichen Avancen entrannen, die sie in keiner Weise provoziert hatten. Erlebt habe ich allerdings einen kooperativeren Typus Frau, wobei ich oft in peinliche Situationen geriet, die sich aus Clives Verhalten ergaben. Ich und viele andere mußten den Berichten über eine Pariser Nymphe lauschen, einen Star aus der Welt der Haute Couture, der er einen Heiratsantrag machte. Ich habe sie einmal gesehen: sie war ältlich und häßlich wie die Sünde.

Es gab jedoch eine Frau von geistiger Brillanz und schöner Gestalt, die seine Annäherungsversuche zurückwies, aber so sanft und taktvoll, daß beide Freunde wurden und es bis an Clives Lebensende geblieben sind. Als ihm um 1931 seine Augen so zu schaffen machten, daß er fürchtete, sein Augenlicht vielleicht ganz zu verlieren, war sie es, Frances Marshall, die ihn bei Laune hielt und ihm Mut machte. Schließlich mußte er nach Zürich, wo man ihn kurierte. Er fuhr ganz allein und lehnte ab, als ich mich anbot, bei ihm zu bleiben; in dieser Krise legte er wirklich eine stoische Tapferkeit an den Tag.

In gewisser Weise war Clives Schrift über die Zivilisation eine Einleitung zu den extremeren Ansichten, die er in den Dreißiger Jahren zum Ausdruck brachte. Er war der felsenfesten Meinung, daß die Demokratie den Dingen, die er für wirklich wertvoll hielt, niemals Schutz gewähren könne; die einzige Hoffnung lag für ihn daher in der Autokratie. Doch als die Diktatoren in Europa eine große Rolle zu spielen begannen, konnte man sich kaum vorstellen, daß sie je Kulturmäzene sein würden: Die Faschisten schienen ziemlich weit weg von den

Medici; und das Dritte Reich schien von Friedrich dem Großen sogar noch weiter entfernt zu sein. Es sah auch nicht so aus, als seien die Diktatoren darauf aus, ihre Macht zu wahren, indem sie davon absahen, sich auf militärische Abenteuer einzulassen, wie Clive gehofft hatte. Dennoch konnte er ohne allzu große Beunruhigung zusehen, wie Mussolinis Reich wuchs und wie erst Abessinien und dann Österreich und die Tschechoslowakei annektiert wurden. Beunruhigend war für ihn das Geschrei der englischen Intelligenzia, die sich unverschämt über die Diktatoren im Ausland äußerte. Es gab sogar ein paar englische Konservative, die den Antisemitismus des neuen Deutschland verurteilten und – schamlos, wie es Clive schien – mit Sowjetrußland flirteten (die Sowjets zählten nicht mehr zu den möglichen Kulturverbündeten). Derartige Agitatoren waren nicht bloß an sich tadelnswert und eine öffentliche Gefahr, sie waren auch Feinde des Friedens, sie würden uns in ein Bündnis mit Stalin treiben, sie würden uns am Ende in den Krieg drängen und mußten zum Schweigen gebracht werden. Es mag Augenblicke gegeben haben, in denen Clives Lieblingspremierminister Neville Chamberlain diesen Kurs gerne verfolgt hätte, aber man darf bezweifeln, daß uns irgendeine Appeasement-Politik ohne sofortige Kapitulation vor dem Krieg bewahrt hätte.

Als dann im Mai 1940 der Krieg wirklich ernst wurde, war das eine Wende um 180 Grad. Der Anblick der Gefreiten Bell und Grant von der Bürgerwehr war rührend und komisch zugleich – beide waren in Khakiuniform und Blechhelm, der eine hatte seine übliche, scharf geladene Flinte vom Kaliber 12 mit verdecktem Schlaghammer und Auswerfer geschultert, der andere hielt stolz eine ausgestorbene Spezies von Gewehr, die kostbar war, weil sie sich mit keinerlei bekannter Munition laden ließ. Sie (und ich) wurden von einem ehemaligen Sergeanten des Royal Sussex Regiments gedrillt und bewachten eine Weile die Küste. Clive schwieg jetzt zum Thema Pazifismus und versöhnte sich ganz allmählich mit Churchill, gegen den er in den Jahren des Appeasement eine starke Abneigung entwickelt hatte. Er war sogar bereit zuzugeben, daß die Russen zumindest gewisse militärische Tugenden besaßen. Trotz einiger ernsthafter Meinungsverschiedenheiten hinsichtlich der Kriegsziele war die Zeit von 1939 bis 1945 in

54

Charleston eigentlich eine Zeit des Friedens. Es war auch eine Zeit, in der Clive imstande und gewillt war, nach außen hin die Pflichten eines verheirateten Mannes zu erfüllen. In dieser Eigenschaft hatte er viele Jahre lang die Rolle des liebevollen Vaters für Duncans Tochter gespielt. Das war eine leichte und sogar angenehme Aufgabe für ihn, weil er ein geborener Cicerone war, einer, der gerne unterhielt und belehrte, vor allem wenn der Schüler jung, weiblich, schön und intelligent war. Über diese Qualifikationen hinaus, die Angelica alle für sich in Anspruch nehmen konnte, besaß sie noch eine weitere, die zwar negativ, in Clives Augen jedoch hinreißend war: Sie fand Politik langweilig.

Sogar Virginia war einmal auf einem Labour-Parteitag und fuhr mit Leonard bei der Werbung um Wähler von Ort zu Ort. Vanessa verstand sogar noch weniger von Politik als ihre Schwester. Sie ging zwar bei den Wahlen von 1905 zur Bekanntgabe der Wahlergebnisse, um dann aber die Niederlage der Konservativen zu bejubeln, die Freunde von ihrem Halbbruder George Duckworth waren. Trotzdem war Vanessa im Vergleich zu ihrer Tochter die reinste Rosa Luxemburg.

Angelica fand Politik nicht einfach nur langweilig, sondern lehnte sie offen ab. Anscheinend hatte man sie mit einem Antikörper geimpft, der sie immun machte, so daß sie sich redend und handelnd in die gefährlichsten Pestbeulen hineinwagen konnte, ohne je von Politik infiziert zu werden. Als junges Mädchen hörte sie oft den Auseinandersetzungen zwischen Julian und seinen kommunistischen Freunden zu und empfand dabei nichts als leichte Verblüffung. Während der kritischen Jahre, als François Walther die französische Intelligenzia gegen den Faschismus mobilisierte, lebte sie bei der Familie Walther – und liebte sie; und sie blieb gleichgültig gegenüber der Richtung, die die Republik einschlug, und vielleicht sogar ihrem Schicksal gegenüber. Zu einer Zeit, da man selbst in der *beau monde* nicht ganz sicher sein konnte, daß ein durch und durch »nettes Mädchen« nicht über die Dialektik des Klassenkampfs zu sprechen anfing, muß das für Clive wunderbar gewesen sein, und auch wunderbar für Angelica, da er unter solchen Umständen sehr lustig sein konnte. Ich für meinen Teil fand Clive, nachdem Hitler an die Macht gekommen war, nie wieder sehr lustig. Bei meinem Interesse für Politik und dem starken Empfinden, daß die Juden das Salz der Erde sind, war das nicht mehr möglich. Aber der Krieg sorgte, wie gesagt, auch für eine Art Waffenstillstand; es gab manchmal Wortgefechte zwischen uns, aber die Parteipolitik war vorübergehend auf Eis gelegt. Als dann 1945 die Labour-Partei an die Macht kam, begann der Ärger, und zwar in großem Stil.

Die Labour-Regierung erschien Clive als etwas Unnatürliches und Grauenvolles. Da man eigentlich weder Duncan noch Vanessa dafür verantwortlich machen konnte, befand ich mich in der Schußlinie. Ich glaube, ich brachte ihn zur Weißglut; aber ohne mich zu verstellen, ließ sich das kaum vermeiden.

Eines der vielen Gefechte ist mir noch deutlich in Erinnerung. Es fand 1947 statt, zu einer Zeit, da Großbritannien beschlossen hatte, Palästina zu verlassen. Die Regierung Attlee hatte eine Kommission abgesandt, die regeln – oder vielleicht auch nur vorschlagen – sollte, welche Teile des Heiligen Landes jüdisch und welche arabisch sein sollten. Ich bin mir nicht sicher, ob ich damals wußte, daß Dick Crossman Mitglied dieses Gremiums gewesen war und sich im großen und ganzen für die Juden eingesetzt hatte, während die anderen pro-arabisch gewesen waren. Bei seiner Rückkehr aus Palästina wurde Crossman vom Premierminister getadelt, weil er die Juden zu sehr begünstigt habe.

Es war nach dem Mittagessen – diese Kontroversen ergaben sich fast immer nach dem Mittagessen. Vanessa und Duncan tranken Kaffee, ich las Zeitung; Clive redete anscheinend mit Vanessa, doch galten seine Worte *mir*. Was er im wesentlichen sagte, war, daß die britische Regierung den Arabern gegenüber höchst unfair sei; die Juden bekämen alles; schuld daran sei Attlee, der natürlich selber Jude sei. Nur sprach er keineswegs so kurz und bündig; er redete stundenlang über den Israeliten Attlee, seinen Betrug, seine Ungerechtigkeit, sein Judentum, et cetera et cetera.

Ich las weiter in der Zeitung, oder tat zumindest so. Ich wußte, daß Clive versuchte, einen Streit mit mir zu provozieren, und ich wußte, daß er mich schließlich zwingen würde, entweder zu widersprechen oder das Zimmer zu verlassen. Wenn er mich zwang, aus dem Zimmer

56

zu gehen, würde Vanessa sich aufregen; wenn ich widersprach, konnte ich zumindest diese dummen Unwahrheiten entlarven, oder es versuchen, doch dann würden sich wahrscheinlich alle aufregen. Zum Schluß gingen seine aufstachelnden Bemerkungen zu weit. Ich sagte meine Meinung, und *alle* regten sich auf.

Die Sache hatte noch ein merkwürdiges kleines Nachspiel, als Desmond MacCarthy ein paar Tage später nach Charleston kam und Clive wieder über den jüdischen Premierminister schimpfte.

»Unsinn«, sagte Desmond. »Er ist kein Jude.«

»Sieh dir seine Nase an«, sagte Clive.

»Er hat eine typisch englische Klumpnase.«

Und Clive ertrug es mit einer Engelsgeduld und hielt den Mund – weshalb ich glaube, daß er sich in Gedanken nicht so sehr mit sozialistischen Juden auseinandersetzte, sondern mit einem unausstehlichen Sohn. Kurz danach floh ich aus Charleston. Ich wurde nicht aus dem Haus gejagt; ich wurde sogar weggelockt; aber ich muß gestehen, daß eine der vielen Freuden meines neuen Lebens darin bestand, daß ich mein Mittagessen in Ruhe verdauen konnte.

Kurz bevor ich aus Charleston fortging, um zu heiraten und nach Nordengland zu ziehen, begann Clive, glaube ich, sein letztes Liebesabenteuer. Es ist nicht leicht, bei dieser Sache ganz gerecht oder völlig objektiv zu sein, vor allem, weil sie Bloomsbury von seiner ungünstigsten Seite zeigt.

Barbara Hiles war auf der Slade School of Art gewesen, eine von drei jungen Frauen, die Molly MacCarthy kollektiv »Bloomsbury-Häschen« nannte und Virginia »die Stutzköpfe«, wegen ihrer Kurzhaarschnitte; die beiden anderen waren Alix Sargant-Florence und Dora Carrington. Barbara war die hübscheste von ihnen, sie war zierlich, hatte dunkles Haar und erstaunlich blaue Augen und war eine praktische, vernünftige kleine Person, die sehr darauf aus war zu gefallen und unbedingt an den Freuden des Kulturlebens teilhaben wollte. Virginia, die sie so unwiderstehlich fand, daß sie außerstande war, ihre Dienste als Assistentin der wachsenden Hogarth Press abzulehnen, hatte sicherlich Barbara im Sinn, als sie schrieb, die »Bloomsbury-Häschen« hätten sich ständig »die Beine befühlt, um zu sehen, ob sie sich nicht in Hasen verwandelt hatten«. Virginia hatte eine scharfe Zunge, aber wie ich angedeutet habe, war sie so neugierig, daß sie die Tür vor einer so eifrigen und entschlossenen Bittstellerin nicht einfach verschließen konnte, auch wenn Leonard murrte, daß sie ganz und gar keine Hilfe sei und dem Verlag im Grunde nur Arbeit mache. Vanessa war weniger neugierig und strenger; Barbara wurde nicht nach Charleston eingeladen. Barbara öffnete jedoch Türen mit derselben Geschicklichkeit, mit der Vanessa sie schloß. Eines Tages wachte Vanessa auf und mußte feststellen, daß Barbara und ein Mr Bagenal ihr eine Weidenhütte vors Eingangstor gebaut hatten. Genauer gesagt, sie hatten etwa zwanzig Meter von Charleston Farmhouse im Mietenhof ein Zelt aufgestellt.

Vanessa betrachtete das als ungeheure Störung, konnte aber Barbara nicht davon abhalten, den ganzen Tag im Haus ein und aus zu gehen. Und Barbara machte sich natürlich *nützlich*: Das Mosaik, das immer noch das Stück gepflasterten Boden vor dem Atelier in der Ecke des ummauerten Gartens schmückt, ist von ihr. Es war Barbara, die nach London fuhr und mit einem schweren Sack Mosaiksteinchen wiederkam; und Nick Bagenal (und ich) suchten die gepflügten Felder nach Feuersteinen ab, die für die Umrandung verwendet wurden.

Barbara heiratete Nicholas Bagenal, einen netten Kerl, der alles über Obstbäume wußte, was man über sie wissen konnte; doch sie hatte das Bedürfnis nach einem Gefährten, der sich in etwas auskannte, was weniger *terre-à-terre* war, und sie fand ihn in Saxon Sydney-Turner, der wirklich ein brillanter Gelehrter war. Die Affäre mit ihm war, wie ich mir denke, platonisch; von ihrem Mann hatte sie Kinder. Ihre Tochter Judith, die ungefähr genauso alt war wie Angelica, hatte neben anderen großen Vorzügen den, eine äußerst hilfreiche Brücke zwischen ihrer Mutter und Vanessa zu schlagen. Zwei gleichaltrige Mädchen waren natürlich ein Grund für die Mütter, gemeinsame Absprachen zu treffen, und folglich war Judith oft in Charleston und manchmal in Cassis. Als die beiden älter wurden, gingen sie oft getrennte Wege, doch eine Zeitlang leistete die Verbindung zu Charleston einen nützlichen Beitrag zu Barbaras Suche nach Kultur.

Im Oktober 1938, als Barbara nicht mehr ganz so jung war, machte

58

sie mit ihrem Mann einen Überfall auf Charleston, wo sie nicht mehr so häufig verkehrte wie früher. Sie mußten feststellen, daß das Haus leer war, und fuhren unangekündigt weiter nach Rodmell. Das war unüberlegt und voreilig. Virginia, die sich auf einen ruhigen Nachmittag mit Leonard gefreut hatte, nahm die Feder zur Hand und schrieb wütend an Vanessa. (Ihr Brief ist mit diskreten Auslassungen im Band VI der englischen Ausgabe der Briefe als Nr. 3454 abgedruckt.) Der Schriftstellerin ist die Feder durchgegangen, doch in den Augen von Virginia und Vanessa war es wahr: Barbara gewann nicht mit dem Alter. In Charleston wurde sie zum Gespött, und die meisten Witze riß Clive, der manchmal versucht war, sich bei denen zu revanchieren, die seine flotten Freunde kritisierten; er meinte, mit den langweiligen Freunden der Künstler könne man kaum Staat machen. »Klein-Ba«, wie man sie in Charleston nannte, war daher so etwas wie ein Familienwitz, aber keiner, der gemein gewesen wäre.* Niemand haßte Barbara oder hätte sie hassen könnten – nicht einmal die verärgerte Virginia –, aber sie gehörte, um Leslie Stephen zu zitieren, zu »diesen unerträglich langweiligen Menschen, die das Salz der Erde sind«.

Stellen Sie sich vor, was ich empfand, als ich entdeckte, daß Clive und Klein-Ba ein Liebespaar waren. Ich begegnete ihnen in einer Ausstellung. Natürlich gab es keinen Grund, warum Clive nicht irgendeine Dame durch eine Kunstgalerie begleiten sollte; doch die Art, wie sie sich an seinen Arm klammerte, die Mischung aus Selbstzufriedenheit und Verlegenheit, mit der sie mich begrüßten, sprach Bände: Clive war, wie er es formuliert hätte, *en bonne fortune.*

Ein bißchen peinlich war es schon. Eine Wende um 180 Grad zu vollführen ist nie leicht, und jetzt kam noch erschwerend hinzu, daß Frances Partridge, die Clive mit amüsanten Briefen beglückte, ihm einen sehr amüsanten über Barbara schrieb. Der arme Clive konnte es sich nicht erlauben, amüsiert zu sein. Alles in allem mußte er es sich

* Robert Skidelsky äußert in seiner ausgezeichneten Biographie von Maynard Keynes die Ansicht, daß »Charleston« es gerne gesehen hätte, wenn aus Barbara Mrs Keynes geworden wäre. Irren ist menschlich.

gefallen lassen, daß man über ihn lachte. Aber das lohnte sich gründlich. Clive brauchte weibliche Gesellschaft, und jetzt, da er alt war, brauchte er nicht nur eine Frau, er brauchte eine Frau, die ihm Dinge abnehmen konnte; die Karten kaufen und Plätze reservieren konnte, die danach sah, daß er ordentlich angezogen war und richtig aß, in seinen Club gebracht und wieder abgeholt wurde, daß er chauffiert, verarztet und bestätigt wurde und jeden Tag angemessen Gelegenheit erhielt, ein paar Zeilen tadellos gearbeitete englische Prosa zu schreiben. Barbara brachte all dies fertig. Clive hatte seinerseits einiges anzubieten, um sich zu revanchieren.

Ich entsinne mich nicht, daß er sie je nach Charleston mitbrachte, und zweifellos hätte sich nicht einmal Barbara eine solche Belohnung gewünscht, doch Clive hatte Besseres zu geben: Das Londoner Kulturleben war in den Fünfziger Jahren sehr viel einladender als die schäbigen Reste von Bloomsbury. Noch besser war, daß Clive Barbara ans Mittelmeer mitnehmen konnte, nach Nizza, wo Matisse, bettlägerig, aber weiterhin orakelhaft, immer noch arbeitete, und, was am allerbesten war, nach Antibes, wo Picasso sie freundlich empfing und wo es Menschen gab, die gewillt waren, Barbara begeistert und liebevoll aufzunehmen.

In Clives letzten Jahren arbeitete Barbara hingebungsvoll für ihn und wurde reichlich belohnt. Am Tag nach seinem Tod sah ich sie zum letzten Mal und versuchte ihr für das, was sie getan hatte, zu danken. Ich war der Situation ganz gewiß nicht gewachsen, war aber nicht unaufrichtig.

Vanessa Bell

*E*s ist viel schwieriger, über Vanessa zu schreiben als über Clive; Clive »hinzukriegen« mag schwer gewesen sein, aber zumindest ist er noch nie beschrieben worden. Vanessa schon, und mitunter von sehr kompetenter Seite. Es läßt sich nicht vermeiden, daß ich Dinge wiederholen muß, die entweder in meiner Biographie von Virginia stehen oder bereits von anderen geschildert worden sind, und zwar, wie gesagt, oft sehr gut; aber nicht immer. Man hat manch Dummes und sehr Ungenaues über Vanessas Jugend geschrieben, und selbst in den weitaus seriöseren Berichten über ihr späteres Leben wird sie nicht immer ganz richtig dargestellt. Vieles muß modifiziert oder korrigiert werden.

Wie sich die Familie zusammensetzte, in die Vanessa 1879 hineingeboren wurde, ist vermutlich ausreichend bekannt. Weil diese Familienstruktur jedoch so komplex war und Elemente vereinigte, die äußerst wichtig für Vanessa und ihre Geschwister waren, sei sie hier noch einmal kurz dargestellt.

Ihr Vater Leslie Stephen und ihre Mutter Julia heirateten beide zweimal. Leslie kam aus einer sehr intellektuellen Familie, die zur Mittelschicht gehörte. Er war Pfarrer in Cambridge gewesen, bis er seinen Glauben verlor. Er verließ die Universität und heiratete Thackerays jüngere Tochter Minny, mit der er ein Kind namens Laura hatte. Minny starb früh; ihr Kind, das schwachsinnig war, lebte immer noch zu Hause bei ihrem Vater, als Vanessa heranwuchs.

Vanessas Großmutter mütterlicherseits war Maria Pattle, die John Jackson heiratete, einen in Kalkutta praktizierenden Arzt. Er ist vergessen und war eigentlich nie berühmt; sein Schwiegersohn tat ihn als unbedeutende Persönlichkeit ab. Und obwohl seine Frau ihren Briefen nach anscheinend keineswegs brillant war, genießt sie ebenso wie ihre Schwestern immer noch eine Art Ruhm. Man erinnert sich wegen ihres Aussehens an diese Frauen, während ihre Männer vergessen sind. Sie waren den schönen Künsten zugetan; sie unterstützten Watts und förderten die Präraffaeliten. Val Prinsep, Vanessas Cousin, war Maler, während ihre Tante Julia als Pionierin der Photographie in Erinnerung geblieben ist.

Julia Jackson heiratete Herbert Duckworth. Er scheint ein sehr charmanter und vielversprechender Mann gewesen zu sein; er starb plötzlich und ließ seine junge Frau mit einem Sohn, George, und einer Tochter, Stella, zurück, und mit einem dritten Kind, Gerald, das erst nach seinem Tod auf die Welt kam. Als die verwitwete Mrs Duckworth den Witwer Mr Stephen heiratete, hatten sie also zusammen bereits vier Kinder. Sie zeugten noch vier weitere: Vanessa, Thoby, Virginia und Adrian. Alle acht scheinen etwas von ihren Vorfahren geerbt zu haben: Die Duckworths erbten genügend Geld und Distinktion, um gesellschaftlich einen etwas höheren Rang einzunehmen als die anderen Kinder. Die Stephens schrieben seit ungefähr einem Jahrhundert Bücher, und daß Virginia diese Tradition fortsetzen würde, war bald klar. Thoby und Adrian schienen für einen anderen Stephen-Beruf bestimmt – die Rechtswissenschaft. Die arme Laura hatte ihr Leiden wohl von ihrer geisteskranken Großmutter Mrs Thackeray geerbt. Was Vanessa betrifft, so erkannte sie immer den ästhetischen Einfluß an, den die Familie ihrer Mutter ausübte; doch als sie sich der künstlerischen Praxis zuwandte, tat sie das mit einer unbeirrbaren Ernsthaftigkeit, die mir eher nach den Stephens aussieht als nach den Pattles.

Eine weitere Eigenschaft, die sich natürlich aus der so augenscheinlich ererbten Schönheit der weiblichen Pattles ergab, war ein gewisses Bewußtsein für ihre gesellschaftlichen Möglichkeiten. Eine von Vanessas Großtanten heiratete einen Direktor der East India Company, eine andere heiratete einen Baronet, eine dritte einen Grafen; eine Cousine ihrer Mutter heiratete einen Herzog, eine andere den Sohn eines Gra-

Vanessa Bell (Selbstporträt, etwa 1958)

fen; diese Ehe war eine totale Katastrophe, aber das war unwichtig, der Titel war echt. Insgesamt hatten sie es alle sehr gut getroffen, und da war es ganz natürlich, daß Freunde und Verwandte hofften, Virginia und Vanessa würden es genauso machen.

Zu den acht Kindern kamen die Eltern hinzu und etwa sechs Dienstboten – das waren sechzehn Personen in dem hohen, häßlichen, ziemlich dunklen Haus am Hyde Park Gate Nr. 22. Die komplette Besetzung war schnell erreicht, zwischen 1879 und 1883, und Vanessa war so früh wie irgend möglich den Jüngeren gegenüber mit Autorität ausgestattet. Damit meine ich, daß sie auf ihren Bruder Thoby »aufpassen« mußte, dem beide Mädchen ergeben waren, und auf Virginia, die von Anfang an schwierig war und durch die Demonstration altkluger Intelligenz nicht einfacher wurde.

Weil Vanessa sich um die jüngeren Kinder kümmern mußte, wurde sie ernster und verantwortungsbewußter als die meisten Mädchen, und schon in jungen Jahren mußte sie mit der bedrohlich scharfen Zunge ihrer Schwester fertig werden. In einem Lebensrückblick notierte Vanessa, daß Virginia besonders schön feuerrot wurde, wenn sie wütend war – eine Bemerkung, die typisch ist für Vanessa.

Mittelpunkt des Lebens am Hyde Park Gate und im Talland House in St Ives – später der Ort von Vanessas glücklichsten Kindheitstagen – war Julia Stephen. Leslie schrieb zwar zu Hause, aber hinter der fest verschlossenen Tür seines Arbeitszimmers, und Stella, Julias älteste Tochter und Assistentin, war ihr stark untergeordnet. Als Julia 1895 starb, war das nicht nur eine emotionale Katastrophe mit melodramatischer Wirkung auf den schmerzerfüllten Witwer, sondern führte auch zu einer Krise in der Haushaltsorganisation der Familie. Die unglückliche Stella mußte den Haushalt führen und ihren Stiefvater nach besten Kräften trösten. Vanessa, nun ein stilles Mädchen von sechzehn Jahren, wurde ihre Vertraute, und als Stella zwei Jahre später nach einer qualvollen Zeit der Ungewißheit Jack Hills heiratete, mußte Vanessa ihren Platz einnehmen. Es war kein Ruheposten: Sie war eingezwängt zwischen Sophy, einer beeindruckenden Köchin, die der Meinung war, der gute Ruf der Familie hänge von einer angemessenen und zweifellos kostspieligen Versorgung mit Lebensmitteln ab, und einem Vater, der sich völlig übertriebene Sorgen über die Höhe der wöchentlichen Rechnungen machte.

Noch mehr Ärger und Unruhe bereiteten der gesellschaftliche Ehrgeiz und die mehr als brüderliche Liebe von George Duckworth. George, reich, gutaussehend und großzügig, bewegte sich in gehobenen Kreisen und wollte, daß seine schönen Halbschwestern das gleiche taten. Er nahm Vanessa mit zu den Parties seiner flotten Freunde und versuchte, sie in die Gesellschaft einzuführen. Vanessa war verlegen, langweilte sich und versagte völlig. Sie versuchte Veranstaltungen zu entrinnen, die sie unglücklich machten, doch George ließ nicht locker und bemühte sich weiter. Es war traurig und grotesk. Schließlich gab George auf und richtete seine Aufmerksamkeit auf Virginia, die ebenso gelangweilt und ebenfalls eine Niete war, sich aber durch höchst unpassendes Benehmen revanchieren konnte.

Aber George war auch in ganz anderer Hinsicht ein Problem. Er liebte seine Halbschwestern; er liebte sie enthusiastisch; er liebte sie auf eine allzu demonstrative Art, küßte und streichelte sie, spielte mit ihnen herum und umarmte sie, so als sei er nicht ein Bruder, sondern ihr Liebhaber.

Weil die Geschichte von Georges Aktivitäten überall verbreitet wurde und weil diese öffentliche Verbreitung mit wilden Spekulationen einherging, muß ich hier innehalten, um den bewiesenen Tatbestand darzulegen.

Gerald, der jüngere von den Duckworth-Jungen, untersuchte Virginias Geschlechtsteile, als sie etwa fünf Jahre alt war. Was er getan hat, ist abscheulich, aber er war bestimmt nicht der erste Schuljunge, der so etwas getan hat; es ist kein Vergehen, das uns dazu berechtigt, den Täter schlimmerer Dinge zu verdächtigen. Es liegt nichts sonst gegen Gerald vor.

Georges Schuld bestand sicherlich in seinem dummen und rücksichtslosen Verhalten. Sowohl Virginia als auch Vanessa litten unter seinen unerwünschten Aufmerksamkeiten, aber es bleibt unklar, was genau geschah und wann es geschah. Natürlich könnte, was er getan hat, der Auftakt zu einer Vergewaltigung gewesen sein, aber aus den folgenden Gründen ist zu vermuten, daß diese Annahme falsch ist.

Alles spricht dafür, daß sowohl Vanessa als auch Virginia als Jungfrauen in die Ehe gegangen sind. Seinem Schwager J. W. Hills zufolge war George selber »Jungfrau«, als er heiratete. Sir George Savage, der Nervenarzt, bei dem Virginia in Behandlung war, erfuhr 1904 durch Vanessa von George Duckworth' Fehlverhalten, und es kam zu einem Gespräch mit dem Täter. Sir George Savage war ein Freund der Familie und eine bedeutende Persönlichkeit des öffentlichen Lebens. Wenn Vanessa angedeutet hätte, daß die Gefahr bestand, daß George seine Halbschwester schwängerte – der Skandal wäre kolossal gewesen –, dann hätte der Arzt bestimmt drastische Schritte unternommen; zumindest hätte er George von Virginia getrennt. Wir wissen nicht, was George bei jenem Gespräch gesagt hat, aber Tatsache ist, daß er vorschlug, mit den Stephen-Kindern an den Gordon Square zu ziehen, als ihr Vater 1904 starb, und sein Vorschlag wurde in einer schwachen Stunde akzeptiert. Er war es dann, der es sich anders überlegte. Das erschiene unwahrscheinlich, wenn man annähme, daß der Beischlaf vollzogen wurde.

Eine Schwierigkeit besteht bei diesen Nachforschungen darin, daß Vanessa – die verläßlichste Zeugin – geschwiegen hat, woran ich nicht ganz unschuldig bin; tatsächlich erfuhren wir Kinder erst viele Jahre nach ihrem Tod von der Sache. Doch als sie jünger war, erzählte sie ihrer Cousine Fredegond Shove davon. In einem Brief schreibt sie von der Angelegenheit; natürlich war all das ganz schrecklich gewesen, aber konnte es nicht sein, daß George sich der Bedenklichkeit dessen, was er da tat, gar nicht bewußt war? Möglich ist es, vorausgesetzt, daß George seine Schwestern nicht im eigentlichen Sinne vergewaltigt hat. In ihren Briefen an Fredegond schrieb Vanessa, unsere beste Zeugin, nie von einem solchen Versuch.

Im Haus von Leslie Stephen war es selbstverständlich, daß der Bildung der Kinder große Aufmerksamkeit gewidmet wurde. Es heißt, die Jungen hätten eine bessere Ausbildung erhalten als die Mädchen. Insgesamt ist das wohl richtig; doch in Wirklichkeit erhielten die Mädchen den besseren Unterricht.

In den ersten Jahren wurden alle von den Eltern unterrichtet, die beide keine guten Lehrer waren. Weder Vanessa noch Virginia lernten

Rechnen, was Leslie, der an der Universität Mathematiker gewesen war, zur Verzweiflung gebracht haben muß. Jemand muß Vanessa so viel Latein beigebracht haben, daß sie meinem Bruder Julian helfen konnte, als er ungefähr zwölf war, aber was dieser frühe Unterricht wert war, läßt sich schwer einschätzen.

Thoby und Adrian gingen beide auf die Evelyns Preparatory School; später wurden sie getrennt. Thoby ging nach Clifton, Adrian nach Westminster. Beide lernten Latein, doch während Thoby echten und dauerhaften Geschmack an den Klassikern fand, waren sie für Adrian bloß vornehmer Zeitvertreib, eine Form offensichtlicher Zeitverschwendung. Erst als beide nach Cambridge und in den Genuß eines aufregenden Gedankenaustauschs mit ihren Kommilitonen kamen, waren sie ihren Schwestern gegenüber im Vorteil.

Nun zur Ausbildung der Mädchen: Von Kindheit an bekamen sie vor allem Unterricht in ein paar damenhaften Fertigkeiten: in Französisch, was nützlich war, und in Klavier, Gesang und Tanz, was für die beiden Miss Stephen von zweifelhaftem Wert war.* Aber sie brachten sich bereits selbst etwas bei. Virginia las und schrieb für eine Familienzeitung.** Vanessa, der es von Anfang an ernst war, nahm sich Ruskins *Elements of Drawing (Die Grundlagen des Zeichnens)* und machte sich an die sterbenslangweiligen und schwierigen Übungen für Anfänger. Ebenso entschlossen, wie Virginia Schriftstellerin werden wollte, wollte sie Malerin werden.

Und dann kam ihnen ihr Vater zu Hilfe, der ihre Bedürfnisse verstand. Leslie stellte Virginia seine Bibliothek zu Verfügung, obwohl sie ein paar Werke enthielt, die seiner Ansicht nach für ein junges Mädchen ungeeignet waren. Ebenezer Cook, einer der wenigen Kunstlehrer, die Kindern damals Unterricht gaben und der Kunsterziehern heute noch ein Begriff ist, wurde Vanessas Hauslehrer. Kunstge-

---

* Zu meiner Zeit tanzte Virginia weder, noch sang sie. Vanessa sang ein bißchen und tanzte bei einer denkwürdigen Veranstaltung unter großem Applaus, jedoch auf eine Art, die ihre Lehrer in Erstaunen versetzt hätte (siehe S. 72).
** Über die Anzahl und Länge ihrer für diese Zeitung eindeutig wichtigen Beiträge weiß man nichts Genaues.

schichte lernte sie bei einer Dame, von der sie und eine Schar anderer Mädchen durch die National Gallery geführt wurden. Nach Julia Stephens Tod war es an Leslie, Vanessa zu einer Kunstausbildung zu verhelfen. Die Kunst war nicht sein Gebiet; als Vanessa mit einer Muskelmodellstudie aus der Kunstschule nach Hause kam, staunte er sehr, weil er so etwas noch nie gesehen hatte. Trotzdem durfte sie Mr Copes Schule besuchen, die Studenten auf die Akademie vorbereitete, und dort begann sie im Jahr 1900 ihr Studium. Vanessa war in der Klasse von John Singer Sargent, vor dem sie großen Respekt hatte. Alles in allem bin ich der Auffassung, daß ein britischer Künstler sich zur damaligen Zeit keine bessere Ausbildung erhoffen konnte.

Virginia erhielt wie Vanessa eine Ausbildung, die ihr von Nutzen war. Sie las nicht nur Unmengen von Büchern auf englisch und französisch, sondern lernte auch etwas Griechisch und versuchte sich an Deutsch. Doch in Wirklichkeit war Virginia benachteiligt: Sie hätte, anders als ihre Schwester, von Cambridge profitieren können.

Damals verbrachte Vanessa ihre glücklichsten Stunden vor einem Gipsmodell, später auch vor einem lebenden Aktmodell. Diese fesselnde Tätigkeit füllte ihre Vormittage; nachmittags, wenn sie viel glücklicher mit einem Stilleben gewesen wäre, gab es gesellschaftliche Pflichten, denen ein Mädchen nachkommen mußte, und für die Leslie – inzwischen Sir Leslie – ein Hörrohr benötigte. Alte Freunde wurden eingeladen, von denen viele äußerst langweilig waren, und ein ausgewählter Zug aus dem Riesenregiment von Verwandten, die auch noch Tee und Konversation wünschten. Und abends war dann George da. Und George, der weiterhin am Hyde Park Gate wohnte, war der Hüter der Moral, oder zumindest des Anstands.

Als Stella 1899 starb, fand ihr frischgebackener Ehemann, der jetzt Witwer war, Trost in der Güte und im Mitgefühl seiner trauernden Schwägerinnen, vor allem bei Vanessa. Vielleicht war sie zu mitfühlend, so daß aus der Anteilnahme etwas Wärmeres und Tieferes wurde, etwas Kostbares, aber Verbotenes, denn laut (damaligem) Gesetz war es einem Mann nicht gestattet, die Halbschwester seiner verstorbenen Frau zu heiraten. George war aufgebracht, und das Heer der Verwandten brachte seine Empörung und seine Mißbilligung zum

Ausdruck (Empörung und Mißbilligung bildeten im neunzehnten Jahrhundert eine florierende Branche der heimischen Industrie). Schließlich triumphierte die Moral: Jack Hills war vernünftig und Vanessa unglücklich. Jahre später traf sich Hills, der in die Politik gegangen war, mit Vanessa, um mit ihr über die Idee zu sprechen, Plakate von Künstlern entwerfen zu lassen. Als sie von dem Treffen wiederkam, sagte sie, er sei sehr nett gewesen und sie könne gut verstehen, warum sie in ihn verliebt gewesen sei. Eine Erinnerung zeugt die nächste. Ich entsinne mich an ein Mittagessen in Charleston: Vanessa, Clive, Duncan, wir zwei Jungen, vielleicht Angelica und Raymond Mortimer, der zu Gast war (er kam jeden Sommer ein-, zweimal). Jemand begann über Träume zu sprechen. Vanessa, die normalerweise bei solchen Gelegenheiten eher schwieg, sagte, sie habe geträumt, sie hätte jemanden ermordet; der Traum wiederholte sich Nacht für Nacht, bis ihr klar wurde, daß sie vom Tod ihres Vaters träumte. »Versteht ihr«, sagte sie, »man mußte einfach froh sein. Er war schon so lange krank, wir hatten schon so lange damit gerechnet, und natürlich war sein Tod in vielerlei Hinsicht von Vorteil. Sobald mir klar wurde, wovon ich träumte, hörten die Träume auf. «

»Hast du Freud gelesen?« fragte Raymond.

»Keine Zeile«, war die Antwort. »Aber ich bin mir sicher, daß das alles großer Unsinn ist.«

Interessanterweise hatte Virginia die gleichen widersprüchlichen Gefühle in Bezug auf ihren Vater, aber bei ihr waren sie so heftig, daß sie zum vollständigen Zusammenbruch führten. Sie hing mehr an Leslie als Vanessa, und als er starb, hatte sie weniger Trostmöglichkeiten. Für Vanessa bedeutete der Tod des Vaters das Ende von Hyde Park Gate; sie hatte bereits Umzugspläne und wollte weg aus dem vornehmen, eleganten Kensington, weg vom gesellschaftlichen Pomp der Duckworths und der Fishers, nach Bloomsbury, das damals als Viertel der billigen Pensionen und dubiosen Untermieter galt. Doch zuerst ging man auf Vergnügungsreise. Die Schwestern fuhren mit Gerald nach Venedig, und dort entdeckte Vanessa neben vielen anderen schönen Dingen Tintoretto. Auf der Rückreise bekamen sie einen kurzen

Eindruck vom Leben in Paris, und dort lernten sie Thobys Freund Clive Bell kennen.

Vanessa hatte zwar Freunde und Verwandte, war aber auch isoliert; damit meine ich, sie war beruflich isoliert, viel mehr als Virginia, die nicht nur das Denken von Schriftstellern vergangener Epochen, sondern auch der Moderne einschätzen konnte, da es in gedruckter Form aus der ganzen Welt zu ihr gelangte. Heute steht auch den bildenden Künstlern diese Art unmittelbarer Kommunikation zur Verfügung: Ein Kritiker in Rejkjavik oder Kairo kann augenblicklich eine in Los Angeles entstandene Zeichnung sehen, sofern er über einen dafür ausgerüsteten Computer verfügt. Vanessa war genau wie Clive viele Jahre lang außerstande, ein impressionistisches Gemälde im Original zu sehen; für sie war Sargent moderne Kunst. Sie habe immer die verwischten Schwarzweißabbildungen in Camille Mauclairs Werk über die Impressionisten angestarrt, sagte sie, und sich vorzustellen versucht, wie diese dunklen Annäherungen an Renoir und Pissarro in Wirklichkeit aussahen. In ganz ähnlicher Weise hatte sich Duncan Grant im Alter von sechzehn Jahren hingesetzt und eine Landschaft gemalt, in der Hoffnung, sie würde wie ein impressionistisches Bild wirken, etwas, was er noch nie gesehen hatte.

Selbst wenn er nach Paris kam, sah ein junger Enthusiast gewöhnlich kaum ein impressionistisches Gemälde, es sei denn, er kannte sich aus oder hatte Freunde, die ihm halfen. In den Zwanziger Jahren waren ein paar Impressionisten und sogar ein Cézanne in die Galerie du Luxembourg gelangt, aber im Jahr 1904 mußte man den richtigen Händler oder Privatsammler finden. Vanessas Ansprüche waren bescheidener; sie wollte einfach nur jemandem begegnen, der sich wirklich für Malerei interessierte. Ihre Kommilitonin Margery Snowden war ein liebes Geschöpf, aber nicht gerade brillant, und anscheinend traf Vanessa an der Akademie sonst niemanden, der ihr Interesse erweckte. Soweit ich das beurteilen kann, interessierte sich Thoby für griechische Skulpturen, war aber ansonsten wenig an Kunst interessiert. Er hatte jedoch in Cambridge einen Freund, der im Unterschied zu den meisten seiner Kommilitonen sowohl für Mädchen als auch für Malerei ein Auge hatte. Vanessa war sich noch nicht bewußt, daß diese beiden Begehrlichkeiten in Lytton Stracheys »Kreis« für exzentrisch gehalten wurden. Doch wenn sie auch den Mann auf Distanz hielt, hieß sie den Kunstliebhaber willkommen; und als Clive Bell ihr am Montmartre junge Maler vorstellte und die Damen eingeladen wurden, in der schamlosen Öffentlichkeit von Cafés lasterhaft Zigaretten zu rauchen und über Kunst zu diskutieren oder, noch besser, Rodin in seinem Atelier zu besuchen, muß sie überglücklich gewesen sein.

Als später alle wieder in London waren und Thobys Cambridger Freundschaften am Gordon Square aufgefrischt wurden, traf sie Clive zweifellos gerne wieder, ebenso wie Strachey und Saxon Sydney-Turner. Bloomsbury entstand 1904. Im Jahr darauf machte Clive ihr einen Heiratsantrag und erhielt einen Korb, aber er spielte weiterhin eine Rolle in Vanessas Leben, und wieder war es die Malerei, die beide zusammenbrachte. Vanessas Ziel war es, eine Gesellschaft aufzubauen, in der man malen, über Malerei diskutieren und Ausstellungen veranstalten konnte, und Clive beteiligte sich am Aufbau dieser Gesellschaft – des Friday Club.

Doch zusammengebracht hat Vanessa und Clive nicht die Beschäftigung mit der Kunst. Gemeinsame Verzweiflung vereinte sie. Zuvor waren die Geschwister nach Griechenland gereist. Vanessa hatte Zeit wahrzunehmen, mit welch großer Schönheit die griechischen Tempel zur Landschaft in Beziehung gesetzt worden waren, aber sonst nichts. Sie verbrachte die meiste Zeit im Bett und kehrte halb krank nach London zurück. Thoby war vor ihr zurückgereist. Er starb – und sie gab Clive ihr Jawort. Das ist nur ein Beispiel von vielen, die zeigen, wie diese Tragödie die Freunde zusammenbrachte und eine Gruppe vereinte, zu der schon bald Duncan Grant, Maynard Keynes, Desmond MacCarthy und später auch Roger Fry gehörten.

Die Bells hatten sich nun am Gordon Square 46 eingerichtet und konnten ein paar ihrer Vorstellungen über Kunst umsetzen. Vanessa hatte schon zwei Jahre zuvor damit begonnen, war aber jetzt mit einem Mann verheiratet, der ihren Ideen großen Spielraum ließ, während ihre Schwester und ihr noch lebender Bruder, die eigene Ideen hatten, an den Fitzroy Square umgezogen waren. In den Gordon Square 46 mit seinen kahlen weißen Wänden, an denen ein paar einzelne Bilder hingen (ein Einrichtungsstil, den man von dem Maler Charles Furse übernommen hatte) sowie Photoarbeiten der Cameron, kam nun ein großes Gemälde, *Pyramus* von Augustus John. Das war etwa 1907, und gleich wird ersichtlich werden, daß die Bells noch einen ziemlich weiten Weg vor sich hatten, auch wenn sie mit der damaligen Avantgarde marschierten.

In den Jahren 1907 bis 1914 gab es ein paar sensationelle Veränderungen. Aus Mr Strachey wurde Lytton und aus Mr Keynes Maynard; jeder am Gordon Square wußte, daß Lytton und Maynard Knaben bumsten. 1904 hatte man in gemischter Gesellschaft über solche Dinge nicht einmal sprechen können. Aber Vanessa war jetzt eine verheiratete Frau, und sie genoß das Ehebett voll und ganz. Bisher hatte sie sich noch nicht anderweitig nach den Freuden des Fleisches umgesehen, aber ob solche Abenteuer denkbar waren? Spätestens 1909 wohl schon. Wenn man sich Photos von Vanessa aus dem Jahr 1896 ansieht, kann man sich kaum vorstellen, daß diese keusche, züchtige junge Dame mit solcher Leidenschaft tanzte, daß sie ihr Kleid abwarf und in einem Zimmer voller Leute nackt bis zur Taille dastand. Und doch war dies Vanessa jetzt möglich. Der Gedanke, mit jedem zu schlafen, war ihr widerwärtig, aber Leidenschaft durfte ein Beischlaf krönen. Wo echte Gefühle der Beweggrund waren, konnte man die Regeln der christlichen Moralisten mit gutem Recht außer acht lassen. Allerdings war Clive ihr untreu, lange bevor sie ihm untreu war. Seine vergebliche Jagd auf Virginia, ein mißlungenes Herzensabenteuer, das alle Beteiligten verletzte, begann ja in der Tat nicht einmal zwei Jahre nach der Hochzeit.

Wie ihre Ehe hatten Vanessas Seitensprünge bis zu einem gewissen Grad mit ihrer Kunst zu tun. Sie hatte denjenigen Freund von Thoby geheiratet, der als einziger hochinteressiert an Malerei war, und nach vier Jahren Eheleben und zwei Kindern kam dann die glückliche Zeit, in der, wie sie sich ausdrückte »wir nicht mehr über ›das Gute‹ sprachen und anfingen, über Cézanne zu sprechen«. Dieser Themenwechsel (der nach jahrelangen Diskussionen über Ethik willkommen gewesen sein muß) wurde von Roger Fry herbeigeführt. Seine außerordentliche Energie beeinflußte die Bells eindeutig; sie taten sich mit ihm zusammen und machten die ungeheuer aufregende Entdeckung einer Malerei, die Beobachtung mit einer dekorativen Sprache verband und die der Kunst Disziplin und architektonische Kraft gab. Die vornehme Schüchternheit, die Vanessa im Friday Club noch an den Tag legte, wurde aufgegeben, und sie machte sich mit rücksichtslosem Elan – so muß es gewirkt haben – an die Arbeit und malte nicht nur auf Leinwand und Pappe, sondern auch auf Töpferwaren, Stoffe und Wände.

Die Zeit, in der Vanessa Roger entdeckte, war vielleicht die glücklichste ihres Lebens. Sie lernte auf eine neue Weise zu malen, die ihr ungeheuren Spaß machte, sie war glücklich verliebt, und trotzdem war ihr Familienleben in keiner Weise bedroht. Sie und Roger hatten weiterhin ihr eigenes Zuhause, und jeder erfreute sich an der Familie des anderen.

Meine früheste deutliche Erinnerung an sie stammt aus dieser Zeit: Vanessa, Julian und ich sitzen auf einer Bank am Gordon Square, Vanessa schildert, wie Kinder gemacht werden, wir lachen über das komische Verhalten von Männern und Frauen, und Vanessa lacht über unser Amüsement. In ihren späteren Jahren war sie ernst und auch traurig, aber zu jener Zeit schien sie immer zu lachen. Sie war nicht, was man gemeinhin »lustig« nennt, aber vieles am Leben, an ihren Kindern und Freunden brachte sie zum Lachen. Ich habe nie erlebt, daß sie jemanden als Feind bezeichnete, aber wen sie als hoffnungslosen Langweiler betrachtete, über den machte sie sich auch lustig. Sie war bestimmt in Roger verliebt, machte sich aber dennoch sanft über ihn lustig. Seine phantastische Fähigkeit, den ganzen Tag zu arbeiten, neue Elixiere und neue Wundermittel zu entdecken, versetzte sie in Erstaunen und amüsierte sie. Sie lachte, vielleicht weniger sanft, über Clive, und mit der Heiterkeit einer treuen Ehefrau oder einer nachsichtigen Mutter lachte sie über Duncan.

Die Jahre von 1914 bis 1915 waren für Vanessa eine Katastrophe – womit ich nicht sagen will, daß der Krieg ihr großen Kummer bereitete; für sie war er nur ein Unglück in der Ferne und ein öffentliches Ärgernis, bis er mit der Wehrpflicht zu einer realen Bedrohung wurde; er bedeutete eher einen Wendepunkt, eine Zeit schwerwiegender Entscheidungen und Neuorientierungen.

73

1914 bekam Virginia eines Tages Besuch von ihrer Schwester, die ihr gestand, daß sie in Duncan verliebt sei, und dann in Tränen ausbrach. Virginia konnte sie nur schwer trösten; sie hatte es als selbstverständlich betrachtet, daß Duncan mit Frauen nichts im Sinn hatte. Das war übertrieben, und doch hatte Virginia zu der Zeit anscheinend recht. Sich in Duncan zu verlieben und Roger zu verlassen schien, auch wenn Duncan jung, schön und charmant war, der reinste Wahnsinn, auch wenn es wunderbarer Wahnsinn war. Natürlich war es schrecklich schmerzvoll für Roger, und es konnte Vanessa nicht gleichgültig sein, wenn er litt. Aber es gab noch einen ganz anderen Beweggrund. Vanessa neigte immer dazu, alles aus der Perspektive der Kunst zu sehen. Sie hatte einen Kritiker geheiratet; dann hatte sie in Roger Fry einen Kritiker gefunden, der sowohl Kunsthistoriker als auch Maler war; doch jetzt hatte sie etwas weitaus Aufregenderes gefunden – einen Maler, den sie für eine Jahrhundertgröße hielt. Der Gedanke, Roger die Wahrheit über seine Bilder zu sagen – das, was man für die Wahrheit hielt –, war äußerst unangenehm; es war schwer, jemanden anzulügen, der so viel Wert auf die Wahrheit legte. Trotzdem schätzte sie Roger zu sehr, um ihn ganz aufzugeben, und sie blieben für den Rest seines Lebens Freunde.

Vanessa konnte Duncan eine fast mütterliche Hingabe bieten und ihn gleichzeitig als Meister akzeptieren. Sie hatte von Natur aus die Veranlagung zu grenzenloser Liebe, zum Geben und Nachgeben, und in Duncan fand sie einen Mann, bei dem sie fühlte, daß er ihrer Hingabe würdig war; sie beharrte darauf, daß er überragend sei, und fand ihre Ansicht in der Welt der Kritiker ebenso bestätigt wie in der der Künstler. »Duncan«, sagte Walter Sickert, »ist ein geborenes Königskind.« Julian, der Duncan genau wie ich als exzentrischen, aber ganz wunderbaren älteren Bruder betrachtet hatte, merkte als ungefähr Vierzehnjähriger, daß Duncan in den Augen der Öffenlichkeit an Größe gewann, und schlug Vanessa vor, daß wir Jungen ihn mit etwas mehr Respekt behandeln sollten. Vanessa wies uns natürlich darauf hin, daß Duncan mit Respekt nichts anzufangen wüßte, selbst wenn er ihn erwiesen bekäme; doch ich bin mir gleichzeitig sicher, daß sie sich darüber gefreut hat.

An einem dunklen Winterabend ging ich einmal in Charleston mit einer brennenden Kerze den Gang entlang, der zu Duncans Zimmer führte und damals auch zu meinem. Seine Zimmertür stand offen und er küßte Vanessa gerade auf den Mund. Ich war nicht schockiert, sondern erschrocken, weil ich noch nie gesehen hatte, daß sie sich öffentlich küßten. Ich war so erschrocken, daß ich meine Kerze fallen ließ. Damit beschäftigt, Feuer zu suchen und die ausgegangene Kerze, konnte ich diese kleine Peinlichkeit gut überspielen. Aber es war eine Überraschung; ich hatte so etwas nie zuvor gesehen.

In Alltagsangelegenheiten, wie ich sie erlebte, als ich vierzehn wurde, waren Vanessa und Duncan wie alle anderen lang verheirateten Paare, man spürte jedoch eine besonders glückliche Vertrautheit zwischen ihnen, wenn sie Seite an Seite arbeiteten – auch wenn das nicht die Regel war. Es liegt jedoch ein besonderer, nicht zu beschreibender Zauber über der Beziehung zweier in Liebe und Freundschaft verbundener Menschen, die zusammen im selben Atelier arbeiten; für Vanessa war das, glaube ich, eine sehr wertvolle Erfahrung.

Doch sie mußte viel dafür tun. Es muß ihr von Anfang an klar gewesen sein, daß Duncan sich, wann immer ihm danach war, in die Arme eines Mannes flüchten würde. Duncan hatte sehr viele Liebhaber, und einige von ihnen hätten sich in Vanessas Gegenwart kaum wohl gefühlt, auch wenn sie ihre Neugier erregten, weil sie nicht nur aus der Arbeiterklasse kamen, sondern auch aus dem Verbrechermilieu. Andererseits waren oder wurden viele seiner Liebhaber ihre Freunde. Man sagt, Madame de Sévigné hätte die seltene Fähigkeit besessen, sich mit Männern anzufreunden, die ihre Liebhaber werden wollten. Vanessa erreichte etwas noch Beachtlicheres: Wer als Rivale kam, blieb als Verbündeter.

Eine Ausnahme war, soviel ich weiß, George Bergen, der Vanessa wirklich sehr unglücklich machte. Ich werde diese triste Geschichte an anderer Stelle erzählen. Abgesehen von diesem in mancher Hinsicht unerklärlichen Zusammenstoß mit einem feindseligen und höchst bedrohlichen Eindringling, der im Unterschied zu Duncans anderen Liebhabern nicht nachsichtig ignoriert oder freundlich bewirtet werden konnte, war Vanessas Bemühung, sich ihren Liebhaber als festen

Freund und Gefährten zu bewahren, bemerkenswert erfolgreich, ebenso wie ihr Management einer Lebensgemeinschaft, die aus ihr, Clive und Duncan bestand, 1939 für die Dauer eingerichtet wurde und bis zu ihrem Tod – ja, sogar darüber hinaus – Bestand hatte.

Julian und ich waren bis 1916 Mitglieder einer normalen Familie; wir hatten einen Vater und eine Mutter, die sich zwar gegenseitig untreu waren, aber dennoch harmonisch zusammenlebten. Doch von 1916 an lebte Clive in Garsington. Für uns in Charleston wurde er zu einem seltenen Besucher, über den wir uns jedoch freuten. Wir mochten ihn, wenn er kam, aber ich kann nicht sagen, daß wir ihn vermißten, wenn er fort war. Als der Frieden kam, änderte sich diese Situation, aber nicht auf drastische Weise. Clive wurde ein Urlaubsvater: im August und September wohnte er in Charleston; den Rest des Jahres waren er und Vanessa Nachbarn in zwei verschiedenen Häusern am Gordon Square. Wir sahen ihn oft, und als Erwachsene kamen wir manchmal zu ihm, wenn wir keine andere Unterkunft finden konnten, aber das passierte nicht häufig. Wie gesagt, Clive, Duncan und Vanessa lebten erst 1939 wieder unter demselben Dach.

Für uns Jungen gab es zahlreiche Vaterfiguren – Roger, Maynard, Bunny Garnett (siehe Kapitel 5) und Duncan trugen alle zu unserer Erziehung bei. Sie übten jedoch so gut wie keine Autorität aus; auch Clive tat das eigentlich nicht.

Paradoxerweise spielte Clive für Angelica begeistert den Vater – und er schauspielerte nicht einmal, denn er liebte die Tochter von Duncan und Vanessa; Julian und ich waren manchmal sogar eifersüchtig. Diese Situation entstand, weil die Fiktion der Elternschaft im ganzen zu gut funktionierte. Irgendwann würde man die Wahrheit sagen müssen, doch ich kann gut verstehen, daß Vanessa diese befriedigende Regelung nur ungern aufgeben wollte, zumal Duncan nicht darauf erpicht war, die leichte Rolle des Freundes gegen die anspruchsvollere Vaterschaft einzutauschen.

So waren wir in gewisser Hinsicht eine Familie mit vielen Vätern, und in einer anderen Hinsicht waren zwar beide Eltern vorhanden, die Familie bestand aber fast zu 75 Prozent aus nur einem Elternteil, was

76

heißen soll, daß Vanessa die meiste Arbeit und die größte Belastung hatte. Sie hat einmal allen Ernstes zu mir gesagt, sie hätte Virginia nie um ihre Genialität beneidet, weil ihre Schwester nie das unglaubliche Glück erlebt hätte, eigene Kinder zu haben. Ich glaubte ihr, obwohl ich mich nicht genug in sie hineinversetzen konnte, um zu verstehen, welche Art Freude sie für die Qualen und Ängste entschädigen konnte (sie erzählte mir das nach Julians Tod), die ich mir nur zu leicht vorstellen konnte.

So geliebt zu werden verschaffte uns ein behagliches Gefühl der Sicherheit, aber die Kehrseite war, daß es auch quälend war, so fürchterlich vergöttert zu werden. Von uns dreien war ich am wenigsten das Schätzchen, aber wenn ich das sage, soll das nicht heißen, daß ich nicht alle Mutterliebe bekommen hätte, die sich nur irgend aushalten läßt. Als ganz junger Mann hatte ich eine Jugendliebschaft, die ein schlechtes Ende nahm. Ich bat Vanessa um Zuspruch und bekam ihn; ja ich bekam sogar viel mehr, als ich verarbeiten konnte, und die verheerenden Auswirkungen, die mein Geständnis auf Vanessas mitfühlendes Herz hatte, machten mir bald mehr zu schaffen als die erlittene Verletzung, die vorübergehen würde. Zu wissen, was man am besten tun sollte, war schwer; sollte man alles erzählen und jemandem so schrecklich weh tun, oder sollte man schweigen und sich vielleicht geheimnistuerische Zurückhaltung vorwerfen lassen? Ich hielt den Mund.

Julian, der offener war, zog Vanessa und auch sonst jeden in sein Vertrauen. Er war Dichter, und wenn er feststellte, daß er verliebt war, erzählte er das instinktiv der ganzen Welt. Daß seine Verlobte Jane von seiner Liebe zu Mary erfuhr, bevor Mary selber sie richtig bemerkt hatte, schien ihn überhaupt nicht zu beunruhigen, auch wenn es Jane vielleicht ziemlich schwer traf; aber er gehörte eben zu der Sorte Menschen, in die sich die Mädchen verlieben und denen sie anscheinend vergeben. Weitaus schlimmer war, daß, als er China verließ und seine Entscheidung, nach Spanien zu gehen und im Spanischen Bürgerkrieg zu kämpfen, schon beinahe feststand, wieder einmal alle Welt wußte, was er vorhatte. Das wäre nicht so schlimm gewesen, wenn es nicht bedeutet hätte, daß seine Unentschlossenheit, die ihn selbst zweifellos schon genug quälte, Vanessa höllischen Schmerz zufügte.

Ein an sich absurder Vorfall, der dem Leser helfen mag, die damalige Situation der Familie Bell zu verstehen, ist vielleicht berichtenswert. Kurz nach Julians Rückkehr aus China, als seine Pläne noch nicht feststanden, fand in Charleston ein Essen statt, mit Vanessa, uns drei Kindern und Duncan, glaube ich. Vanessa verteilte den Pudding; die Hälfte gab sie Julian, und wir übrigen teilten uns den Rest. Vanessa merkte selber, daß dieses Verfahren, ihre Liebe unter Beweis zu stellen, etwas ziemlich Absurdes hatte, und sie sagte etwas wie: »Ich muß, versteht ihr.« Mein Gefühl war: »Wie schrecklich peinlich für Julian.« Zum Glück mochte er den Pudding gern und aß ihn ganz auf, mit ungeniertem Grinsen. Er war eher als wir imstande, die mütterliche Leidenschaft anzunehmen, ohne verwirrt oder irritiert zu sein. Angelica war diejenige, die am meisten litt und die nahe daran war, diese peinlichen Zärtlichkeiten wütend abzuschütteln. Nicht daß sie es getan hätte; ja sie fand sogar als erste ein Mittel gegen das Gift, das die traurigen Jahre nach Julians Tod verseuchte. Sie schenkte Vanessa vier Enkelkinder, die sehr viel dazu beitrugen, daß ihr späteres Leben einigermaßen glücklich war.

Ich habe zu Beginn dieses Buches bereits über die Ereignisse gesprochen, die die Jahre nach Julians Tod so verdüsterten. An dieser Stelle seien nur zwei kuriose Vorfälle festgehalten, die sich ereigneten, als Vanessas Trauer am tiefsten war.

Die Nachricht erreichte sie in ihrem Atelier in der Fitzroy Street Nr. 8. Sie ließ sich auf ein Bett fallen und heulte wie ein verwundetes Tier. Wir – Clive, Duncan, die Woolfs, Angelica und ich – versammelten uns und sagten und taten, was wir konnten. Es gab ein paar Gespräche, mehr oder weniger unter vier Augen, und einmal entschuldigte sich Vanessa bei mir dafür, daß sie die Kontrolle über sich so völlig verloren hatte. Ich sagte, was man in so einer Situation eben sagt, aber sie bestand darauf, daß es viele spanische Mütter geben müsse, die genauso litten wie sie, dabei jedoch stoisch schwiegen. Das war sehr typisch.

Erst nach ein paar Tagen hatte sie sich so weit erholt, daß man sie nach Charleston bringen konnte. Das Feuer ihrer anfänglichen Verzweiflung hatte sich verzehrt, und Vanessa ging es ein bißchen – ein

78

ganz kleines bißchen – besser. An einem Nachmittag, als Duncan fort war, begann sie über seine proletarischen Liebhaber zu reden, insbesondere über die, die »gesessen« hatten. Vanessa erklärte, daß sie immer Entschuldigungen hätten:»Das Resultat ist immer«, sagte sie, »daß man ihnen unrecht getan hatte.« Und dann »hat sie tatsächlich gelächelt«, wie Clive es formulierte, als wir später an den Gordon Square zurückkehrten. Er freute sich wie ein Kind, und seine Freude rührte mich. Der historische Kontext jedoch faszinierte mich. Man bedenke nur, wie das neunzehnte Jahrhundert dieses Ereignis wiedergegeben hätte.

Wie hätten sich Vanessas Vater oder auch Vanessa Stephen so etwas je vorstellen können: daß sie ein ganz kleines bißchen Spaß aus den Missetaten der perversen Liebesdiener ihres Liebhabers ziehen würde und ihr treuloser und gehörnter Ehemann dann über den kleinen Vorgeschmack wiederkehrender Fröhlichkeit jubeln würde.

Was auch immer aus Vanessas Ruhm werden mag, er gehört zur Kunstgeschichte; aber sie hat auch ihren Platz in der Ethik des Zwanzigsten Jahrhunderts. Sie war in einem Zuhause aufgewachsen, das trotz Leslies »Agnostizismus« nicht im Sinn der Fabier oder im Shawschen Sinn »fortschrittlich« war, und hatte sich als befreite Waise der Konvention widersetzt, ohne das, was sie immer noch als ihre »Tugendhaftigkeit« bezeichnet hätte, wirklich zu gefährden. Als verheiratete Frau entdeckte sie die Freuden der Liebe und trat platonisch für die Idee der Libertinage ein, praktiziert hat sie sie jedoch erst mit dreißig Jahren.

Heute gibt es vermutlich immer noch Frauen, die gehorsam ein keusches Leben führen und fast genauso engstirnig, prüde und intolerant sind wie jenes Heer von Tanten und Cousinen, die die Verlogenheit und die Anstandsregeln von Hyde Park Gate aufrechterhielten. Aber ihre Zahl muß geringer geworden sein, und sie haben sicherlich weniger Macht. Vanessa gehörte zur Vorhut der Befreiungsarmee. Zu dem Himmelfahrtskommando einer siegreichen Truppe zu gehören ist vielleicht ehrenwert, aber nicht so ganz beneidenswert. Die Anführer werden verwundet oder geraten vielleicht auch bloß außer Atem; sie stolpern möglicherweise auf dem Glacis und springen in den

Graben. Ich glaube, das war der Fall bei Vanessa; sie war so weit gekommen und mit solcher Schnelligkeit, daß sie sich manchmal ausruhen mußte. Wenn sie die jüngeren Frauen betrachtete, die ihr folgten, tadelte sie deren Voreiligkeit. Damit konfrontiert, daß man eine Möse unbedingt Möse nennen muß, stellte sie fest, daß sie nicht ganz auf Anstand verzichten konnte. Und wir, die ihr so viel verdankten, machten ihr zum Vorwurf, daß sie alt wurde.

Duncan Grant

*I*n den Kapiteln über meine Eltern habe ich versucht, so etwas wie Miniaturbiographien zu schreiben, indem ich ihre Familien kurz erwähnt habe und dann ihrem Leben jeweils von früher Jugend an nachgegangen bin. Es sah so aus, als könnte ich mit Duncan ebenso verfahren, den ich schon kannte, bevor mein Erinnerungsvermögen einsetzte, und der der Vater meiner Schwester war und viele Jahre in Charleston lebte. Aber das erwies sich als falsch. Für seine offizielle Biographie ist Frances Spalding zuständig; sie ist bestens qualifiziert, die nötigen Forschungen zu unternehmen. Ich nicht.

Bis zu einem gewissen Grad kannte ich Duncan sehr gut, aber es gibt wichtige Bereiche seines Lebens, über die ich sehr wenig weiß, Ereignisse, die ich erst aus Michael Holroyds Biographie von Lytton Strachey* erfuhr.

Holroyd beschreibt ein jugendliches Triumvirat: Lytton Strachey und Maynard Keynes, beide Cambridge-Absolventen, beide häßlich, begabt und verliebt in Duncan, der ebenso begabt war und weit besser aussah.

Historisch gesehen waren sie in einer interessanten Situation:

... Die abseits stehen
Auf der Stirn der kommenden Zeit;
Sie allein geben der Welt ein andres Herz
Und einen andren Puls.**

---

* Vgl. die auf deutsch vorliegende, gekürzte Fassung: Michael Holroyd, *Carrington. Eine Liebe von Lytton Strachey.* Reinbek: Rowohlt, 1995. [Anm. d. Ü.]
** Aus John Keats' Sonett *Address to Haydon* (»Great spirits now on earth are sojourning«). [Anm. d. Ü.]

In der »kommenden Zeit« – der Nachkriegszeit – spielten sie tatsächlich eine führende Rolle im Stimmungswandel und bei der Umwälzung der Moralvorstellungen. Sie erlangten hohes Ansehen und veränderten sich selbst; sie gewannen Gefährtinnen, und Maynard orientierte sich sexuell um. In jener Zeit des Friedens, ja des Optimismus, die den politischen Wirren der Dreißiger Jahre vorausging, wurde unser Denken – und ich meine damit das eines Kreises, der weit über Bloomsbury hinausgeht – vom Post-Impressionismus, on Lytton Stracheys *Eminent Victorians* (*Große Viktorianer*) und von Maynard Keynes' *The Economic Consequences of the Peace* geprägt.

Um auf die heimlichen Liebschaften und die Aktivitäten der Vorkriegszeit zurückzukommen: Duncan spielte dabei eine sehr wichtige Rolle. Indem er seine Freunde entzückte und quälte, richtete er, wie er selbst es nannte, »verheerenden Schaden« an; er war unberechenbar und unzuverlässig, doch durch seinen Charme entkam er den von ihm verursachten Verwicklungen. Er war unwiderstehlich, wenn er den Charmeur spielte, weil er ihn in Wahrheit nicht spielte, sondern dann einfach *er selbst* war. Eines meiner bemerkenswertesten Erlebnisse mit Duncan war seine Eroberung von Seend. In Seend hatte man von ihm gehört, und zwar ganz gewiß nur skandalöse Dinge. Auf den ersten Blick war er genau die Sorte Mensch, die Seend verurteilte. Was für eine Chance hatte er schon bei diesen Spießern, die jedoch keineswegs dumm waren? Aber innerhalb von fünf Minuten hatte er meine Tante Lorna so weit, daß sie ihm aus der Hand fraß. Es war eine wunderbare und anscheinend mühelose Leistung.

Und doch war sein gewinnender Charme nur, wie man sagen könnte, ein Nebenprodukt; wenn er einen Pinsel zur Hand nahm, war er äußerst ernst, und wenn er dann immer noch charmant wirkte, so war diese Wirkung nicht bewußt herbeigeführt. Er saß da und linste durch seine halb zugekniffenen Augen, taxierte die Farbkomposition seines Gegenstandes, führte dann den Pinsel mit größter Sorgfalt, lehnte sich zurück, warf prüfende Blicke auf das Vorbild und auf seine Leinwand, ein wenig abwesend, aber glückselig, voller Freude an der Natur und an seiner Arbeit.

Duncan Grant (Selbstporträt, etwa 1926)

Das Malen ist, wie J. M. W. Turner einmal gesagt hat, eine Sache, die nicht ganz geheuer ist. Fast scheint es, als könne man malen, ohne bewußt zu denken, oder indem man zumindest über weite Strecken auf die intellektuelle Anstrengung verzichtet, die beim Schreiben nötig ist. Wie die meisten anderen Maler konnte Duncan unbefangen mit seinem Modell plaudern oder ganz aufmerksam zuhören, wenn Desmond MacCarthy aus Henry James vorlas, und währenddessen eine Reihe sorgfältiger Beobachtungen über Form, Beschaffenheit und Farbe von Desmonds Gesicht machen. Ich hatte den Eindruck, daß Duncan mehr als andere Künstler erstaunt war über das, was auf seiner Staffelei erschien – ganz gleich, ob er damit zufrieden war oder nicht.

Es gab eine Zeit, um 1910, in der Duncan bei seinen Eltern wohnte und nachts die letzte Trambahn nach Hampstead nehmen mußte, weswegen er sich immer einen Penny von Clive »lieh«. »Jetzt komm. Es ist doch bequemer, wenn du dir ein bißchen mehr leihst – sagen wir fünf Shilling?« Duncan blieb dabei, er brauche nur einen Penny.

Duncan richtete immer wieder »verheerenden Schaden« an, und es kam der Tag, da Clive fand, daß er den Bogen überspannt hatte. Ich wußte nie genau, was er verbrochen hatte; möglicherweise hatte er Briefe geöffnet, die nicht an ihn adressiert waren. Auf alle Fälle beschloß Clive, ihn kräftig auszuschimpfen. Die Frage war nur, wie das zu bewerkstelligen war. Er hatte den Einfall, ihn zum Abendessen einzuladen, um mit dem Angeklagten unter vier Augen zu sprechen. Also gingen sie in ein gutes Restaurant in der Charlotte Street. Sie aßen sehr gut. Duncan, der vorgewarnt worden war, wartete auf das Donnerwetter. Die Suppe kam; das Hauptgericht kam; dann kamen der Käse und das Obst, aber kein Donner. Sie tranken Kaffee und hinterher Schnaps: immer noch keine Spur von Krach. Noch ein Glas, und Clive begann davon zu sprechen, daß Briefe heilig seien. Anscheinend wollte er gerade zur Sache kommen, aber irgendwie – es war ein so schöner Abend gewesen, ihn jetzt zu verderben wäre eine Schande –, besser man bestellte noch ein drittes Glas Brandy, und dann – zusammenhängend zu denken war schwierig – gingen sie an die frische Luft. »Gleich geht meine Trambahn«, sagte Duncan. »Clive, würdest du mir einen Penny leihen?«

Er kam immer ungeschoren davon. Als er einmal mit unserem kleinen Wagen den Strand hinunterfuhr, starb der Motor ab. Duncan stieg aus und kurbelte ihn mit der Anlasserkurbel an. Die Wirkung blieb nicht aus: Er konnte gerade noch zur Seite springen und neben dem Wagen herrennen, der langsam mit geschlossenen Türen den Strand hinunterfuhr und schließlich einen stattlichen Daimler rammte, der aus dem Savoy auftauchte. Das unschuldige Opfer war natürlich wütend. Wenn Sie oder ich der Übeltäter gewesen wären, wäre die Geschichte spätestens an dieser Stelle unangenehm geworden. Nicht für Duncan. Der Geschädigte wurde sofort sein Freund; es heißt sogar, zum Schluß habe er bei Duncan ein Porträt in Auftrag gegeben.

Duncan war der Jüngste in dem Kreis, den man zu jener Zeit – um 1910 – als Bloomsbury bezeichnen konnte. Er war das verwöhnte Kind der Gruppe, verwöhnt, weil ganz Bloomsbury seinem Charme erlag. Hatte er damals keine Feinde? Ein Feind von ihm war sicherlich Wyndham Lewis, und er hatte vielleicht noch einen zweiten, in D. H. Lawrence. Lewis glaubte, ganz Bloomsbury verfolge ihn, Duncan insbesondere. Duncans angebliches Verbrechen bestand darin, einen Auftrag für das Theater angenommen zu haben, den Lewis gerne gehabt hätte. Als Lewis auf dem Trottoir einer engen Straße ging und Duncan auf dem gegenüberliegenden Trottoir in dieselbe Richtung gehen sah, spuckte er seinen erfolgreichen Rivalen an. »Es war unangenehm«, sagte Duncan viele Jahre später, »obwohl er nicht sehr gut spucken konnte.« Doch das Ärgerliche war, daß Duncan wußte, warum Lewis ihn anspuckte, und ihm gerne erklärt hätte, daß er nie auch nur versucht hatte, den Auftrag zu erhalten, um den Lewis sich in seiner Phantasie gebracht sah.

Duncan brachte D. H. Lawrence dazu, von schwarzen Käfern zu träumen; er war Lawrence zufolge »endgültig erledigt«. Lawrence sollte man vielleicht nicht als Feind betrachten, sondern, nach seiner eigenen Einschätzung, eher als aufrichtigen Freund. Und zweifellos hatte er das Gefühl, daß er Duncan gewissermaßen einen Dienst erwies, als er ihm sagte, seine Bilder seien schlecht – hoffnungslos schlecht – und wertlos, weil sie voller »falscher Ideen« seien – eine Ansicht, die er ziemlich heftig zum Ausdruck brachte und lang und breit ausführte. In Duncans Worten: »Dieses Gespräch tat mir weh, weil ich spürte, daß Lawrence dem, was ich damals gerade zu machen versuchte, keinerlei Sympathie entgegenbrachte.« Duncan konnte sich nicht an das Werk erinnern, an dem Lawrence Anstoß nahm, doch es handelt sich mit einiger Wahrscheinlichkeit um das kinetisch-abstrakte Gemälde, das sich heute in der Tate Gallery befindet. Lawrence lehnte Duncan ab, haßte ihn aber nicht; Wyndham Lewis haßte ihn offensichtlich, und man darf vermuten, daß dieses Gefühl auf Gegenseitigkeit beruhte. Im allgemeinen war Duncan nicht, was Kardinal Manning »einen großen Hasser« nannte. In meiner Gegenwart brachte er Abneigung gegen drei Personen zum Ausdruck: gegen André Gide, Logan Pearsall Smith and Ralph Partridge; was Duncan gegen sie hatte, weiß ich nicht.

Ich kann mich nicht entsinnen, wie und wann Duncan in mein Leben getreten ist. Er war 1915 in Wissett und kam mit uns, als wir im Herbst 1916 nach Charleston zogen. Als der Krieg vorbei war, schien er ein Mitglied unserer Familie geworden zu sein – wenn ich auch kaum sagen könnte, wie. Mein Bruder und ich mochten ihn furchtbar gern. Wir hielten ihn für einen Witzbold, für einen weiteren der liebenswerten Exzentriker, von denen wir immer umgeben waren, für ein weiteres Mitglied unserer Pazifistenkolonie. Er und Bunny (David Garnett) fuhren jeden Tag mit dem Fahrrad zu Mr Hecks Bauernhof, wo Bunny sich als sehr fähiger Landarbeiter erwies. Duncan war wohl weit weniger nützlich.

Eine Geschichte, die in dieses merkwürdige Zwischenspiel in Duncans Leben gehört, ist vielleicht erzählenswert. Zur damaligen Zeit war die Landwirtschaft noch nicht so mechanisiert wie heute; der Mähdrescher war noch unbekannt, das Korn wurde auf den Hof gebracht und in Garben gebündelt für die Wanderdreschmaschine bereitgestellt. Wenn sie kam, warf man ihr die Garben in den Rachen, während ringsum ein Heer von Männern und Jungen mit Stöcken bewaffnet herumhockte und gemeinsam mit begeisterten Hunden und sogar mit ein paar Katzen auf den riesigen Exodus der Ratten und Mäuse wartete, die glücklich im Korn gelebt hatten. Wenn sie auftauchten, jagten die Fleischfresser ihnen nach, fielen über sie her und verschlangen sie, oder sie wurden zum Spaß getötet, wenn die leiblichen Bedürfnisse gestillt waren. Abends, wenn das Dreschen und Töten vorüber war, bestiegen Bunny und Duncan ihre Räder und fuhren nach Hause. An der Abzweigung nach Charleston stieg Duncan vom Rad und sagte:»Vielleicht sollte ich das nicht tun; du magst es falsch finden«, wobei er in sein Hemd griff und eine kleine lebende Maus hervorholte, die er vorsichtig unter der Hecke absetzte.

Schließlich kam der Tag, da Duncan in unser Schulzimmer (das Eßzimmer in Charleston) platzte und sagte,»Der Kaiser* ist geflohen, und Deutschland ist eine Republik«, was bedeutete, daß er wieder mit dem Malen anfangen konnte. Auf der Koppel von Charleston wurde eine alte Militärbaracke aufgestellt, auf die jemand die Worte »Les Misérables« geschrieben hatte, und dorthin gingen er und Vanessa jeden Morgen zum Malen. Es dauerte nur ein paar Jahre, ich war vierzehn oder fünfzehn, bis wir uns zu fragen begannen, ob er nicht vielleicht Angelicas Vater war. Ich für meine Person bedauerte, daß er nicht mein Vater war.

Duncan malte gern – das klingt etwas banal, ist aber in Wirklichkeit bloß eine starke Untertreibung. Er übte seine Kunst so gern aus, daß es ihm schwerfiel zu akzeptieren, daß es eine Menge schlechter Gemälde gibt. Die bloße Tatsache, daß jemand zu malen versucht hatte, deutete für ihn auf einen Zustand so großer Gnade, daß ein paar Fehler in der Ausführung verzeihlich waren. Das Äußerste, was er gegen ein Bild vorbrachte, war, daß es nicht ganz gelungen sei. Nein, einmal sagte er über eine amerikanische Dame, man müsse zugeben, daß es ihr an Talent fehle. Das Werk dieser bedauernswerten Frau war wirklich ganz scheußlich.

Es heißt oft, Maler kennen sich in der Malerei aus und sonst nirgends, und man hatte manchmal den Eindruck, daß das auf Duncan

---

* Im Originaltext deutsch. [Anm. d. Ü.]

zutraf; seine Unwissenheit konnte uns mit amüsierter Verwunderung erfüllen. Einmal sagte er zu Vanessa, er sei über die wachsende Popularität der Liberalen Partei erstaunt; er habe so viele Autos gesehen, auf denen der Buchstabe L stand.* Andererseits wußten wir ganz genau, daß er viel mehr von Musik verstand als Clive oder Vanessa, obwohl er kein Instrument spielte. Gelegentlich überraschte er uns auch. Mitten in einem Gespräch über Balzac fing er einmal an, Bemerkungen zu machen, die zeigten, daß er in einer Runde, die sich ziemlich gut auskannte, mehr wußte als alle anderen. Ich war überrascht, weil ich bis zu jenem Zeitpunkt keine Ahnung hatte, daß er Balzac überhaupt gelesen hatte. Diese irreführende Bescheidenheit war typisch für ihn.

Als wir Anfang der Zwanziger Jahre in London wohnten, sahen Julian und ich in einem Laden ein besonders prächtiges Osterei. Es überstieg unsere finanziellen Möglichkeiten bei weitem, also beschlossen wir, ein paar Bilder zu malen und sie zu verkaufen. Clive, Vanessa und, ich glaube, Maynard kamen in unser Zimmer und sahen sich unsere Werke an. Julian hatte einen bedrohlich wirkenden Hammer gefunden, um die Auktion zu leiten, aber als ein paar Bilder verkauft waren, verlor das Bieten an Schwung und Begeisterung; das prächtige Ei schien noch immer in weiter Ferne. Da kam Duncan. Es war eine jener Gelegenheiten, bei denen er in eine neue Rolle schlüpfte: die einer barschen, schwierigen Person, die entschlossen war, alle anderen zu überbieten. Er bot hohe Summen; er beklagte sich bitter, wenn jemand anderes es fertigbrachte, etwas zu kaufen; er trieb die Preise hoch und triumphierte entsetzlich, wenn er jemand anders überbot. Am Schluß der Auktion hatten wir genug Geld und mehr als genug, um uns krank zu essen.

Duncan war immer bereit, eine Rolle zu übernehmen und sie geschickt und überzeugend zu spielen. Ich entsinne mich, wie er sich plötzlich in Mrs Beerbohm Tree in der Rolle der Lady Macbeth verwandelte. Virginia hat aufgeschrieben, wie sie und Leonard einmal nach einem Auftritt Duncans auf den Feldern hinter Charleston vor Lachen halb ohnmächtig waren; und meine eigenen Kinder konnten

---

* L für »learner«, d. h. Anfänger. [Anm. d. Ü.]

Zeugen seiner Schauspielkünste werden, die er auch im fortgeschrittenen Alter noch besaß.

Im Obstgarten von Charleston war eine Stelle nicht mit Nesseln überwuchert. Dort spannten wir ein Netz, über das man einen Wurfring aus Gummi werfen mußte. Duncan spielte manchmal mit. An einem heißen Tag zog ich mein Hemd aus.»Zieh es wieder an«, sagte er,»du siehst sonst viel zu attraktiv aus.« Ich war überrascht; es war das einzige Mal, daß er andeutete, ich sei sexuell interessant; und Duncan, der zwei heranwachsende Knaben einfach anziehend finden mußte, verhielt sich wirklich mustergültig. Insgesamt muß es für ihn in Charleston emotional schwierig gewesen sein, oder es hätte schwierig sein können, wenn er irgendwelche Dummheiten gemacht hätte.

Bald wußten wir, und eigentlich auch alle anderen, daß Angelica seine Tochter war – alle, bis auf Angelica; soviel ich sehen konnte, verhielt er sich liebevoll, aber nicht väterlich. Doch an seiner Zuneigung konnte es nicht den geringsten Zweifel geben. Wenn ich deswegen je Zweifel gehegt hätte, wären sie beseitigt worden, als ich ihn einen Augenblick lang an jenem grauenhaften Nachmittag sah, als ein Auto auf das Trottoir der Tottenham Court Road gefahren war und, wie damals alle dachten, Angelica tödlich verletzt hatte. Doch im täglichen Umgang mit ihr wirkte Duncan eher wie ein liebevoller Onkel und nicht wie ein Vater. Vielleicht fehlte es ihm an unzweideutig männlichen und väterlichen Gefühlen; und irgendwie kam es einem nicht unnatürlich vor, daß er diese Rolle an Clive abtrat, der sie begeistert übernahm.

Duncans Ergebenheit gegenüber Vanessa, ein Gefühl, das man, ohne daß es absurd wäre, als eine Art Treue bezeichnen könnte, ein Gefühl, das stark genug war, um ihn in dieser langjährigen Beziehung immer wieder zu ihr zurückzubringen – dieses Gefühl existierte neben dem Gegengefühl, das heißt neben einer Vielzahl von homosexuellen Abenteuern. Dabei gab es zwei Hauptvarianten, beziehungsweise zwei soziale Gruppen: die Oberschicht und die Unterschicht. Unter den Homosexuellen aus der Oberschicht – Lytton, Maynard, Adrian, Bunny, später dann Angus Davidson, Peter Morris, Edward le Bas und andere – waren oder wurden die meisten Vanessas Freunde und schienen manchmal mehr an ihr zu hängen als an ihm. Neben dieser bürgerlichen Sektion gab es noch eine andere Gruppe, die man als Aristokraten oder zumindest als Höflinge klassifizieren könnte, und ihr hatte sich eine sehr wichtige Figur mehr oder weniger angeschlossen: der amerikanische Maler George Bergen. George Bergen war derjenige, der um ein Haar den Bruch zwischen Vanessa und Duncan herbeigeführt hätte. Jahrelang war er das Objekt einer starken Leidenschaft.

Für Duncan und viele andere war George Bergen ein Adonis oder vielleicht auch ein Apollon: ungeheuer gutaussehend, unwiderstehlich charmant, ein sehr begabter Maler, ein geistreicher und vielleicht auch tiefgründiger Mann. Die Menschen, die ihn so beschrieben, waren intelligent und sensibel; sie sahen in ihm eine ganze Menge Dinge, die ich nicht sehen konnte. Falls sie recht hatten, lag ich tatsächlich ganz falsch.

Ich glaube, daß er durchaus Talent zum Malen besaß, auch wenn seine Werke von sehr unterschiedlicher Qualität waren. Er war von großer Statur, und seine Gesichtszüge erinnerten mich immer an Menschenaffen. Ich habe nie erlebt, daß er geistreich oder tiefgründig war; seine Kommentare zur eigenen Malerei kamen mir prätentiös und sehr dumm vor. Ich kannte ihn nicht sehr gut, aber ich bekam einmal die Gelegenheit, mir eine Meinung über seinen Charakter zu bilden, und das hat mein Urteil vielleicht beeinflußt.

Er schlug vor, daß ich zu ihm kommen und mit ihm leben solle. Er sagte es so laut, daß Duncan, der in der Nähe stand, es hören konnte. Es war vollkommen klar, daß er diesen Vorschlag nur machte, weil er zu Duncan gemein sein wollte. In meinen Augen gehört das bis heute zum Scheußlichsten, was ich je miterlebt habe. Ich sollte noch sagen, daß meine Meinung über Bergens Äußeres und über seine Fähigkeiten vor diesem Zwischenfall entstanden ist.

Ich erinnere mich auch noch an einen Sylvesterabend. Duncan hatte mich auf eine Party eingeladen; ich entsinne mich nicht mehr an den Wortlaut der Einladung und weiß auch nicht mehr, warum er mich einlud, aber ich sollte mit ihm und einer Gruppe Freunde ausgehen. Duncan und ich waren gerade mit Vanessa in ihrem Atelier, als wir hörten, wie die Gesellschaft nebenan eintraf, wo Duncan immer arbeitete. Vanessa sagte:»Es ist ziemlich traurig, das neue Jahr allein zu begrüßen.« Man merkte, daß sie den Tränen nahe war. Duncan übernahm das Kommando: Er sagte zu mir, ich solle hinübergehen und seinen Freunden sagen, daß er nicht mit ihnen feiern könne. Ich gehorchte. Die Gruppe, in der ich mich nun befand, bestand aus George Bergen und zwei Kameraden. Ich erklärte ihnen die Situation – oder zumindest das, was erklärungsbedürftig war – und saß bald darauf mit Bergen und seinen Freunden in einem Taxi. Nie war ich in schlechterer Gesellschaft.

Es fällt mir schwer, die beiden Männer zu beschreiben, die George mitgebracht hatte. Es waren die unappetitlichsten Strichjungen, die ich je gesehen hatte – sie starrten vor Schmutz, einem moralischen, nicht so sehr physischen Schmutz. Der eine machte einen unanständigen Witz; es ging dabei um Duncan. Fairerweise muß man sagen, daß George Bergen ihn zurechtwies. Ich schaffte es, zu entkommen.

Ich muß aber gleich sagen, daß diese Rüpel nicht typisch waren für Duncans proletarische Freunde, von denen ich ein paar erlebt habe. Da war ein reizender Mann namens H und ein harmloser Irrer, der Tut hieß, weil er sich mit Tut-ench-Amun identifizierte. Es gab auch einen sehr amüsanten jungen Mann, der eine Zeitlang ein Restaurant in Lewes hatte und Gemälde sammelte; leider brachte ihn seine Art des Sammelns ins Gefängnis. Dann war da ein liebenswerter junger Bursche, der mir half, als ich mich bemühte, den Teich von Charleston abzudichten. Er versuchte, mich an einem ambitionierteren Unternehmen zu beteiligen: am Bau und Betrieb einer Schwarzbrennerei im Keller von Charleston.»Nur sechs Jahre Zwangsarbeit«, sagte er mit der Seelenruhe von jemandem, der im Gefängnis gesessen hat. Damals konnte jeder Homosexuelle erpreßt werden, und mit Verbrechern zu schlafen muß einigen Mut gekostet haben. War es die Gefahr, die diese Abenteuer für Duncan und viele andere so verlockend machte?

Ich erinnere mich an einen Tag, an dem Duncan sich wirklich schlecht benahm. Natürlich war er betrunken, aber es war trotzdem unverzeihlich. Er und Angelica waren auf eine Party in Hampstead eingeladen – es handelte sich um ein Fest mit musikalischen Darbietungen im Haus von Geoffrey Keynes und seiner Frau. Maynards jüngerer Bruder Geoffrey war ein alter Freund von Duncan, ein hervorragender Chirurg und ein Büchernarr, ein großer Bewunderer von William Blake, der eine Leidenschaft für die Musik von Vaughan Williams hatte (mit dem er auch befreundet war) – Blake und Williams darf man wohl als die Laren und Penaten des überaus angesehenen und geschmackvoll eingerichteten Hauses betrachten, in das Duncan und Angelica an jenem Abend geladen waren. Das Fest sollte spät beginnen, daher konnte Duncan davor zu einem Treffen des Cranium Clubs in Soho gehen.

Ich war ebenfalls bei dem Treffen und ging danach mit Duncan zurück in die Fitzroy Street 8. Er wankte entschieden und mußte sich ab und zu am Geländer des Soho Square festhalten oder – zur Not – an mir. Er war glänzender Laune und ich ebenfalls. Und so kam es, daß es verdammt spät war, als wir im Atelier in der Fitzroy Street ankamen. Die arme Angelica war sauer, und durchaus zu Recht; sie hatte sich ein schönes Kleid angezogen, es wieder ausgezogen, als sie das Warten leid war, und wollte gerade zu Bett gehen. Sie blieb unbeeindruckt, als Duncan ankam und sagte, es sei noch jede Menge Zeit für das Fest, und als er sagte, er würde den Wagen fahren, entgegnete sie, dazu sei er nicht imstande. Dummerweise bot ich an, die beiden zu fahren, und als sie das akzeptiert hatten, zog sich Angelica wieder an, und wir fuhren los.

Leider brachte Duncan es fertig, mich zu überlisten, er gelangte auf den Fahrersitz und fuhr los, so daß ich nur noch in das bereits fahrende Auto klettern konnte. Wenn Duncan völlig nüchtern war, fuhr er wie jemand, der fest daran glaubt, daß ihn ein Schutzengel behütet. Ich habe erlebt, wie er sich umdrehte und mit einem ängstlichen Beifahrer stritt, während er mehrmals durch Rot raste. In jener Nacht jagte er mir Todesängste ein, doch ich muß sagen, daß er ohne jedes Zögern und mit Geschicklichkeit nach Hampstead fand.

Als wir ankamen, war das Fest fast zu Ende. Zum Abschluß wurde nur noch eine letzte Huldigung an das ländliche England gespielt; es war die Art Musik, sagte Duncan, die einen zum Folklorehasser macht. Duncan war zu Musikern nicht halb so großzügig wie zu Malern, und als er zum Klavier ging, das von einer kleinen Gruppe junger Leute umgeben war, sagte er:»Jetzt wollen wir mal richtige Musik hören… etwas von Mozart.« Die jungen Leute, die auf der Stelle fanden, daß Duncan das netteste Ereignis des Abends war, taten ihm gerne den Gefallen. Ich hatte plötzlich fürchterliche Angst, daß »Onkel Ralph«, wie Virginia Vaughan Williams ohne rechten Grund nannte, sich im Zimmer befinden und entsetzt sein könnte, aber niemand war so entsetzt wie die arme Mrs Keynes. Sie hatte ihre Pflicht als Gastgeberin getan – und dies zweifellos vortrefflich – und begann gerade, die Mäntel an ihre Gäste auszuteilen und sich zu verabschieden, und nun war auf einmal Duncan da, der es fertiggebracht hatte, nicht nur die Herzen und Sinne ihrer Gäste in Besitz zu nehmen, sondern auch eine halbvolle Flasche Sekt. Daß die rebellische Jugend entzückt war, machte wahrscheinlich alles noch schlimmer.

Ich, der ohne Einladung gekommen war und diesen Schlingel mitgebracht hatte, hatte notgedrungen gewisse Schuldgefühle, die durch ein unwiderstehliches Vergnügen gemildert wurden. Angelica fing an, sich zu amüsieren. Ich glaube nicht, daß Duncan den Abend beträchtlich verlängerte, auch wenn er eindeutig glücklich war und sich in seinem betrunkenen Zustand nie danebenbenahm. Er war völlig korrekt, dankbar für das, was er »echte Musik« nannte, und zum Schluß bereit, sich zum Nachhausegehen überreden zu lassen.

Als wir gingen, mußten wir ihm in den Wagen helfen, und diesmal fuhr ich. Am nächsten Morgen war er wohlauf und guter Laune; er hatte einen schönen Abend verbracht, und seine Augen blitzten, als er sich an die einzelnen Ereignisse erinnerte.

Vielleicht habe ich diese Geschichte überbewertet, aber sie mag dienlich sein, um ein paar von den Schwierigkeiten zu zeigen, die dadurch entstanden, daß er Sympathien in einem weckte, auch wenn man merkte, daß er sich schlecht benahm. Das galt vor allem, wenn man zufällig die Musik von Vaughan Williams nicht so bezaubernd fand wie die von Mozart.

Mozart war tatsächlich sein Lieblingskomponist, er war ihm sympathischer als Beethoven, den er bewunderte, aber nie lieben konnte. Auch wenn er kaum dieselben Worte wie ich verwendet hätte, kann

man, ohne unfair zu sein, sagen, daß er vor jeglicher *terribilità* zurück-
scheute und der Verwendung von Gewittern in der Kunst mißtraute.
In allen Künsten bewunderte er Bescheidenheit und mißtraute Arro-
ganz, Gewalt und Grausamkeit, beziehungsweise konnte sie nur akzeptieren, wenn sie von einem Genie stammten. Darin war er typisch
für Bloomsbury, oder zumindest sehr ähnlich wie Roger und Vanessa;
was ihn von den beiden unterschied, war seine tiefe, fast persönliche
Liebe zu Delacroix.

Auf einer Frankreichreise mit Duncan, bei der er und Vanessa im
einen Wagen fuhren und Angelica und ich im anderen, kam es zu einer
kleinen Katastrophe: Das Verdeck des einen Wagens flog weg und
wurde zerfetzt. Es fing an zu regnen, daher fuhren wir in die nächste
Stadt. Ausnahmsweise einmal wurden wir von Frankreich enttäuscht;
selbst ohne Regen wäre das Ballungsgebiet, in dem wir hielten, uninteressant gewesen. Eine Werkstatt wollte uns das Verdeck reparieren,
doch wir sollten drei Stunden warten, bis die Arbeit fertig war. Es war
eine trostlose Aussicht; drei Stunden können lang sein. »Ich glaube,
ich lege mich schlafen«, sagte Duncan, woraufhin er sich auf dem
Rücksitz zusammenrollte, die Augen zumachte und einschlief.

Vanessa erklärte, daß er stets einschlafen könne, indem er sich ein-
fach hinlegte. Schade war nur, daß er es nicht im Stehen konnte. Dun-
can schien wie ein Magnet auf Langweiler zu wirken: Wenn er in ein
Zimmer voller Leute kam, umringten ihn stets die Langweiler, wie
Geier, die im Dschungel ein verletztes Tier wittern, und er konnte
nichts dagegen tun. Ich schlug vor, daß er doch von jenem anderen
Talent Gebrauch machen könne, der Fähigkeit, seinem Bauch den
Befehl zu geben, sich bei Unwohlsein zu übergeben.

Aber trotz dieser starken Schutzmechanismen konnte sich Duncan
in höchst unheilvoller Weise zum Hampelmann machen. Wenn er in
seinem Atelier auf einen Käufer wartete, beugte er seinen Defiziten als
Verkäufer gewöhnlich vor, indem er den ihm angemessen erscheinen-
den Preis fett mit Kreide auf die Rückseite der Gemälde schrieb.
Wenn der interessierte Käufer dann kam, beschloß Duncan sofort,
daß der von ihm verlangte Preis unverschämt war: Dreihundert Pfund

wurden auf zweihundertfünfzig ermäßigt, und diese auf zweihundert, die dann auch wieder als eine Unsumme erschienen und nochmals ermäßigt wurden. Diese Auktion im Rückwärtsgang konnte am Ende zur Groteske werden.

Diese beinahe edelmütige Haltung Geld gegenüber hörte ich einmal prägnant zusammengefaßt, als Duncan fast allein in Charleston wohnte und einer von seinen langfingerigen Freunden sich mit ein paar Bildern und obendrein mit weiß Gott wieviel Geld aus dem Staub machte. Ein anderer gutaussehender Freund, ein netter junger Amerikaner, wollte unbedingt die Polizei benachrichtigen und Bilder wie Bargeld wiederfinden. Duncan wollte die Bilder – ein paar davon waren noch nicht fertig –, aber im übrigen tat er kund: »Nichts ist unwichtiger als Geld.« Nicht, daß er es damals nicht dringend gebraucht hätte.

Ich habe Duncan in einigen sehr schmerzlichen und kritischen Momenten seines Lebens gesehen, aber ich habe nur einmal erlebt, daß er weinte, und zwar, als Vanessa starb. Ich war fast zufällig in Charleston; ich war mit ihm zusammen im Haus, und er brach zusammen und weinte und beschuldigte sich, »nicht so nett zu ihr gewesen zu sein, wie ich es hätte sein sollen«. Ich wußte nicht, was ich sagen sollte oder was ich gesagt hätte, wenn Angelica nicht in diesem Augenblick gekommen wäre.

Danach wohnten Clive und Duncan eine Weile zusammen in Charleston, sehr friedlich, glaube ich; schließlich waren sie fast ein halbes Jahrhundert zusammengewesen und hatten sich leise übereinander und über ihre Freunde lustig gemacht.

Nach Clives Tod war Charleston immer noch ein Zentrum der Geselligkeit. Zahlreiche junge Männer fanden ihren Weg von der Universität Sussex nach Charleston. Ihr Kommen war Zeichen einer Veränderung des Geschmacks im ganzen Land. Von 1939 bis etwa 1960 waren Duncan sowie das restliche Bloomsbury den Kritikern verdächtig gewesen. (Der junge Richard Shone linderte den Verdacht ein wenig.) Duncan war der einzige aus der Gruppe, der noch erlebte, wie das Geschmacksrad wieder seinen Ausgangspunkt erreichte.

Ich wünschte, ich könnte sagen, daß diese Geschmackswende ihn in seinen letzten Jahren glücklich machte, aber er hat sich mir gegenüber nie über den Verfall seines Rufs geäußert, und auch nicht über dessen Wiederherstellung.

David Garnett

S eine Freunde und ein ständig wachsender Kreis kannten ihn unter dem Namen Bunny. Es war ein Name, den er in frühester Jugend erwarb – ich glaube, er hat ihn einem Kaninhut zu verdanken, den er als Kind trug; der Name blieb ihm für den Rest seines Lebens, aber er paßte überhaupt nicht zu ihm. Kaninchen sind kleine, pelzige, ängstliche Tiere; sie rennen in ihren Bau; wenn man sie schießt, überschlagen sie sich, und wenn man sie ißt, muß man reichlich mit Kräutern nachhelfen, damit sie nach etwas schmecken. David Garnett war groß, unbehaart und niemals ängstlich, auch wenn er manchmal ein bißchen schüchtern war. Er würde wahrscheinlich eher aus einem Bau herausstürmen als in ihn hineinrennen. Er war stets bereit, das Feuer zu erwidern, und hätte man ihn essen können, wäre er sehr schmackhaft gewesen. Wenn ich ihn mit einem Tier vergleichen sollte, würde ich einen Bären wählen, ein Geschöpf, das eine liebenswerte Schwäche für Beeren und Honig hat, aber auch Fleisch frißt. Die Häschen-Umarmung war herzlich, konnte einem aber die Rippen brechen.

Meine erste Erinnerung an ihn ist mit einem Mantel verbunden. Er hing im Flur des Gordon Square 46 und weckte meine Neugier, weil er mit einer wunderbaren Auszeichnung verziert war, einem Malteserkreuz, das, glaube ich, das Emblem des Rettungsdienstes ist, bei dem er in Frankreich gedient hatte (das war 1915). Aber ich traf ihn bei jener Gelegenheit nicht persönlich – soweit ich mich entsinne.

Vor meinem inneren Auge rennt er schnell und kraftvoll hinter einem jungen Hund her, der einen halben Kuchen im Maul hat; sie liefen beide mit einem ungeheuren Tempo. Wer wohl gewonnen hat?

97

Das werden wir nie erfahren. Es war in der Wissett Lodge in Suffolk. Wir waren dort hingezogen, um Obst anzubauen, in der Absicht, der Einberufung zu entrinnen. Das Tribunal, das über diese Sache entschied, bei der es um Leben und Tod ging, ließ sich davon nicht beeindrucken. Die Tribunalsmitglieder, ehrenwerte Landwirte aus Suffolk, hielten Weichfrüchte für frivol, und als ein Zeuge darauf hinwies, daß die Garnetts Anhänger von Tolstoi und daher überzeugt pazifistisch seien, entgegneten sie, daß das nichts zur Sache tue. Es spiele keine Rolle, ob die Familie Garnett aus Tolstoi komme oder aus einer anderen fremden Stadt.

Jenen ganzen Sommer über war in Frankreich ein Gemetzel in Gange, das es so noch nie gegeben hatte. Die Truppen wurden ausgebildet und bewaffnet und zu Tausenden und Zehntausenden verschickt, um verstümmelt und abgeschlachtet zu werden. Die dummen Männer, die die Befehle gaben, wußten nichts besseres zu tun, als immer mehr Männer kommen zu lassen, um sie in immer sinnlosere Offensiven zu werfen. Duncan und Bunny mußten versuchen, das Urteil des Suffolker Tribunals rückgängig zu machen. Es gelang ihnen, sich aus dem Krieg herauszuhalten und nicht ins Gefängnis zu kommen. Sie wurden wieder Bauern, bauten aber Dinge an, die nicht so »frivol« waren wie Obst.

Vanessa fand in Charleston ein Haus für sich und die Kinder, und in der Nachbarschaft Arbeit für ihre Männer. Der mit einer Mauer umgebene Garten von Charleston, der heute durch Wege unterteilt ist und in dem sich Blumenbeete mit Teichen und Rasenflächen abwechseln, sowie der Platz mit den Statuen heterogener Herkunft wurden damals für den Anbau von Kartoffeln genutzt; doch der Obstgarten war im Sommer voller Früchte und Bienen. Das Innere des Hauses war mit Sonnenblumenkernhülsen übersät – man fand sie überall. Das war Bunnys Werk; von seinem Vater hatte er das Äußere geerbt sowie – falls man so sagen kann – die lange, eindrucksvolle literarische Tradition der Garnetts; von seiner Mutter jedoch hatte er ein ebenso vornehmes, aber exotischeres Erbe mitbekommen. Sie war eine ungeheuer begabte Frau und vielleicht die berühmteste von denjenigen, die der englischsprachigen Öffentlichkeit bewußtmachten, daß die schöpferischen Kräfte im Rußland des neunzehnten Jahrhunderts zu außerordentlicher Blüte gekommen waren. Zu einer Zeit, da alle sich für Rußland interessierten, hatte Bunny seine Slawen sozusagen aus erster Hand. Das führte zu Tolstoi, Dostojewski, Ballett und Sonnenblumenkernen. Im Herbst 1916 interessierten mich vor allem die Sonnenblumenkerne. Die Böden der russischen Eisenbahnwaggons waren, wie Bunny uns erzählte, mit den Hülsen unzähliger Sonnenblumenkerne bedeckt. Ich, der alles Russische liebte, fand, daß das Charlestoner Wohnzimmer sich für einen solchen Teppich ebenso eignete.

In einem kleinen Zimmer, das verschwand, als in Charleston das Atelier gebaut wurde, saß Bunny inmitten von herrlichem Schrott und baute allem Anschein nach Spielzeug aus Holz. In Wirklichkeit handelte es sich um Holzrahmen für Bienenwaben, denn Bunny war unter anderem unser Imker. Ich war sehr oft zu Besuch in dem kleinen Zimmer. Ich kann mich nicht erinnern, daß er mich je hinausgeworfen hat. Er redete über Rußland, er redete über Bienen, er redete über Füchse und Wiesel, über die Gewohnheiten der Regenwürmer und Kröten, Kuckucke und Eisvögel. Er machte mich und meinen Bruder mit dem Werk von Richard Jeffries bekannt. Nachdem er uns verlassen hatte und distanziert und berühmt geworden war, wünschte ich mir jahrelang, Naturforscher zu werden, wenn ich erwachsen wäre. Das war zum Teil der gute »Unterricht«; Bunny konnte auf eine Art über das Verhalten der Wasserkäfer reden, die interessant und verständlich war. Doch war es auch das Resultat seiner starken menschlichen Ausstrahlung.

Der Waffenstillstand kam, Weihnachten kam – und meine Schwester. Bunny ließ sich dazu hinreißen, über ihrer Wiege zu prophezeien, daß er sie eines Tages heiraten werde; doch dann verschwand er und tauchte in langen Abständen wieder auf, manchmal am Steuer eines Wagens, manchmal als Pilot eines Flugzeugs. Aber er blieb mir im Gedächtnis, und auf diese Weise wurde die Biologie zur einzigen Wissenschaft, die ich in der Schule verstand. Als mir *Lady into Fox** (*Meine Frau, die Füchsin*) in die Hände fiel, war ich davon entzückt.

* David Garnetts erster Roman, für den er 1923 den Hawthornden-Preis erhielt. [Anm. d. Ü.]

Aber als ich noch jung und unerfahren war – ich meine die Zeit, in der ich unklugerweise behauptete, ich sei erwachsen –, fand ich ihn bei unseren Begegnungen entschieden unsympathisch; unsere Gespräche schienen sich zu einer Art grober Hänselei zu entwickeln. Es kam nie offen zum Streit, aber es gab eine gewisse unbehagliche Kälte zwischen uns. Der Grund dafür war, wie er mir später erzählte, daß er fand, ich sei ein sehr affektierter junger Mann geworden, und damit hatte er vielleicht sogar recht.

Die Schwierigkeiten jeglicher Art hatten ein Ende, als ich den Garnetts 1935 in Hilton, Huntingdon, einen Besuch abstattete, der sehr nett war. Dort sah ich Bunny zum ersten Mal im Kreis seiner Familie. Er war ein ausgezeichneter Gastgeber, er genoß es offensichtlich, Familienvater zu sein, und freute sich auch über seinen Erfolg als Autor.

Ich bin nicht sicher, wann ich merkte, daß Bunny hinter meiner Schwester her war, aber ich weiß, daß es mir sofort gefiel. Sie war zu der Zeit theaterbesessen und Schülerin von Michel St. Denis am London Theatre Studio. Da ich selten nach London kam, erlebte ich das Liebespaar erst im Sommer 1938 richtig, als die beiden mir vorschlugen, mit ihnen eine Reise ins französische Zentralmassiv zu machen. Es war wohl irgendwo in der Gegend des Tarn – jedenfalls in einer schönen Landschaft mit grünen Tälern und rauschendem Wasser. Das rauschende Wasser zog Bunny an.

Er war ein Enthusiast: Er schwärmte für Rußland und für die Bienenzucht, er schwärmte für Mädchen und für D. H. Lawrence und T. E. Lawrence. Er schwärmte für Flugzeuge, und neuerdings war er wild begeistert vom Angeln mit der Fliege. Er hatte ein Buch über französische Forellen erstanden, und in der Gegend, in die wir fuhren, war anscheinend einer der größten Forellenbäche Frankreichs. Bunny hatte die nötige Ausrüstung, um ihm gerecht zu werden.

Er bemühte sich nicht um die entsprechende Kleidung; Bunny hatte für mein Empfinden schon immer wie ein Angler ausgesehen. Gute, alte Kleider, ein unförmiger Hut, an dem jetzt Fliegen steckten, Watstiefel, eine große Jagdtasche – nichts »Protzigfeines«. Seine Angelrute jedoch sah todschick aus; wenn sie sorgfältig zusammengesetzt war, betrachtete man sie voller Ehrfurcht: sie war derartig solide, geschmeidig und elegant, derart großzügig beim Auswerfen der Leine, die hervorgeschossen kam wie ein flinkes, geflügeltes Wesen. Auch handhabte Bunny seine Ausrüstung auf eine Weise, die der vorzüglich gestalteten Geräte durchaus nicht unwürdig war; er ging langsam bachaufwärts und warf die Angel immer wieder aus, wobei die Fliege übers Wasser glitt, als sei sie ein lebendes Insekt; er tat dies langsam, anmutig und gekonnt. Das Problem war nur, daß die Fische anscheinend völlig desinteressiert waren. Er ging unermüdlich und geduldig hin und her, jedoch vergeblich. Ich hatte schon die Befürchtung, daß wir getäuscht worden waren, daß der Reiseführer gelogen hatte: daß das Gewässer zwar einen schönen Anblick bot, aber keine Fische enthielt.

Doch dann tauchte ein kleiner Mann auf; er gehörte zum Küchenpersonal des Hotels. Er setzte sich hin, nahm eine Schnur aus der Tasche und ein Stück Speck, das er ins Wasser warf, und zwar dorthin, wo der Inhalt eines Grabens durch eine Eisenröhre in den Hauptbach floß.

Nach etwa drei Minuten zog er eine Forelle heraus, die vielleicht zwei Pfund wog. In einer Viertelstunde hatte er genug Fische für den Hotelmittagstisch. Bunny betrachtete ihn mit gemischten Gefühlen; er freute sich aufs Mittagessen, bedauerte aber, daß es von einem Schnurende stammte. Der kleine Mann seinerseits schien über Bunny sehr verwundert zu sein. Warum strengte sich Monsieur so an, die Fische auf eine Art und Weise zu fangen, auf die sie sich offenbar nicht fangen ließen? Was ihn betraf, so sei er sehr gerne bereit, den Herrn mit Schnur, Speck und einem Haken zu versorgen; er fände diese Methode wesentlich wirkungsvoller. Ob ich Monsieur sagen könne, daß er ihm gerne helfen würde?

Ich übersetzte, obwohl Bunny, glaube ich, alles verstanden hatte, und verzog keine Miene, obwohl der Gedanke daran, wie dieser hervorragend ausgerüstete Angler seinen Speck aufs Wasser warf, mir kaum erträglich war. Er war auch für Bunny kaum erträglich; sein Gesicht wurde beängstigend rot, wie immer, wenn er unter Streß stand, und einen Augenblick befürchtete ich einen schrecklichen Wutausbruch. Zum Glück war sein Sinn für Humor der Lage gewachsen, und das Angebot wurde höflich abgelehnt, wenn es auch noch mehrfach ausgesprochen werden sollte, da Bunny seine eleganten Manöver Tag für Tag fortsetzte, immer mit dem gleichen Ergebnis. Als Angler versagte er, aber in der Liebe war er das reinste Glückskind. Man hatte den Eindruck, daß er und Angelica glücklich verliebt waren. Ich fragte mich zwar manchmal, warum um alles in der Welt sie mich eingeladen hatten, mitzukommen, aber es war eine Freude, die beiden so glücklich zu sehen; die ganzen Ferien über waren sie so.

Wir fuhren nach Paris zurück, und ich blieb dort ein paar Wochen, während sie nach London weiterfuhren. Ich reiste ihnen bald hinterher; es hatte eine Katastrophe gegeben, und jetzt kam noch das dicke Ende. Angelica war plötzlich sehr schwer krank geworden; zu Hause konnte sie nicht richtig versorgt werden, und Bunny hatte sie in eine Privatklinik gebracht. Man hatte diese Vorkehrungen in aller Eile getroffen und Vanessa nichts davon gesagt – oder es ihr zu spät gesagt. Sie war sofort nach London gefahren, und ihre Tochter war verschwunden. Sie stand immer noch unter dem Schock von Julians Tod, und sie war wütend. (Das vermutete ich jedenfalls, denn ich kam erst später dazu.)

Julian hatte Vanessa einmal mit Demeter verglichen – das war ein poetisch wahrer Vergleich, der jetzt nur zu gut paßte. Hatte sie am Anfang Bunnys Avancen einigermaßen duldsam zugesehen, so betrachtete sie ihn jetzt als schrecklichen Pluto, der ihre Persephone in den Abgrund zerrte. Duncan schien ihrer Ansicht zu sein – ich war mir nie sicher, was er wirklich empfand. Da ich von beiden Parteien beiseite genommen wurde, war ich wie immer der Vermittler, doch konnte ich wie Clive und die Woolfs Vanessas Qual eigentlich nicht ganz nachempfinden. Bis zu einem gewissen Grad hatte ich Verständnis dafür, daß Angelica sich über das ganze Theater ärgerte, bedauerte dies aber auch.

Es begann eine schwierige und entmutigende Zeit, die durch das, was in der Welt passierte, nur noch unglücklicher wurde. Der Scheinfriede endete 1939 mit dem Krieg, der noch keiner war, und 1940 folgte dann schließlich der wirklich tödliche Kampf. Während

102

dieser Zeit verwandelte Bunny eine Liebesaffäre, für die vieles sprach, bewußt oder unbewußt in etwas Gewichtigeres, nämlich in eine Ehe.

Dadurch wurde ich zeitweilig in den Konflikt hineingezogen. Angelica hatte an der Euston Road School bereits ein paar bemerkenswerte Bilder gemalt und wußte anscheinend endlich, was sie wollte; aber sie war noch sehr jung, erst einundzwanzig, als der Krieg ausbrach. Es war schlimm genug, daß sie in diesem Alter gezwungen war, in einem Land zu leben, in dem Krieg herrschte, aber daß sie sich jetzt an die Gewohnheiten und die Freunde einer älteren Generation anpassen sollte, kam mir sehr ungerecht vor.

»Ihre Mutter ist ganz gut zurechtgekommen«, sagte Bunny. »Ihre Mutter hat einen betuchten Junggesellen geheiratet, der reiche Eltern hatte und niemanden unterstützen mußte.«

Wir hatten eine lange, aber nicht unfreundliche Auseinandersetzung, bei der ich mich im Recht fühlte, und das bis heute. Ältere Männer haben kein Recht, junge Mädchen zu ihrer Beute zu machen. Aber zum Schluß mußte ich zwangsläufig verlieren; von Angelica konnte man kaum erwarten, daß sie wußte, was sie wollte, oder daß sie sich in ihrem Alter einem so übermächtigen Charakter widersetzen würde.

Doch die eigentlichen Qualen dieser unglücklichen Zeit ergaben sich aus meinen Versuchen, Schweinchen-in-der-Mitte zu spielen. Es war eine Zeit, in der Vanessa sich völlig anders verhielt als sonst; sie tat Dinge, die man nie von ihr gedacht hätte. Wenn die Post kam, fing sie den an mich adressierten Brief von Bunny oder Angelica ab und las ihn, bevor sie ihn mir aushändigte. Und was zum Teufel sollte ich tun? Ihr den Brief aus der Hand reißen? Oder wütend und kläglich warten, in der Hoffnung, daß in dem Brief nichts Verletzendes stand?

Es kam jedoch auch zu einer anderen ungewöhnlichen Situation dieser Art, die nicht ohne Komik war. Es war im Sommer 1940; wir hatten die ersten Luftangriffe. Bunny und Angelica, die in Sussex gelebt hatten, waren nach Yorkshire gezogen. Die Deutschen hatten rücksichtsloserweise in der Nähe von Hull eine Bombe abgeworfen.

Hull liegt in Yorkshire, *ergo* bombardierten die Deutschen Yorkshire, *ergo* mußten die Garnetts nach Sussex zurückkommen, *ergo* mußte ich sie anrufen und es ihnen sagen. Unseligerweise sagte ich ja (ich hasse das Telefon ohnehin). Ich hoffte, Bunny ins Gebet nehmen zu können, ihn überreden zu können, Vanessa ein paar tröstende Worte zu sagen, die vielleicht nicht ganz ehrlich waren, aber freundlich und beruhigend. Doch dazu mußte ich ihn allein sprechen, und ich stellte sofort fest, daß Vanessa ein derartiges Manöver unmöglich machen würde; sie postierte sich in der Nische, in der im Charlestoner Eßzimmer das Telefon stand. Sie konnte genau verstehen, was ich sagte; wahrscheinlich würde sie auch Bunny hören, der am Telefon überaus langsam und artikuliert sprach. Es half nichts, ich mußte anrufen, ich mußte der Dame von der Vermittlung die Nummer geben, und Bunny war am Apparat. Ich sagte ihm, es sei schrecklich, daß in seiner Gegend Bomben fielen, und die Familie solle in Krisenzeiten doch besser zusammenbleiben. Zumindest war es das, was ich im wesentlichen sagte. Vermutlich klang es nicht überzeugend und ging Bunny auf die Nerven; das gab er mir sehr deutlich zu verstehen. Langsam und artikuliert sagte er zu mir, ich sei ein Vollidiot. Er machte mich darauf aufmerksam, daß Yorkshire eine sehr große Grafschaft sei; sie befänden sich in Dales, meilenweit von Hull entfernt und an einem der sichersten Orte Englands (all das hatte ich bereits auf weniger eindringliche Art zu Vanessa gesagt). Er machte mich auch darauf aufmerksam, daß wir in Sussex in einer besonders gefährlichen Lage seien; daß sich Charleston im Fall einer Invasion – die damals sehr wahrscheinlich erschien – beinahe mit Sicherheit auf dem Weg der Invasoren befände. Ich sei doch wohl klug genug, das zu begreifen? Er wundere sich über meine Dummheit. Er legte den Hörer auf. Es war klar, daß Bunny böse auf mich war, aber natürlich brauchte er lange, um seine Wut und Verachtung richtig zum Ausdruck zu bringen. Das Komische kam Jahre später, als er mich an den Vorfall erinnerte.»Du hast keine Ahnung«, sagte er,»wie du mich am Telefon zur Weißglut getrieben hast. Du hast so blödsinnig langsam geredet.«

Zwei Jahre später lud Bunny mich ein, mich beim Political Warfare

Executive * zu bewerben. Er arbeitete dort im Sekretariat und war, wie ich fand, sehr beliebt und hochangesehen. Insgesamt war er dort glücklich, auch wenn er sich manchmal über Dinge aufregte, die er für dumm hielt, und über Kontroversen, bei denen er, wie mir schien, meistens im Recht war. Doch dann brachte der Krieg eine größere Komplikation mit sich, die bei ihm gemischte Gefühle hervorrief. Das deutete sich mir zum ersten Mal an, als ich auf Maynard Keynes' Hof eine Wiese mähte. Es war ein schöner Sommertag im Juni 1941; die Garnetts – wie man sie wohl zu dem Zeitpunkt bereits nennen darf – wohnten bei uns in Charleston, und gegen Mittag kam meine Schwester mit einem Lunchkorb für mich und mit der Neuigkeit, daß die Deutschen in Rußland einmarschiert waren. Und, fügte sie hinzu, Bunny, der von solchen Dingen mehr verstand als die meisten anderen, hätte gesagt, der Widerstand der Russen würde in sechs Wochen zusammenbrechen.

Die Nachricht, die, wie man sich vorstellen kann, schon an sich interessant genug war, interessierte mich besonders, weil ich gerade ein Buch erhalten hatte, das ich für den *New Statesman* rezensieren sollte und das (glaube ich) *The Red Army (Die Rote Armee)* hieß. Es sah so aus, als müßte ein Rezensent unter solchen Umständen eine Prophezeiung wagen. Bunny, der so viel wußte, hatte die Meinung seiner Kollegen wiedergegeben. Ob er recht hatte?

Zweifellos machte unser neuer Verbündeter einen klapprigen Eindruck; die Säuberungen in der Roten Armee waren drastisch gewesen und müssen demoralisierend gewirkt haben. Den Finnlandfeldzug von 1939–40 hatten die Russen, jedenfalls in den ersten Abschnitten, schlecht bewältigt. Andererseits war der Autor, den ich zu besprechen hatte, insgesamt optimistisch. Auch mußte ich Bunnys Eigenheiten in seiner Eigenschaft als Beobachter berücksichtigen. Er hatte einen regelrechten Dauerhaß auf das Sowjetregime, einen Haß, der durch seine Liebe zum russischen Volk und seiner Kultur nicht gemildert, sondern verstärkt wurde. Er war in einer Atmosphäre groß geworden, wo man sich nicht nur für Rußland begeisterte, sondern auch für die

* Ausschuß für politische Kriegsführung. [Anm. d. Ü.]

bevorstehende Revolution; seine Familie war in der Nähe des Teils von Surrey zu Hause, den Bunnys Vater »Dostojewskiwinkel« getauft hatte, so groß war dort die russische Kolonie; er hatte sich über den Erfolg der Revolution in ihren Anfängen gefreut. Eine der Legenden von Charleston, deren zeitliche Einordnung mir schwerfällt, berichtet von einem großen Krach zwischen Bunny und Maynard beim Frühstück. Laut Bunny – ich kenne nur seine Version – hatte Maynard in einem für ihn typischen Anfall von politischer Euphorie erklärt, daß die Bolschewiken verloren seien. Die Weiße Armee sei mit Unterstützung der Alliierten bereit, von allen Seiten einzumarschieren – die Revolutionäre würden vernichtet werden.

»Falsch«, rief Bunny. »Das einzige, was passieren wird, ist, daß noch mehr Menschen umkommen; es wird noch mehr Hungersnot und noch mehr Elend geben.« Mit diesen Worten warf er einen Stuhl um und verließ das Zimmer, wobei er die Tür so heftig zuschlug, daß sie nie wieder so war wie vorher.

Irgendwann ließ Bunnys Begeisterung für die Bolschewiken nach, und die Liebe verwandelte sich in Haß; laut Clive empfand Bunny für Rußland, was ein Mann manchmal für eine treulose Geliebte empfindet: er allein und sonst niemand darf schlecht über sie sprechen. 1941 litt er noch mehr unter dieser Zerrissenheit; er war zutiefst patriotisch, bestand jedoch nicht darauf, daß wir unseren Krieg ganz allein gewinnen mußten. Die Amerikaner waren sehr willkommen, obwohl ihre Vorstellungen von politischer Kriegsführung problematisch waren. Aber von Rußland wollte er keine Hilfe. Er stand damit nicht allein; wie man mir sagte, gab es ein paar Leute in Machtpositionen, die 1939 eine Armee in Nordfinnland landen und durch Rußland marschieren (und dabei vermutlich dessen Kapitulation erleben) wollten, um schließlich über Polen nach Deutschland einzumarschieren. Diese Idee wurde im Frühjahr 1940 ziemlich abrupt fallengelassen.

Es gab viele vernünftigere und realistischere Leute, die die überaus weitverbreitete Begeisterung für Rußland und alles Russische mit größtem Abscheu betrachteten und die hofften, daß die beiden Giganten des Ostens sich schließlich gegenseitig bis zur völligen Erschöpfung verwunden würden, mit verhängnisvollen Auswirkungen für beide Seiten. Diese Leute verlangten oder hofften jedoch nie, daß die Deutschen die Russen besiegten. Auch Bunny äußerte diesen Wunsch und diese Hoffnung nicht ausdrücklich, doch wurde er von seinen Gefühlen fast dazu verleitet.

Unter den gegebenen Umständen war meine Rezension weniger pessimistisch, als man hätte erwarten können. Sie befindet sich im Archiv des *New Statesman*, und wenn ein Wissenschaftler sich dafür interessiert, kann er nachlesen, was ich damals geschrieben habe. Meiner damaligen Einschätzung nach würden die Russen schwere Niederlagen erleiden, aber höchstwahrscheinlich imstande sein, den Spieß umzudrehen.

Ich habe erwähnt, daß Bunny bei seinen Kollegen im Political Warfare Executive sehr beliebt und geschätzt war. Die Hauptaufgabe dieser Organisation bestand darin, den Foreign Services der BBC Direktiven zu liefern, ebenso der »schwarzen« Propaganda, die eigentlich aus dem besetzten Europa kommen sollte, sowie den Menschen, die Flugblätter abwarfen oder Gerüchte verbreiteten usw. Die Foreign Services der BBC waren bewundernswert; ihre Ehrlichkeit war tatsächlich die beste Taktik, und ich bin froh, daß sie trotz der Bemühungen niederträchtiger Politiker überlebt haben. Aber in bestimmten Augenblicken konnten sie dumm sein. So war im Frühjahr 1942 einer von unseren Rundfunksprechern so töricht, der Welt zu verkünden, daß es an der russischen Front bald zu entscheidenden Schlachten kommen würde. Man ließ ihn zu einem Gespräch ins Political Warfare kommen und erinnerte ihn daran, daß unsere Information lautete, die Russen würden ein paar schwere Niederlagen wahrscheinlich überstehen. Jetzt konnte man sich darauf berufen, daß wir gesagt hätten, diese Niederlagen würden »entscheidend« sein. Der Unglückliche konnte nur sagen, er hätte bloß ankündigen wollen, daß es zu ein paar sehr heftigen Schlachten kommen würde. »Ein Mann ohne scharfen Verstand«, sagte Bunny.

Ich weiß nicht, ob die Deutschen diesen Fehler eigentlich ausgenutzt haben; im Sommer 1942 hatten sie so viele gute Nachrichten, daß sie das kaum nötig hatten. Die Russen waren an den Kaukasus zurückgedrängt, die Briten an die Grenzen von Ägypten, und im Pazifik hatten die Japaner überall Siege errungen. Erst im Herbst begann sich das Blatt zu wenden. Ende Oktober begann die Schlacht von El Alamein; im November landeten die Alliierten in Nordafrika.

Zu der Zeit wohnte ich mit Bunny und Angelica in den obersten Stockwerken des Gordon Square 41. Einmal kam ich ziemlich spät zum Frühstück herunter und stellte fest, daß Bunny bereits die Radionachrichten gehört hatte. »Die Russen haben freie Bahn.« Dem Ton seiner Stimme nach zu urteilen, hätte man meinen können, die Butterration sei halbiert worden. Ich versuchte, mehr herauszubekommen, aber über die Sache zu reden war für ihn offensichtlich so unerfreulich, daß ich es unterließ. Ich mußte warten, bis ich im Büro war, um einen detaillierteren Bericht über das zu bekommen, was als die Schlacht von Stalingrad bekannt wurde. Ich fürchte, er hat in den letzten Kriegsjahren sehr gelitten (ich hatte die Arbeit im Political Executive aufgegeben und sah ihn eine Zeitlang nicht mehr so häufig). Aber der Frieden und die Feindseligkeiten, die folgten, boten einen gewissen Trost.

Bei Kriegsende waren Bunny und Angelica nicht nur verheiratet, sondern auch Eltern einer Mädchenschar. Das führte zu einer Aussöhnung mit Vanessa. Bunny machte wohl recht häufig Besuche in Charleston, doch ich kann mich nur an einen davon entsinnen; er hat sich mir durch zwei Ereignisse eingeprägt, die in gewisser Weise typisch waren. Es war im Spätsommer 1944; Frankreich wurde gerade befreit, doch der Feind war immer noch in der Lage, seine Höllenmaschinen über den Ärmelkanal fliegen zu lassen. Sie zischten durch die Luft, verstummten, fielen herunter und explodierten, wenn sie auf dem Boden aufkamen. Wir schlenderten gerade zu mehreren auf dem Kiesweg vor dem Haus, als eines dieser Monster, das nach London unterwegs war, über uns hinweg nach Norden flog. Eines unserer Jagdflugzeuge nahm die Verfolgung auf; dieses Manöver war gefährlich, denn wenn der Pilot das Ding aus zu großer Nähe abschoß, konnte er leicht von der Explosion getroffen werden. Wir sahen daher besorgt und gespannt zu. Wir sahen, wie das Flugzeug näher kam, wir sahen, wie sein Opfer plötzlich zu einem Feuerball aufloderte, hörten eine laute Explosion und sahen den Jagdflieger unversehrt fortfliegen.

108

Wir, die wir über wer weiß was gestritten hatten, waren still geworden und schwiegen, während das Flugzeug davonflog, bis Bunny bemerkte:

»Und dann gebot das sanfte kleine Lamm
dem Reden Einhalt.«

Wohl ein Zitat von Ann und Jane Taylor, das uns zum Lachen brachte. War es das Wochenende, an dem ich mit Bunny über Jane Austen stritt? Bunny war voller Bewunderung für ihre Romane, hatte aber starke Vorbehalte, was *Emma* anging. Er behauptete, Emma sei ein sehr unangenehmer Charakter, ein hoffnungsloser Snob, gefühllos, eingebildet und eitel. Nichts spreche für sie. Ich erwiderte, sie habe zwar ihre Fehler, aber sie leide unter einem unerträglich dummen Vater und ertrage seine Dummheit mit einer Engelsgeduld.

Einen Moment lang wußte Bunny nicht mehr weiter, aber er war kein Mensch, den man leicht zum Schweigen bringen konnte, und er antwortete fast ernst: »Nun, wir haben nur, was Jane Austen darüber sagt.« Was, glaube ich, das höchste Lob ist, das man einem Romancier erteilen kann.

Der Krieg brachte Beschränkungen und Ablenkungen mit sich, die das Malen schwierig machten; man beneidete die Alten, die ohne den geringsten Vorwurf von seiten der öffentlichen Meinung oder des eigenen Gewissens weitermalen konnten, wenn das Tageslicht ausreichte. Ich hatte diesbezüglich besonderes Glück. Meine Schwester war in einer schlechteren Lage; sie hatte eine Menge Ärger auf einmal: Zu den unvermeidlichen Entbehrungen und Ärgernissen des Krieges kamen die Probleme, die sich ergeben, wenn man vier Töchter hat, die alle begabt, hübsch, schwierig und rastlos sind. Hilton, das Haus von Bunny, ist ein romantisches, prächtiges altes Gebäude mit großen Räumen und Blick auf einen schönen Garten. Wenn man in den Salon geht und in dem schönen Kamin nach oben schaut, ist es gleichsam, als würde man direkt ins Firmament blicken. Der Luftzug ist so stark, daß jegliche Feuerhitze, ganz gleich wie groß sie ist, sofort nach oben befördert wird und sich in der Atmosphäre verliert. Oder aber der Wind weht durch den Kamin in den Salon hinein und dann von einem Zimmer ins andere, bis in die Küche. Kurzum, das Haus ist schön wie die Tugend und kalt wie die Keuschheit. Die Gastfreundschaft war warm, sie mußte aber glühend sein, damit ein empfindlicher Besucher sich wohl fühlte. (Ich beschreibe das Haus, wie es vor vierzig Jahren war.)

Ich hatte den Eindruck, daß Angelica Hilton kühl und ungemütlich fand, daß es für sie ein Ort war, an dem der Widerhall des Lärms von ungehorsamen Kindern schwer erträglich war und dessen Nachbarn anscheinend allesamt zu Bunnys uninteressantesten Freunden gehörten. Wenn sie ab und zu entfliehen konnte, war es nicht verwunderlich, daß sie es in Begleitung ihrer Eltern tat und daß sie mit ihnen ans Mittelmeer fuhr.

Bunny schien mir in dieser − seiner zweiten − Ehe die Rolle des Familienvaters mit der gleichen Energie und Leidenschaft zu spielen, die er in seine erste Ehe eingebracht hatte. Ein neues und wichtiges Element in der Situation war, daß er sich jetzt als der Preisbulle in einer Herde Kühe sah. Normalerweise war er in mindestens eine von seinen Töchtern verliebt, und das erleichterte oder versüßte das Leben in Hilton keineswegs. Die wirklich echte und liebevolle Achtung, die er seinen Söhnen entgegenbrachte, war ein insgesamt ruhigeres und leichter zu handhabendes Gefühl.

Meine Besuche in Hilton bekamen allmählich einen anderen Charakter, beziehungsweise ich selbst änderte mich. Ich war nicht mehr der einsame Junggeselle, der mit unkritischem Blick kommt, um zu reden, vielleicht zu malen und mit den Kindern zu spielen. Ich wurde Teil meines eigenen Hausstandes: Ich wurde Ehemann und Vater, und sah mir an, wie man die Dinge in einer Familie regelt, wie man mit Kindern fertig wird, wie man für die Mahlzeiten sorgt und sie zubereitet. Ich kam, um zuzusehen und zu lernen. Von 1952 bis 1959 hatte ich eine Stelle in Newcastle-upon-Tyne; die Fahrten zwischen Sussex und Northumberland in einem alten Wagen, auf alten Straßen und mit einer größer werdenden Familie dauerten zwei Tage, und Hilton wurde zu einer angenehmen Herberge auf halber Strecke. Die kleinen Garnett-Mädchen schmusten und spielten gerne mit ihrem neuen kleinen Cousin und ihren Cousinen. Wir freuten uns alle auf unsere recht häufigen Besuche, und einmal wurden meine Frau Olivier und ich für vierzehn Tage eingeladen, aber nicht um bei Bunny und Angelica zu wohnen, sondern um sie zu vertreten und auf ihre Kinder aufzupassen. Das hielt uns rund um die Uhr auf Trab und entsprach nicht meiner Vorstellung von Urlaub.

Einmal jedoch verbrachten wir die Ferien alle zusammen in Asolo, einem hübschen Bergstädtchen mit herrlichem Blick über Venetien. Wir mieteten ein schönes Haus namens La Mura, das auf die Stadtmauer gebaut war. Obwohl es groß war, hatte es nur drei Schlafzimmer für je zwei Personen, also hatten wir noch zwei Zimmer am anderen Ende der Stadt besorgt. Wir waren zu elft – zwei Garnetts, zwei Bells, vier Garnett-Mädchen, zwei Bell-Babys und Bunnys jüngerer Sohn William, der zweiunddreißig war. Es gab eine Sitzung, bei der entschieden wurde, wer wo schlief.

Bunny, der sich als Herrscher dieses besonderen Tals betrachtete, behauptete sich, indem er heftig darauf bestand, daß seine Familie unter einem Dach wohnen müsse; alle sollten in La Mura schlafen, und die Bells sollten in den weit entfernten Zimmern wohnen – in seinen Augen eine einleuchtende und logische Regelung. Olivier wagte zu äußern, daß die Bells auf einen gemeinsamen Familienurlaub gehofft hatten; wenn man sie in die Verbannung schicken sollte, wäre der Tag für sie vorbei, wenn die Kinder im Bett lagen, da sie zu klein seien, um allein gelassen zu werden; folglich wären die Bells abends ohne Abendessen und ohne Gesellschaft. Wenn William außerdem noch ein eigenes Zimmer haben sollte – worauf Bunny bestand –, wären die anderen beiden Schlafzimmer von La Mura ungemütlich überfüllt. Gegen ihre Argumente ließ sich am Ende nichts sagen. Die zwei Mädchen, beide Teenager, freuten sich sehr darüber, nach dem Abendessen in Begleitung ihres Bruders durch die Stadt zu ihren eigenen Zimmern zu schlendern, wo sie nicht von den Eltern kontrolliert wurden. Bunny hatte das Gefühl, daß er, der Patriarch der Herde, an der Nase herumgeführt worden war. Er gab zwar nach, schmollte jedoch.

Leider hatte er noch einen Grund zur Unzufriedenheit, und dafür bin ich verantwortlich. Ich muß noch erklären, daß ich mit dem Auto nach Asolo fuhr, daß ich aber die Vorstellung entsetzlich fand, meine Familie durch Europa zu kutschieren – es war schon schwer genug, sie von Newcastle nach Hilton zu schaffen. Deshalb flogen die Kinder mit ihrer Mutter nach Italien, und so konnte ich einem Kollegen anbieten, mit mir zu fahren. Eric Dobson war ein Freund von uns aus Newcastle, den wir sehr schätzten; er war intelligent, auffallend gutaussehend und ein begabter Maler; er war ein perfekter Reisebegleiter. Ich hatte angenommen, er würde weiter wollen, wenn wir erst einmal in Asolo wären – als Marinegefreiter hatte er während des Krieges seine Liebe zu Italien entdeckt (sofern Neapel Italien ist) –, doch anscheinend blieb er liebend gerne in Asolo. Er fand Unterkunft in der Stadt, hielt sich aber die meiste Zeit in La Mura auf. Er schloß sich uns an, wenn wir die Gegend erforschten, er wurde zum Essen eingeladen, er spielte Poker und Scharaden mit uns, und morgens konnte man ihn im Park finden, wo er manchmal eine Skizze anfertigte, normalerweise jedoch mit meinen Nichten Tischtennis spielte. Die Mädchen liebten ihn alle; jeder liebte ihn – bis auf Bunny, der einfach eifersüchtig war. Wenn man der Herrscher des Tals ist, ist das Dumme, daß man Konkurrenz nur schwer erträgt.

Das Schicksal entschädigte ihn ein wenig: es schickte ihm eine sehr elegante junge Frau, die, glaube ich, an der Universität von Milano Englisch studierte. Sie bewunderte Bunny und fand, *Lady into Fox* zeige, daß er die»bestialische Welt« wirklich verstanden hatte. Bedauerlicherweise war sie der einzige Mensch in Asolo, der Bunny gegenüber eine Haltung einnahm, die man ehrfürchtig nennen könnte, und Bunny brauchte mittlerweile eine gelegentliche Dosis Verehrung; ich habe den Eindruck, daß die Abstände zwischen diesen gelegentlichen Dosen immer geringer wurden.

Ich frage mich, was die gelehrte Welt wohl von Bunnys Romanen gehalten hat. Gehören sie zur Pflichtlektüre an den Universitäten, wie, glaube ich, in Japan? Und wenn ja, sollte man dann mehr von ihm halten? Ich weiß es nicht; Literaturwissenschaft und Literaturkritik sind meines Erachtens eine seltsame und ziemlich unverständliche Sache. Ich habe das Gefühl, daß seine späteren Romane – die, die er nach 1945 geschrieben hat – nicht so gut sind wie *Lady into Fox* oder *Poca-*

hontas, aber was berechtigt mich zu der Annahme, mein Urteil sei für irgend jemand anderes von Bedeutung? Soweit ich sehe, nichts. Welche Meinung hatte Bunny von sich? Ich weiß es nicht, vermute aber, daß er sich in manchen Augenblicken gerne vorstellte, es gäbe bestimmte Sätze, die die Englischprofessoren fallen ließen, wenn sie zu ihren Studenten sprachen: »Dann gibt es natürlich Meister der englischen Prosa wie Defoe, Borrow, Jeffries, David Garnett...« Er brauchte irgendeine Art öffentlicher Anerkennung. Er bekam den CBE* verliehen; ich weiß nicht, ob er ihn zur Schau stellte, aber wiederum weiß ich auch nicht, wie man so etwas eigentlich zur Schau stellt. Es sollte jedoch eine Zeit kommen, da er nach einer Auszeichnung suchte, die er zur Schau stellen konnte.

Sie kam am Ende seines Lebens, nachdem er und Angelica sich getrennt hatten und die Kinder erwachsen waren. Bunny hatte sich in Frankreich niedergelassen. Wie so viele Engländer lockten ihn die materiellen Annehmlichkeiten und Reize dieses schönen Landes, doch obwohl er ein geselliger Mensch war, begnügte er sich mit der Gesellschaft von anderen Exilanten und sprach nicht fließend Französisch; in einem Land, in dem der Krämer und der Bauer, ganz zu schweigen vom Lehrer und vom Pfarrer, oft äußerst unterhaltsame Gefährten sind, war das schade. Doch um eine Fremdsprache richtig zu lernen, war es reichlich spät, und Bunny beklagte sich, wie ich von dritter Seite hörte, auch nicht darüber, daß es ihm an guten Gesprächen mangelte, sondern daß er in den Läden Schlange stehen mußte. Ich kann mich nicht an die genauen Details seiner Klagen erinnern – und kannte sie vielleicht auch nie –, doch waren sie in seinen Augen so schwerwiegend, daß er sich nach einem Ehrenabzeichen sehnte, mit dem man ihn sofort an den Anfang der Schlange gelassen hätte.

Ich hatte das Gefühl, daß Bunny ein rotes Ordensband brauchte. Wenn er in die Ehrenlegion aufgenommen werden könnte, wäre man im Dorfladen jedenfalls beeindruckt. Ich machte mich auf und versuchte, einen Orden für ihn zu bekommen. Ich bin nicht gut in solchen

* Commander of the Order of the British Empire – vergleichbar mit dem Bundesverdienstkreuz. [Anm. d. Ü.]

113

Dingen. Ich kannte nicht die richtigen Leute, noch schlimmer, mir fiel nichts ein, was man zu Bunnys Gunsten hätte vorbringen können und was ihn als Freund Frankreichs qualifiziert hätte. Ich schrieb an den einzigen Menschen, der mir möglicherweise helfen konnte. Ritchie Calder war ein alter Freund; er war geadelt worden. Er hatte mit Bunny im Political Warfare Executive gearbeitet und wußte bestimmt von irgendeinem großen Verdienst, das Bunny sich zu einer Zeit der Raserei zwischen den Alliierten (und es hatte viele solche Zeiten gegeben) erworben hatte, von irgendeinem großen Dienst für Frankreich. Ritchie war freundlich und mitfühlend; er hätte mir offensichtlich gerne geholfen, konnte sich aber an nichts entsinnen. Leider muß ich sagen, daß ich schließlich keinen triftigen Grund finden konnte, warum man Bunny den Orden der Ehrenlegion verleihen sollte, bis auf den, daß er ihn sehr gerne gehabt hätte.

Er erfuhr nie etwas von meinen Aktivitäten – und in Wirklichkeit war ich gar nicht sehr aktiv. Schließlich starb er ohne Orden. Er überließ seinen Körper der Wissenschaft.

Maynard Keynes

*I*ch war fünf Jahre alt, wir saßen in der Fähre über den Chichester-Kanal. Maynard saß links von mir; rechts war das Salzwasser der Mündung. Clive, Vanessa, Duncan und mein Bruder Julian waren bei uns. Wir waren in Eleanor gewesen, dem Haus der Hutchinsons in der Nähe von West Wittering, und befanden uns jetzt auf dem Heimweg nach Bosham. Es war ein heißer Tag, und die luftige, bequeme Fahrt mit dem Schiff hatte uns erfrischt. Maynard hatte seinen Strohhut abgesetzt und auf den Platz zwischen uns gelegt. Plötzlich kam mir in den Sinn, daß der Hut vielleicht schwimmen würde. Ich nahm ihn und warf ihn aufs Wasser hinaus. Er schwamm prächtig und schaukelte auf den kleinen Wellen auf und ab.

Die Fähre mußte den Kurs ändern, der Strohhut mußte geborgen werden, und ich bekam Vorwürfe von meinen Eltern; Maynard verhielt sich sehr nett. Das ist die erste Erinnerung, die ich an ihn habe, ein sehr schönes Erlebnis.

Ungefähr ein Jahr danach ließ sich die » Familie« Bell in Charleston nieder. Wenn man freitags abends durch die Küche in den Flur ging und zur Kellertür kam, wo die Lampen und Kerzen aufbewahrt wurden, fand man gewöhnlich die neueste Ausgabe des *Evening Standard* – worüber man immer ein bißchen verwundert war, weil die Zeitung in dieser primitiven, bäuerlichen Umgebung so großstädtisch und unnahbar wirkte –, und wenn man sie sah, wußte man, daß Maynard von seinen geheimnisvollen Aktivitäten in London zurück war und das Wochenende mit uns verbringen würde.

Damals bemühten wir uns gerade, Charleston zu renovieren, das ursprünglich ein Bauernhaus gewesen war, dann eine Pension und dann leer gestanden hatte. Es gab schöne Obstbäume, aber kaum einen richtigen Garten, und der einzige Wandschmuck waren die Tapeten.

Maynard »trug seinen Teil bei« – ich verwende einen Ausdruck, der damals bei uns viel benutzt wurde –, indem er sich der Aufgabe widmete, auf dem Kiesweg vor dem Haus Unkraut zu jäten; es gab viel Weg und viel Unkraut. Ein Landarbeiter hätte dafür vielleicht einen Nachmittag gebraucht, wenn er das Unkraut mit einer Hacke reihenweise aus dem Kies gerissen und es dann so bearbeitet und darauf eingedroschen hätte, daß es abgestorben wäre und von einem Mann mit einem Rechen hätte beseitigt werden können. Ein paar Pflanzen mit sehr langen Wurzeln hätten vielleicht überlebt und wären neu gewachsen; das wollte Maynard nicht zulassen. Er näherte sich dem Kiesweg mit einem »Gebetsteppich« – einem rechteckigen ausrangierten Teppich –, fiel auf die Knie und entfernte mit einem alten Küchenmesser und größter Sorgfalt auch noch die letzte Spur von Pflanzlichem aus dem Boden. Die so gejäteten Flecken sahen wunderbar ordentlich aus, waren jedoch nicht sehr groß; sie waren das Ergebnis stundenlangen hingebungsvollen Fleißes, und es stand zu befürchten – da der Arbeiter sich dem Unkrautjäten nur an einigermaßen schönen Sommerwochenenden widmen konnte –, daß spätestens, wenn er seine Aufgabe abgeschlossen hätte, hinter ihm bereits neues Unkraut aus dem Boden geschossen käme. Es war keine Tätigkeit, die sehr typisch für ihn war. Wenn ich Maynard bei anderen Tätigkeiten zusah, war er schnell und gewöhnlich auch effizient; nur wenn er redete, stotterte er ein bißchen. So, als seien ihm die Ideen so schnell und in solcher Fülle in den Sinn gekommen, daß seine Zunge nicht mit den Gedanken mithalten konnte.

Als Kinder glaubten wir zunächst, was in der Küche und auf dem Bauernhof getratscht wurde. Dort hielt man ihn für einen Spion, weil er als Mitarbeiter des Finanzministeriums eine große schwarze Aktentasche hatte. Dann fingen wir allmählich an, ihn als eine Art Orakel zu betrachten. Es war Krieg, doch dieser Krieg schien die Aufmerksamkeit der Erwachsenen kaum in Anspruch zu nehmen; aber wir hatten eine Gouvernante, die wiederum einen Cousin hatte, der irgend etwas

Maynard und Lydia Keynes (William Roberts, etwa 1932)

im Mitarbeiterstab von irgendwem war. Eine Weile lang versorgte uns dieser Cousin mit internen Informationen über den Kriegsverlauf, Informationen höchst optimistischer Art. Maynard war, wie wir allmählich verstanden, sogar noch vertrauter mit dem Verlauf des Krieges und wie immer überaus optimistisch. Auch hatte seine Beteiligung an dem Konflikt etwas ungeheuer Aufregendes. Gelegentlich verließ er den Kiesweg, um ein paar Tage in Paris zu verbringen. Er traf sich zu Gesprächen mit Mr Asquith und Mr Lloyd George; als Austen Chamberlain ihn unten an der Auffahrt mit einem Cézanne absetzte, den er in der Hecke versteckte,* war das für uns kein großes Ereignis. Maynard war unsere Verbindung zur Erwachsenenwelt des Krieges und der Politik; er war liebenswürdig, mitteilsam und amüsant – der ideale Freund für zwei wißbegierige Kinder mit Sinn für Politik.

Als der Krieg vorbei war, schien sich Maynard mehr denn je politisch zu engagieren – das heißt, er beteiligte sich am Abschluß eines Friedensvertrages. Gleichzeitig fand ich die politischen Probleme, die sich aus dem Waffenstillstand ergaben, verständlicher als die militärischen Probleme.

Eines Nachmittags begegnete ich ihm, als er wie üblich in einem versteckten Winkel des Obstgartens saß, und es kam zu folgendem Gespräch:

»Maynard, gehst du wieder nach Frankreich?«

»Ja.«

»Warum?«

Er erklärte, er werde zur Friedenskonferenz fahren, um kundzutun, wie hoch die Reparationen sein sollten, die Deutschland zu zahlen hatte, und als ich weiterfragte, sagte er: »Ich werde ihnen sagen, daß die Deutschen uns nicht mehr Geld bezahlen können, als sie besitzen.«

Das schien unwiderlegbar zu sein, ja, es war sogar unwiderlegbar. Und doch wußte ich, daß er wollte, daß man mit den Deutschen sozu-

---

* Der Autor bezieht sich auf das 1992 erschienene, von Hugh Lee herausgegebene und noch nicht ins Deutsche übersetzte Buch A Cézanne in the Hedge and Other Memories of Charleston and Bloomsbury. [Anm. d. Ü.]

sagen »glimpflich verfuhr«. Ich wußte auch, daß die Alliierten Maynards Rat nicht befolgen würden. Es klingt grotesk, aber nach dem,
was ich aus den Tageszeitungen und von den Dienstboten, den Arbeitern und allen – meine Familie ausgenommen – gehört hatte, wollte
die überwältigende Mehrheit der Leute, daß man die Deutschen so
brutal wie möglich behandelte. Wenn sie schon das Geld nicht auftrei-
ben konnten, konnte man sie wenigstens von Grund auf unglücklich
machen. Man wollte nicht Gerechtigkeit, sondern Rache, und Maynard wurde, wie wir alle, deutschfreundlich genannt.

Aus allerlei Gründen war ich zu dem Glauben gelangt, daß eine
überwältigende intolerante Mehrheit existierte, die mächtig und ge-
walttätig war und voller Haß für alles, was meine Eltern schätzten
(ich verwende das Wort sehr frei). Bestimmte Bilder, bestimmte
politische Vorstellungen, ein bestimmter Glaube, oder genauer Un-
glaube, wurden von »uns« geschätzt und von »ihnen« verabscheut.
»Sie« wollten Cézannes Werke verbrennen, Lloyd George wählen,
Gott fürchten, den König ehren und »Deutschland ausquetschen, bis
die Kerne quietschen«. Es war eine ungenaue, aber keine besonders
irrige Weltsicht. Mein Problem war, daß die Ansicht der Allgemein-
heit die Ansicht von Menschen war, die ich mochte, und daher
etwas, wozu ich nicht völlig im Gegensatz stand. Ich stimmte jedenfalls mit Maynards Haltung zu den Reparationen nicht so voll und
ganz überein, daß ich nicht mit der großen christlich-chauvinisti-
schen Mehrheit sympathisieren konnte.

Ich bin weit abgeschweift, doch aus gutem Grund, wie sich gleich
zeigen wird. 1919 kam Maynard aus Versailles zurück. Er war sehr
empört und verbrachte die nächsten ein, zwei Monate hauptsächlich in
Charleston, wo er *The Economic Consequences of the Peace* (*Die wirtschaftlichen Folgen des Friedensvertrages*) schrieb, ein hervorragendes
Buch.

Die nächsten drei, vier Jahre lang gehörte Maynard zur Familie. Er
hing wirklich sehr an Duncan und Vanessa. Es gab die Abmachung –
ob sie in irgendeiner Weise formell getroffen wurde, weiß ich nicht –,
daß wir zwar den größten Teil des Jahres in verschiedenen Teilen des
Gordon Square 46 und 50 wohnen und getrennte Haushalte haben

würden, daß aber im August und September alle in Charleston sein sollten. Das galt auch für Clive, obwohl er und Maynard sich auf die Nerven gingen. Wenn Vanessa und Duncan nach Italien fuhren, kam Maynard mit.

Maynard wagte zweimal, seine Freunde nach Charleston mitzubringen. Das erste Mal war es eine Katastrophe; die Katastrophe hieß Gabriel Atkins. Ich erinnere mich nicht mehr an seinen Besuch, was vielleicht nicht verwunderlich ist, denn den Erzählungen nach flohen alle regulären Bewohner, als Gabriel eintraf, und überließen es Maynard, mit der Situation fertig zu werden, die er selber geschaffen hatte; sie kamen auch erst wieder, als Mr Atkins fort war. Als er später der Gefährte von Mary Butts war, lernte ich ihn sehr gut kennen – fast zu gut –, doch da besaß er wohl nicht mehr jenen Charme, der ihn zum gefeierten Star der britischen Homosexuellenszene gemacht hatte. Trotzdem staune ich, daß er Maynards Gast und Lustknabe gewesen sein soll.

Maynards zweiter Import war ein brillanter junger Mann von der Universität Cambridge . Er hieß Sebastian Sprott und war nicht bloß ein Gast, er sollte der Privatlehrer von uns Jungen sein. Ich glaube nicht, daß wir viel bei ihm gelernt haben; vielleicht war er zu sehr damit beschäftigt, sich selbst Deutsch beizubringen (als er uns verließ, ging er ins Ruhrgebiet, das gerade von französischen Truppen besetzt worden war). Er war der erste von mehreren Lehrern, die vergeblich versuchten, mir Latein beizubringen. Aber wir hatten ihn sehr gern. Ich wünschte, ich hätte diese Freundschaft in den darauffolgenden Jahren aufrechterhalten, denn mit Sebastian passierte etwas Bemerkenswertes: er verschwand. In recht jungen Jahren ging er als Dozent an die Universität Nottingham und fühlte sich dort offensichtlich wohl, denn er blieb jahrelang. Als er die Stelle antrat, muß er ein außergewöhnlicher junger Mensch gewesen sein, schlank, blaß, langhaarig und romantisch. Er trug einen Ring, der so üppig geformt und so massiv gearbeitet war, daß man Angst hatte, er würde sich weh tun, wenn er die Hand zu heben versuchte. Als ich ihn etwa dreißig Jahre später wiedertraf, war er Professor für Philosophie – und Psychologie, glaube ich – in Nottingham. Aber Sebastian war verschwunden; Jack

Sprott war an seine Stelle getreten, ein vernünftiger, freimütiger, forsch-fröhlicher Bursche, dem es auf irgendeine geheimnisvolle Weise gelungen war, Sebastians hübsche Albernheiten aufzugeben und sich dennoch sein freundliches Wesen und seinen elementaren Wirklichkeitssinn zu bewahren. Wenn man ihn mit seinen Kollegen sah, verstand man genauer, warum er in Nottingham so glücklich war: sie liebten ihn offensichtlich; er war der lizenzierte Päderast der Universität und muß diese privilegierte Stellung lange vor der Legalisierung seines »Lasters« erlangt haben.

Sebastian war der letzte von Maynards Lustknaben; tatsächlich muß sich diese Beziehung eine Weile lang mit der zu Lydia überschnitten haben. Keiner der beiden war an einem Abenteuer beteiligt, bei dem ich Maynard zum ersten Mal öffentlich und überschwenglich berauscht erlebte; es ereignete sich zwischen 1919 und 1923.

Boris Anrep hatte in einer Kapelle der Militärakademie in Sandhurst ein Mosaik vollendet, das Gegenstand unserer Wallfahrt war. Julian und ich durften in einem Ausflugsbus mitfahren, in dem auch Augustus John, Mary Hutchinson, Lesley Jowett, Maynard, Duncan, Clive, Vanessa und Boris saßen, zusammen mit vielen anderen. Wir brachen früh auf und besuchten die neu dekorierte Kapelle. Dann fuhren wir ins Grüne und hielten an einer sehr schönen Stelle mit offenem Hügelland und einem prächtigen Wald. Die Erwachsenen saßen dort im Kreis um ein Feuer und aßen ihren Lunch, den sie mit Sekt hinunterspülten. Dann spielten sie Fangen-und-Küssen – ich entsinne mich, wie Duncan Lesley Jowett fing und küßte. Zum Schluß spielten sie noch ein Spiel: Sie stellten ungefähr ein Dutzend leere Flaschen auf und bombardierten sie mit anderen Flaschen (die vermutlich ebenfalls leer waren). Vanessa war hervorragend in diesem Sport. Bald war der Boden unter den Bäumen mit einem Glasscherbenteppich verschandelt. Julian und ich nahmen uns von dem Proviant und gingen weg, aber nicht so weit, daß wir die Erwachsenen nicht mehr spielen sehen konnten. Wir waren schockiert und schwer erschüttert. Man hatte uns immer gesagt, daß Orten mit außerordentlich schöner Natur Achtung entgegenzubringen sei. Nur die schlimmsten Rowdys – oder Ausflügler – ließen Scherben zurück. Nach unseren moralischen Maßstäben war das ein Verbrechen; aber an dem, was dann auf der Heimfahrt geschah, nahmen wir keinerlei Anstoß.

Auf dieser Fahrt saß ich zwischen Vanessa und Maynard. Am Anfang gab es etwas Ärger. John hatte auf den Papptellern, die für das Picknick bestimmt waren, von jedem eine Zeichnung angefertigt (zwei davon sind immer noch in Charleston); der Mann, der neben Vanessa saß, stahl dem Mann vor ihm die Zeichnung und weigerte sich, sie zurückzugeben. Vanessa sagte in höflichster Hyde Park Gate-Manier, sie wolle sich die Zeichnung ansehen, bekam sie und gab sie sofort an ihren rechtmäßigen Besitzer zurück. Der Dieb bekam einen Wutanfall, aber sie wurden nicht handgreiflich, also verlor ich das Interesse und richtete meine Aufmerksamkeit auf Maynard.

Er war glücklich. Noch glücklicher war er, als er eine Abendzeitung erstehen konnte und feststellte, daß an der Börse etwas gestiegen oder vielleicht auch gefallen war. Er sagte mir, er hätte einen wer weiß wie riesengroßen Betrag verdient und gab mir eine halbe Krone, was *für mich* ein riesengroßer Betrag war. Er fing an, die Fußgänger zu beobachten, ehrenwert aussehende Leute, die wohl von der Arbeit im Banken- und Börsenviertel zurückkamen. Sie machten einen unglücklichen Eindruck auf ihn, und er beschloß, sie aufzumuntern. Als unser Ausflugsbus an einer Kreuzung langsamer wurde, lehnte er sich aus dem Fahrzeug (es hatte kein Verdeck) und sprach mit gezogenem Hut ernst und besorgt einen wohlhabend wirkenden Bürger an: »Entschuldigen Sie, Sir, verzeihen Sie, aber ich fürchte, Sie haben Ihren Identitätssinn verloren.«

In den ersten Jahren jenes Jahrzehnts änderte sich mein Leben, und ich hatte eine Zeitlang mehr mit Maynard zu tun als je zuvor. Julian ging auf ein Internat. Ich wurde eine Weile von Miss Rose Paul unterrichtet; dann ging ich in eine Schule für Jungen und Mädchen am Gordon Square. Schließlich kam ich auf eine Schule in Swiss Cottage. Die Schule am Gordon Square war praktisch, weil ich zum Mittagessen nur die Grünanlage durchqueren mußte. Ich aß in der Küche und traf dort die »Klicke«. Das war das Bloomsbury der Dienstboten, und hier konnte man der Köchin Annie begegnen, die ich nicht mochte, und dem Dienstmädchen Blanche, die interessanter war. Blanche – ich kannte sie immer nur unter diesem Namen – war ein hübsches Mädchen aus Dublin. Maynard hielt viel von ihr; während des Krieges, als Gordon Square 46 überfüllt und das Leben dort kompliziert war, muß Blanche eine starke Stütze gewesen sein. Sie hatte mit einer Hausgemeinschaft zu tun, zu der nicht nur Maynard, sondern auch Sheppard (der spätere Provost des King's College in Cambridge), Clive (was oft auch Mary Hutchinson bedeutete), der Mathematiker Norton und viele andere Leute gehörten. Als Sir Henry Wilson 1922 von der IRA ermordet wurde, verblüffte sie mich mit den Worten, das sei ausgezeichnet; Sir Henry sei »eine Geißel der Menschheit« und als Toter besser dran; schuld an den Problemen Irlands seien die Orangisten. Ich hatte noch nie jemanden gehört, der so argumentierte, und war ein bißchen schockiert, doch nach ein paar Gesprächen mit den Erwachsenen verstand ich, daß eine ganze Reihe von Leuten ihrer Meinung war.

Blanche hatte einen Geliebten namens Bam (er hatte vermutlich noch einen anderen Namen, den ich aber nie erfuhr), und Bam war zu meiner Zeit die Hauptfigur in der »Klicke«. Bam sorgte mit seinen Berichten über Südafrika und den Ersten Weltkrieg dafür, daß wir – das heißt die Köchin Annie, Blanche, Mabel, die in der Nr. 50 bei den Stephens arbeitete, Grace Germany, ein Dienstmädchen, das im selben Haus für uns tätig war, und noch ein paar andere – Unterhaltung hatten. Es sah so aus, als hätte das Hauptziel der deutschen Marine darin bestanden, Bam zu versenken. In der Tat wurde er häufig torpediert und rettete oft weiblichen Passagieren das Leben. Ich stimmte Grace zu, die Bam nicht besonders mochte und seine Geschichten nicht ganz glaubte. Ich bin mir nicht sicher, was Maynard von Bam hielt; die beiden führten einmal ein wichtiges Gespräch, aber ich weiß nicht mehr, ob es stattfand, bevor Maynard die erschreckenden Beweise dafür entdeckte, daß Bam in Duncans kleinem hinteren Schlafzimmer, das hinter der Nr. 46 lag, an Blanche eine illegale Operation vorgenommen hatte.

Grace, die eine gute Freundin wurde, kam nach der armen Verrückten Mary, dem wunderbaren Dienstmädchen, das schließlich in eine Irrenanstalt gesperrt werden mußte. Grace war zwar nervös – wenn sie überrascht wurde, sprang sie in die Luft, als sei sie von einer Kugel getroffen worden –, aber eigentlich war sie ein sehr vernünftiges, gutmütiges Mädchen, Tochter eines Bauern aus Norfolk. Sie war dazu prädestiniert, der Schutzengel von Charleston zu werden, wo sie die meiste Zeit ihres Lebens verbrachte.

Die Pläne für meine Ausbildung änderten sich, und ich fing an, in der Schule zu Mittag zu essen, und verlor die »Klicke« aus den Augen; daher weiß ich nicht, was aus Bam und Blanche geworden ist, nur, daß sie fortgegangen sind. Ich weiß, daß Maynard Blanche nur ungern gehen ließ. Gleichzeitig lernte ich Grace näher kennen, und eine neue, faszinierende Gestalt leistete uns in der Küche Gesellschaft: Lydia Lopokova.

Zum ersten Mal sah ich Lydia, glaube ich, bei einer Einladung zum Mittagessen, bei der ich aus irgendeinem Grund – oder Zufall – mit dabei war. Clive und Maynard waren da, sowie Lydia und andere Mitglieder des Ballettensembles. Damals hielt man es für selbstverständlich, daß das Ballett, das ja russisch war, französisch sprach. Clive war nicht der Mann, der sie durch den Gebrauch einer anderen Sprache beleidigt hätte, und die ganze Gesellschaft sprach ja französisch – das heißt alle außer Maynard und mir. Wir mußten uns stumm, und in Maynards Fall wütend, das schnelle, begeisterte Geplapper anhören, an dem wir nicht teilnehmen konnten, und noch dazu den eindeutig schamlosen Flirt zwischen Clive und Lydia. Als die Party vorbei war, fragte Maynard sich, wie vernünftige Menschen Vernügen daran finden konnten, derartig zu quasseln. »Ich glaube«, erklärte er, »sie verstehen es selber nicht.«

Es war gedankenlos von Lydia, denn ihr Französisch mag zwar damals besser gewesen sein als ihr Englisch, aber mit Vanessa konnte sie sich sehr gut verständigen, die immer Englisch mit ihr sprach und zu der sie gewöhnlich von ihren am Gordon Square 50 gemieteten Zimmern aus zum Tee hinaufging, und später dann in die Küche, wo Grace und ich nur Englisch konnten und sonst nichts.

»Heute schreibe ich an Barocchi und frage ihn, ob er sich noch für meinen Ehemann hält.« Mit diesen an Vanessa gerichteten Worten schockierte mich Lydia ein bißchen; ich hatte mir nicht vorgestellt, daß sie verheiratet war. Vanessa war wohl auch etwas verstört: sie wollte nicht gerne hören, daß Lydia – wie sie voraussah – Vorbereitungen für eine zweite Verbindung traf. Dann erzählte uns Lydia eine sehr seltsame Geschichte. Während des Krieges war sie mit Barocchi und dem übrigen Ensemble mit dem Schiff von Europa nach Südamerika gefahren. Auf der Rückreise wurde ihr Schiff von der Royal Navy aufgebracht und durchsucht – vermutlich nach Schmuggelware. Barocchi hatte es mit der Angst zu tun bekommen und hatte den Trauschein so gut versteckt, daß er ihn später nicht mehr wiederfinden konnte. Bis heute verblüfft mich die Vorstellung, daß die Flotte Seiner Majestät an der Ehe eines italienischen Impresario und seiner russischen Frau interessiert gewesen sein soll. Ist es denkbar, daß er in Wirklichkeit ein Dokument mitführte, das von krimineller oder militärischer Bedeutung war? Lydia erschienen die Ängste ihres Mannes ganz vernünftig.

Die Besuche bei Vanessa waren für Lydia offenbar die erfreulichste und normalste Sache der Welt; sie gewöhnte sich an, zu allen Tageszeiten zu ihr zu gehen, und genoß die Gelegenheit zu endlosen Gesprächen. Vanessa mochte Lydia, aber immer nur für kurze Zeit. Als diese Besuche anfingen, sie am Malen zu hindern, meldete sie bei Maynard Protest an, der die undankbare Aufgabe hatte, Lydia mitzuteilen, daß sie manchmal unerwünscht war. Lydia fühlte sich gedemütigt, was nur natürlich war. Es war der Anfang einer schmerzlichen Trennung, die einer einst sehr glücklichen Beziehung ein Ende setzte. Vanessa und Duncan waren inzwischen mit Maynard enger befreundet als mit Clive. Gleich nach dem Krieg fuhren Maynard, Duncan und Vanessa, die zu der Zeit ein scheinbar unzertrennliches Trio waren, zum Großeinkauf nach Italien. Maynard hatte durch Spekulationen mit fremder Währung einen Haufen Geld verdient. Sie fuhren nach Rom, um es auszugeben, und kauften mit großer Freude Keramik, Möbel und vieles andere. Dann fuhren sie nach Florenz und wohnten bei den Berensons in der Villa »I Tatti«, und als sie dort die Loesers, Nachbarn der Berensons, besuchten, kam es zu einer Verwechslung, bei der Duncan für Maynard gehalten wurde und umgekehrt. Maynard hat den entsetzlichen Moment beschrieben, als er sich mit Miss Loeser Loesers Bilder angesehen hatte und in den Salon kam, wo Duncan fröhlich mit dem Präsidenten der italienischen Notenbank und anderen Honoratioren sprach und ihnen erklärte, was gegen die Entwertung der Lira zu tun sei. Maynard hielt es für klüger, sich zurückzuziehen. Duncan merkte erst, was vor sich ging, als man ihn beim Abschied einem anderen Gast als »Economista Keynes« vorstellte. Das Versehen wurde entdeckt, als es zu spät war. Berenson war wütend und wurde Duncan und Vanessa gegenüber sehr unhöflich. Skidelsky spricht in seiner Maynard-Keynes-Biographie von »einem Ulk«, aber sowohl aus Maynards Bericht als auch aus dem von Duncan geht ganz deutlich hervor, daß es sich einfach um eine Verwechslung handelte.*

Das war nicht das einzige Debakel. Als Maynard nach Hause kam, stellte er fest, daß die Mark oder der Dollar sich anders verhalten hatten als erwartet. Er mußte Vanessa und Duncan schreiben, daß alles verloren war. Vanessa, die ihm ihr gesamtes Geld anvertraut hatte, begriff, daß sie Clive würde sagen müssen, daß sie jetzt keinen Penny mehr besaß.

Als sie zurückkamen, konnte Maynard ihnen eröffnen, daß er doch nicht, wie befürchtet, völligen Schiffbruch erlitten hatte. Laut Vanessa wurde Maynard von ihr und Duncan überredet, zu Sir Ernest Cassel zu gehen, der ihn wieder flottmachte, und am Ende konnte Maynard ihnen jeden verlorenen Penny zurückerstatten.

Bezeichnenderweise hatten sie beschlossen, daß Clive nichts von der Angelegenheit erfahren sollte – ich bin sicher, daß er nichts davon wußte, denn sonst hätten wir es noch lange zu hören bekommen. Die Sache blieb ein Geheimnis zwischen Maynard und den Künstlern, die damals ein ziemlich festes Bündnis geschlossen haben müssen. Dies wiederum mag hilfreich sein, um die Reaktionen von Maynards Freunden auf seine Heirat zu verstehen.

Ich muß hier auf die Geschichte mit Lydia zurückkommen. Nachdem sie aus Vanessas Malzimmer vertrieben worden war, suchte sie sich anderswo Gesellschaft und fand sie in der Küche, sehr zur Freude von Grace, die dort arbeitete, und von mir, der dort herumlungerte.

---

* Diese Verwechslungskomödie (oder Tragödie) hat Duncan selbst beschrieben. Vgl. *Charleston Magazine*, Issue 10, Autumn / Winter 1994.

Lydia gefiel es anscheinend sehr gut in der Küche. Wir liebten sie über alles; sie war so unterhaltsam. Vanessa machte sich vielleicht nichts aus Geschichten aus dem alten Rußland, Geschichten von Steppen, von Pferdedroschken und Muschiks, Bojaren und Bomben, vom Samowar und vom Newski-Prospekt. Grace und ich waren entzückt. Und Lydia hatte noch mehr zu bieten: Eines Tages bekamen wir zwei Eintrittskarten für eine Varietévorführung im Coliseum. Die Ballettnummer war eine besondere Freude; die Verwandlung unserer Küchengefährtin – einer netten Frau mit komischer Nase, aber keiner hinreißenden Schönheit – in ein geradezu übernatürlich schönes Wesen, das wie ein Hauch Distelflaum über die Bühne zu uns geweht kam, diese Verwandlung hatte etwas Magisches. Es war der Höhepunkt des Nachmittags, doch davor gab es viel, woran wir unseren Spaß haben sollten. Wir kamen früh und sahen alles. Neben der Bühne war eine kleine Tafel mit Glühbirnen, auf der man lesen konnte, welche Nummer gerade gegeben wurde. Das Ballett kam ungefähr als zehnte Nummer, nachdem ein paar Ballettfanatiker ins Theater eingefallen waren; sie hatten die Dolly Sisters verpaßt und den Mann, der patriotische Lieder sang, aber auch Harry Tate, den Mann mit den Schielaugen und dem erstaunlichen Schnurrbart. Sie hatten nicht gesehen, wie der arme Harry einen Rundfunkempfänger baute, indem er Eimer auf Stühle stellte, Drähte an Besenstielen befestigte und dabei einen stummen, ernsten Jungen herumkommandierte, der mit stiller, verächtlicher Verzweiflung im Blick und unbeweglicher Miene zusah, wie Harry seinen schwankenden Apparat feierlich wie ein Kathedralenerbauer höher und höher baute, zum Staunen der Zuschauer, von denen inzwischen viele Tränen lachten. Wir warteten atemlos auf das, was kommen mußte. Und es passierte. Das ganze Kunstwerk fiel krachend auf die Bühne, und sein Schöpfer betrachtete die Trümmer mit Augen, die ihm immerzu im Kopf kreisten, jedes Auge in einer anderen Richtung, und sein sorgfältig gewachster Schnurrbart drehte sich ebenso. Der schweigsame Junge schwieg währenddessen weiterhin. Die Ballettänzer waren nicht die einzigen Künstler, die man an jenem Nachmittag im Coliseum zu sehen bekam.

Als ich eines Abends gerade ins Bett gehen wollte, platzte Maynard ins Zimmer und sagte, ich sollte mich anziehen und mit ihm kommen, er hätte Logenplätze in Covent Garden. In dem Opernhaus, für das schwierige Zeiten gekommen waren, hatte die Revue *You'd be Surprised* mit George Robey in der Hauptrolle an diesem Abend Premiere; auch das Ballett – oder zumindest einige Mitglieder des Ensembles, zu denen Massine und Lydia gehörten – sollte in der zweiten Hälfte der Revue auftreten. In der ersten Hälfte bekamen wir unter anderem ein bemerkenswertes »lebendes Bild« zu sehen. Der Vorhang ging auf, und man blickte auf ein Felsgebirge, hinter dem die Sonne unterging; im Vordergrund bildeten weitere Felsen das Ufer eines Teiches, der aus einem Silberpapierteppich gemacht war. Auf den Felsen saßen Indianer, aber keiner von ihnen war rot, und es waren alles junge Damen. Sie hatten sehr wenig an und saßen regungslos da, wie beim Malunterricht mit lebenden Modellen. Sie waren ganz still, ebenso wie das Publikum, bis Lydia, die neben mir in der Königlichen Loge saß, ausrief: »Ah, das sein wirrrklich zum Kotzen!« Alle Zuschauer drehten sich zu uns um, beziehungsweise zu mir, denn Lydia war verschwunden. Trotzdem hatte ich Spaß an George Robey. Am nächsten Tag stand in allen Zeitungen: »Covent Garden Revue durchgefallen«, und sie wurde dann tatsächlich bald abgesetzt.

Maynard bot mir Unterhaltung anderer Art. Er mietete jeden Samstagnachmittag einen Daimler mit Chauffeur und zeigte uns – mir und Lydia – die Sehenswürdigkeiten von London: den Tower, Westminster Abbey, Hampton Court, St Paul's, und einmal auch die Hogarth Press in Richmond. Er meinte, etwas für meine Bildung tun zu müssen. Mir hat das natürlich Spaß gemacht, aber ich glaube, daß er einen anderen Beweggrund hatte; er wollte unbemerkt zu Lydias Bildung beitragen. Sie würden bald heiraten, und er wollte, daß seine Frau soviel wie möglich über England wußte; was hätte er da besseres tun können, als mir etwas Bildung zu verschaffen? Ich entsinne mich an einen Gesprächsfetzen, den wiederzugeben sich vielleicht lohnt. Wir waren in Westminster Abbey.

Lydia: »Quentin, glaubst du an Gott?«

Q. (nach kurzer Unentschlossenheit): »Nein, Lydia.«

Lydia: »Ich auch nicht, aber an ihn zu glauben wäre schön.«

Maynard:»Es wäre tröstlich.«

Ich war in mancher Hinsicht frühreif, insgesamt jedoch jung für mein Alter. Ich war vermutlich manchmal taktlos, schwierig und eingebildet. Aber ich kann mich nicht erinnern, daß er oder Lydia je ein scharfes Wort an mich gerichtet hätte. Sie waren sehr nett zu mir und zueinander; nur einmal sah ich sie streiten. Das war beim Mittagessen, als es einen Disput gab wegen eines Bildes, das Duncan von Lydia gemalt hatte. Lydia trug eine sehr kurze Tunika, und Duncan hatte ihre Beine mit etwas übertriebener Begeisterung gemalt.»Statt daß man sagen wird, was für eine schöne Tänzerin, wird es heißen, was für eine große nackte Lydia.« Maynard machte Witze und versuchte, die ganze Sache als Spaß abzutun. Aber es ging daneben. Lydia wurde puterrot.»Oh Maynarr«, wimmerte sie und brach beinahe in Tränen aus; es war peinlich, um so mehr, als weder ich noch Maynard genau wußten, worüber sie so gekränkt war.

Ich glaube, sie haben mich schrecklich verwöhnt. Ich hatte so viel Spaß, so viel Freude, so viel Einblick in zwei romantische Welten – die der Politik und die des Balletts. Es konnte nicht lange so bleiben. Ich wußte genau, daß mich die unerbittliche Welt der Public School erwartete, eine Welt, in der es keinen Spaß geben würde, keine Freuden und, das wußte ich damals noch nicht, weitaus weniger Bildung. Doch ich bekam eine Galgenfrist. Ich ging für ein Vierteljahr nach Paris und lernte, Maynard und Lydia aus einem neuen Blickwinkel zu sehen. Sie standen plötzlich am Boulevard Port Royal 96 vor der Tür, mit Eintrittskarten für das Ballett *La Boutique Fantasque* im »La Cigale«. Jetzt übernahm Lydia die Hauptrolle und plauderte in fließendem Französisch mit Madame Pinault. Ich versuchte vergeblich, Monsieur Pinault und Maynard miteinander ins Gespräch zu bringen; ich wußte, daß sie hinsichtlich der französischen Außenpolitik der gleichen Meinung waren, aber es hatte keinen Zweck. Und auch bei Picasso übernahm sie das Kommando und sprach mit dem Maler französisch und mit der damaligen Madame Picasso in ihrer Muttersprache.

Maynards Ehe war, wie so viele seiner Unternehmungen, ein Riesenerfolg. Lydia war eine treue Ehefrau, und ihre Hingabe in seinen letzten Lebensjahren war heldenhaft. Sie war sich von Anfang an bewußt, daß ein großer Teil seines Lebens ihr mehr oder weniger unbegreiflich war. Er machte seinerseits Zugeständnisse an ihr Bedürfnis, alte Freundschaften aufrechtzuerhalten, die er zum Teil langweilig fand. Er erfreute sich an ihren Eigentümlichkeiten und an ihrem fortwährenden Kampf mit dem Englischen; er unterstützte sie bei ihren Theaterausflügen. Doch möglicherweise trauerte er dem Spaß und der Freiheit jener Tage nach, in denen er, Vanessa und Duncan ein eingeschworenes Trio gewesen waren. Die beiden bedauerten es gewiß; ihr Leben war für immer ärmer geworden.

Eine Weile verloren wir die Keynes fast aus den Augen, obwohl die Zeitungen dauernd über ihre Ehe berichteten. Doch bald tauchten sie wieder auf und wurden unsere Nachbarn in Tilton. Wer nach Charleston wollte, mußte an einem Gatter nach rechts, und wer nach Tilton wollte, nach links, und an diesem Gatter brachte Vanessa damals ein großes Schild an. Darauf stand nur ein einziges Wort: OUT. Es hatte nichts damit zu tun, daß die Keynes jetzt so nahe bei uns wohnten – hieß es jedenfalls. Ursprünglich war es gemalt und aufgehängt worden, weil Freddy Mayor – ein netter kleiner Galerist – bei einem Mittagessen mit zwei anderen Kunsthändlern in Brighton zu viel getrunken hatte und mit den beiden nach Charleston gekommen war – ohne Vorankündigung und ohne erwünscht zu sein.

Allerdings litten Vanessa und Duncan auch unter ein paar Überraschungsbesuchen, die ihnen Lydia und Maynard sowie Freunde von ihnen aus der Mode-, Kultur- und Ballettwelt bescherten; wenn sie einen kostbaren Arbeitsvormittag verloren hatten, wurden sie, besonders Vanessa, so unruhig, daß sie schließlich ziemlich neurotisch auf diese Überfälle reagierten. Als ich einmal nach Hause kam und etwas Dringendes besprechen wollte, mußte ich sie überall suchen und fand sie dann ganz oben im Gästezimmer (heute »Vanessas Atelier«).

In ihrer Angst, in Charleston von unerwünschten Besuchern gestört zu werden, war Vanessa überempfindlich. Aber man muß bedenken, daß sie viel ertragen hatte. Lydia war zu keiner Zeit eine so ernste Bedrohung wie Barbara Bagenal. Aber wenn ich sie sehen wollte, mußte ich nach Tilton gehen, und ich selbst spürte eine kleine, aber deutliche Veränderung in unserer Beziehung.

130

Doch es gab viele Zusammenkünfte, Geburtstagsfeiern und andere Festlichkeiten, ganz zu schweigen von den großen Festen am Gordon Square, die mit Theatervorstellungen angereichert waren; zu ihnen wurde ich jedoch erst eingeladen, als ich nicht mehr zur Schule ging.

Clive war der freimütigste Kritiker von Maynard in Charleston; er hatte nie seine Freude an dieser engen Gemeinschaft, die offensichtlich unauflösbar geworden war, als Maynard von 1914 bis 1918 fast ausschließlich in Charleston wohnte. Maynard und Clive waren in fast allem unterschiedlicher Meinung. Jetzt, da der Krieg vorbei war und die Franzosen zu den Reaktionären Europas geworden waren, neigte Clive natürlich noch mehr zu einer frankophilen Haltung; Maynards Sympathien hingegen galten den Deutschen. Clive nahm heftigen Anstoß an Maynards Tischmanieren. Es stimmt zwar, daß er ein raffgieriger Esser war und Toast, Orangenmarmelade, Butter und Gewürze immer um seinen Teller herum versammelte, um sich dann nach Belieben zu bedienen. Aber weitaus größeren Groll rief bei ihm Maynards Allwissenheitsanspruch hervor. Natürlich gab es sehr viele Themen, über die Maynard besser Bescheid wußte als alle anderen in Charleston, doch gab es auch einige, bei denen er sich besser herausgehalten hätte. Als er nach einer kurzen Tour in die Quantock Hills eine Methode der Hirschjagd beschrieb, für die man nicht nur Pferde und Hunde, sondern auch mit Gewehren bewaffnete Männer brauchte, war Clive voller Verachtung und wiederholte die Geschichte unermüdlich.

Als Maynard heiratete, wurde er gesellschaftlich ambitionierter und in seinen politischen Ansichten reaktionärer. Aber wenn man Leonard Woolf glauben darf – und ich habe immer gefunden, daß er zu den glaubwürdigsten Menschen gehört –, dann hätte Maynard lange bevor er zum Landgentleman wurde, geadelt werden müssen.

Laut Leonard beschloß die Labour-Partei – vermutlich während Ramsay MacDonalds erster Amtszeit –, Maynard die Peerswürde anzubieten. Leonard wurde gebeten, bei ihm anzufragen. Er fand Maynard am Gordon Square 46, wo er gerade ein Bad nahm, und bot ihm die Peerswürde an, die Maynard ablehnte (wahrscheinlich wollte er nicht mit der Labour-Partei in Zusammenhang gebracht werden, vielleicht auch mit gar keiner Partei). Ob er sich von Baldwin hätte adeln lassen, ist schwer zu sagen.

Als Maynard heiratete, pachtete er Tilton langfristig, und als der Bauer den Hof verließ, war er bereit, sich selbst um die Landwirtschaft zu kümmern. Der Hof war auf Milchviehhaltung spezialisiert, und es gab ein bißchen Ackerland und etwas Wald, genug, um den Unterhalt eines Wildhüters zu rechtfertigen. In der Tat etablierte sich Maynard als Eigentümer eines Landguts, zu dessen Erzeugnissen tuberkulingetestete Milch, Rebhühner und Fasane gehörten. Und damit war er genau mit der Art Tätigkeit befaßt, die Clive möglicherweise kritisierte.

Doch Maynard war in die Idee verliebt, auf seinem eigenen Grund und Boden zu leben, oder zumindest auf 99 Jahre ein hochangesehener Pächter zu sein. Er hatte herausgefunden, daß er sich durch einen äußerst glücklichen Zufall auf einem Besitz niedergelassen hatte, der zur Zeit der Eroberung von einem normannischen Ur-Keynes erworben worden war. Jahre später, nachdem man ihn geadelt hatte, bat er mich, sein Wappen kunstgerecht auszumalen, das, wenn ich mich recht erinnere, aus einem blauen Feld mit einem silberfarbig gewellten Schrägbalken bestand. Der gewellte Schrägbalken, so erzählte er mir, erinnere an den gewundenen Fluß, der durch die normannische Heimat seines Geschlechts fließe. Ich gab ein paar skeptische Laute von mir; es war mir unwahrscheinlich vorgekommen, da im elften Jahrhundert niemand ein Wappen führte. Aber er hörte mir nicht zu.

Wenn Maynard ein eigenes Feudalsystem kultivierte, muß auch gesagt werden, daß er es nicht nur als sein Recht empfand, den anderen Pflichten aufzuerlegen, sondern auch als seine Pflicht, seinen Vasallen zu helfen und sie zu schützen. In Edgar Wellers Fall sah ich, daß dieses Prinzip funktionierte, und zwar ganz wunderbar.

Edgar Weller war ein gutaussehender junger Mann aus der Nachbargemeinde, der früher Grace den Hof gemacht hatte; er heiratete dann Ruby, eine nette Frau, die bei den Keynes angestellt war, und wurde der Chauffeur der Keynes. Edgar trank gerne, und wenn er getrunken hatte, wurde er streitsüchtig. Eines Abends trank er zuviel und stritt viel zuviel mit der Polizei im Dorfe Ringmer. Man sperrte ihn in ein Gebäude, das er, nicht ganz erfolglos, zu demolieren versuchte. Er wurde einer Reihe von Delikten angeklagt und aufgefordert, vor den Friedensrichtern von Lewes zu erscheinen.

Maynard versprach, für den armen Burschen zu tun, was in seiner Macht stand; unter anderem bot er an, eine Aussage zu machen. Zusammen mit Vanessa und Duncan ging ich mit ihm zur Gerichtsverhandlung. Es bestand kaum ein Zweifel, daß Edgar schuldig gesprochen würde; wir hofften auf mildernde Umstände. Aber es sah anders aus: ein unerschrockener, brutaler Anwalt aus London fiel über die Polizeiaussage her wie ein wilder Hund über eine Ratte. Dann kam der Polizeiarzt, eine überzeugendere Figur als der übertrieben selbstsichere Gendarm zuvor; seine Aussage war schlüssig. Die Verteidigung riß sie in Stücke, und der arme Mann kroch übel zugerichtet aus dem Gerichtssaal.

Dann sagte Maynard aus, und die Art des Verfahrens änderte sich. Er und der Vorsitzende Richter unterhielten sich wie alte Freunde – die sie ja auch waren. Maynard erklärte, daß Edgar Soldat gewesen sei. »In Frankreich?« Nun ja, dafür sei er ein bißchen zu jung, er habe jedoch ausgezeichnete Zeugnisse vorzuweisen, weil er in Jamaika gedient habe. Dort sei er an einer Form der Malaria erkrankt, die, wenn sie in Erscheinung trete, beim Patienten ein wildes Verhalten bewirke, so als sei er stark betrunken. Doch in Wirklichkeit sei er ein solider und verläßlicher Mann.

»Sie wollen sagen, daß er im allgemeinen ein sehr guter Kerl ist?«

»Ja, ganz recht.«

»Klage abgewiesen.«

Hinterher lud uns Maynard zum Mittagessen ein. Er war mit Recht zufrieden mit sich. Edgar hatte noch ein paar »Malaria«-Anfälle und erschoß bei einem davon den Hund des Wildhüters. Aber er mußte nie wieder vor Gericht. Sehr zu meinem Erstaunen erzählte er mir später, daß er sich auf der Anklagebank wie ein schrecklicher Idiot vorgekommen sei. Das hatte man ihm nicht angemerkt.

Maynard ging nicht auf die Jagd, aber da er etwas Wald und Ackerland sowie einen Wildhüter und eine Wildhüterkate erworben hatte, hielt er es für richtig, ein paar Vögel zu züchten und Clive und einige Bauern aus der Gegend für ein paar Tage zur Jagd einzuladen. Er würde auch mit den Gewehren hinausgehen und, wie Lydia meinte, sich überanstrengen. Er war schwer krank gewesen.

»Maynarr, du mußt bald nach Hause kommen.«

»Ich komme zum Mittagessen nach Hause.«

»Dann mußt du dich nach dem Mittagessen hinlegen.«

»Ja, ja, ich lege mich hin, ich liege, lüge bereits.«

Das war in den letzten Tagen vor dem Krieg, als Lydia harte Kämpfe ausfocht, um zu verhindern, daß er sich überarbeitete. Maynard war ein äußerst schlechter Patient, und die beharrliche Fürsorge, die Lydia ihm in seinen letzten Lebensjahren zukommen ließ, hatte etwas Heroisches.

Maynard war von Mr Churchill, dem Wildhüter, fasziniert. Dieser Mann lebte für seine Vögel; wie Maynard bemerkte, hatte er eigentlich kein sehr großes Interesse an den Jägern; sie waren bloß ein Werkzeug zur Auslese im Vogelbestand. Es gab ein paar schöne Fasane – Lydia nannte sie »Feuervögel« –, auf die nicht geschossen werden durfte. 1939 beklagte er sich darüber, daß der Krieg dem seriösen Jagen ein Ende setzen würde. Die Waldreitwege waren immer sauber gepflegt, kleines Raubgetier metzelte er nieder – und in diese Kategorie gehörten Hunde, Füchse, Katzen und bedrohte Vogelarten. Sogar während des Krieges gelangte eine Wagenladung von etwas, was als verdorbenes Getreide bezeichnet wurde, in seinen Wald.

Wenn Lydia fror, zog sie Unmengen von Sachen an: Sie sah dann aus wie ein verhüllter Briefkasten in Halbtrauer; aber wenn ihr heiß war, zog sie alles aus – alles.

»Aber Maynard, was wird Mr Churchill sagen, wenn er Lydia nackt in den Himbeeren findet – was ja leicht passieren kann?«

»Das macht nichts; er würde nämlich seinen Augen nicht trauen.«

Und doch muß es Zeiten gegeben haben, da sie sich allen Blicken leichtsinnig aussetzte. Sir Roger Stevens, der im Zweiten Weltkrieg in Washington war, kam einmal zu Maynard ins Hotel, um ihn in einer dringenden Sache zu sprechen. Das war während einer Hitzewelle, und die Tür des Keynesschen Appartements stand offen. Er wagte sich hinein, ging von einem leeren Zimmer ins andere und kam schließlich in eine Küche mit einem großen Kühlschrank. Die Kühlschranktür war offen. Innen drin hockte Lydia, splitternackt. Früher ging sie oft über die Downs und rezitierte Gedichte von T. S. Eliot; dabei zog sie sich bis zur Taille nackt aus. Einmal begegnete ihr Lord Gage, und sie versuchte schamhaft, ihre Brüste zu bedecken und zog dazu ihre Röcke bis zum Kinn. Unglücklicherweise hatte sie darunter nichts an. Die alte Freundschaft zwischen Lydia und mir ging nie verloren und verband uns immer. Ich genoß ihre Gesellschaft, wenn wir zu zweit waren. Sie war wunderbar, wenn sie Klatsch erzählte oder von früheren Zeiten sprach, als sie noch beim Ballett war, aber wenn sie versuchte, über Politik zu sprechen, verlor sie ihren Charme; und wenn man sie mit Maynard traf, hätte man am liebsten wie der französische Dichter gesagt: *Sois charmante et tais-toi.*

Als im Frühjahr 1940 die Invasion der Deutschen in Norwegen begann, kamen die Keynes nach Charleston und wurden von Clive und mir mit offenen Armen empfangen; wir hatten beide das Gefühl, daß etwas Schreckliches bevorstand (was ja stimmte), und hofften, Maynard würde uns aufklären.

Leider fing Clive falsch an; er sagte, seiner Meinung nach würden die Deutschen siegen. Bevor er den Satz beenden konnte, wurde er von Lydia unterbrochen – »Oh Clive, das *darfst* du nicht sagen; du *darfst* nicht sagen, daß du willst, daß die Deutschen siegen.«

»Meine liebe Lydia, ich habe nichts dergleichen gesagt. Ich habe gesagt –«

»Nein! Du *darfst* das nicht sagen –«

»Aber Lydia –«

Mehr Inhalt hatte ihr Gespräch nicht. Clive konnte Lydia nie begreiflich machen, was er gesagt hatte; sie hörte ihm einfach nicht zu. Meine eigenen Versuche, ihnen aus dieser absurden und äußerst ärgerlichen Sackgasse herauszuhelfen, waren vergeblich. Duncan ging ins Bett; Vanessa zeigte kein Interesse; doch Maynard hätte Lydia jederzeit zur Ordnung rufen können, das wußte ich. Statt dessen lehnte er sich zurück, lächelte, die Augen halb geschlossen – ein besonderes Charakteristikum von ihm –, und genoß offenbar Lydias Unvernunft

135

und Clives Unbehagen. Es war ein äußerst ärgerlicher Abend. Ich glaube, Clive brachte das Schlimmste in Lydia zum Vorschein, und weil Maynard Lydia in Clives Gegenwart gewähren ließ, gab es kein Mittel dagegen.

Ich kehre zu den letzten Vorkriegsmonaten zurück. Da ich damals allein in Charleston war, verbrachte ich viel Zeit in Tilton. Die Keynes waren nett und gastfreundlich. Lydia gab mir Unterricht in Russisch, Maynard in Volkswirtschaft. Ich machte keine Lernfortschritte, genoß aber die Gesellschaft der beiden und fand sie trotz politischer Differenzen immer noch sympathisch. Maynard hielt mich zweifellos für dumm und verbohrt, und ich hielt ihn für einen bedauernswerten Reaktionär, doch kannte ich ihn schon zu lange und hatte ihn zu gern, als daß politische Meinungsverschiedenheiten uns hätten auseinanderbringen können. Beide liebten wir Lydia, und als Politiker brauchte er mich nicht ernst zu nehmen (über unsere Meinungsverschiedenheiten berichte ich in Anhang II). Am uneinigsten waren wir uns in den Jahren 1937 und 1938; aber der Krieg ließ uns das vergessen. Das Resultat war, daß meine Beziehung zu Maynard enger wurde. Ich brauchte eine Arbeit, bei der ich mich sofort nützlich machen konnte; ich fand sie am zweiten Kriegstag, als Traktorfahrer auf Maynards Bauernhof.

Maynard hatte einen von den Männern mitgebracht, die die Ländereien des King's College verwalteten, und hatte ihm die Verantwortung für Tilton übertragen. Logan Thomson aus Yorkshire hatte einen praktischen Verstand; er konnte gut organisieren und besaß die bewundernswerte Fähigkeit, genau abzuschätzen, was das Wetter vorhatte, was seine Männer vorhatten und welchen Ertrag sein Land bringen würde. Seine Leute waren oft anderer Meinung, sie stellten ihre eigenen Vermutungen an, die natürlich auf einer längeren Erfahrung mit dem dortigen Wetter und der Bodenbeschaffenheit beruhten, Vermutungen, denen Logan immer mit Respekt begegnete, die er aber gelegentlich nicht anerkannte. Soweit ich weiß, kam es in Tilton nur einmal zu einem Fiasko – und zwar, als er einen Traktor stehenließ, ohne ihn abzulassen, und von starkem Frost überrascht wurde (er bezahlte den Schaden aus eigener Tasche). Seine Leute leisteten gute Arbeit; manche waren sehr alt – ein alter Knabe hatte im Burenkrieg am Spion Kop gekämpft. Ein jüngerer Soldat war jetzt Pflüger (er hat sich bei der Bürgerwehr enorm amüsiert), und ein Einhändiger war einer der aufmerksamsten und erfinderischsten Landarbeiter. Ein Bauernhof ist etwas Erstaunliches, eine kleine Welt voller Freundschaften und Feindseligkeiten; wir waren etwa fünfzehn Leute, darunter drei Landarbeiterinnen.

Logan war Junggeselle, und laut Lydia hatte eine schöne junge Skandinavierin ihm das Herz gebrochen; sie war immer mit Logan über das Gelände gefahren, und den ganzen Sommer 1938 schienen die beiden unzertrennlich. Ich vermute, daß die alte Mrs Thomson, die mit Thomson senior im Tiltoner Bauernhaus lebte, für die Beendigung der Affäre verantwortlich war. Ohne dieses Ende wäre Logans Leben ganz anders verlaufen.

Von außen betrachtet war nur eine Sache merkwürdig an Logan. Er schlief morgens ungefähr bis neun Uhr – was für einen Bauern ungewöhnlich ist. Nur einmal habe ich erlebt, daß er früher aufstand. Logans Erscheinen löste Panik aus: ziemlich viele von seinen Männern waren seinem Beispiel gefolgt – zum Teil jedenfalls – und dieser eine Tag, an dem er früh aufstand, stellte die Disziplin auf wunderbare Weise wieder her. Als wir ihn näher kennenlernten, kamen wir darauf, daß er spät aufstand, weil er bis spät in die Nacht las. Er war sogar sehr belesen, nicht nur in Agrarwissenschaften, sondern auch in moderner Literatur. Oft lieh er sich von den Keynes Romane. Doch das fanden wir erst nach und nach heraus. Er stellte seine intellektuellen Leistungen keineswegs zur Schau.

Logan bewunderte Maynard sehr und erzählte gern Geschichten von seinem Arbeitgeber und dessen Triumphen über die Bauern aus der Umgebung. Es gab eine lange Geschichte über den Zaun eines Nachbarn – oder war es Maynards eigener? Jedenfalls kam der Nachbar für die Reparatur auf. Maynard hatte ihn nicht nur davon überzeugt, daß er gesetzlich dazu verpflichtet war, sondern auch, daß er, der Nachbar, in Wahrheit von dieser Ausgabe profitieren würde. Es machte Logan ungeheuren Spaß, die Verwirrung dieses Burschen zu beschreiben, seine Unfähigkeit, den Fehler in Maynards Argumentation zu erkennen, und seine Befürchtung, irgendwie überlistet worden zu sein.

Logan verstand sich äußerst gut mit Maynard und war, glaube ich, ziemlich stolz, bei einem so bedeutenden Mann angestellt zu sein, und Maynard war mit seiner Arbeit zweifellos sehr zufrieden. Als ich eines Tages eine Weide walzte, kam er vorbei, um mir zu sagen, was er allen auf dem Hof sagte, nämlich daß Tilton in eine Gesellschaft umgewandelt würde, mit ihm, Lydia und Logan als Gesellschaftern. Es sei für alle Eventualitäten gesorgt, sagte er mir, und man wisse, was zu tun sei, wenn einer der drei sterben oder überschnappen sollte.

»Und wenn ihr alle gleichzeitig überschnappt?« sagte ich.

»Das einzige, woran die Anwälte nicht gedacht haben«, erwiderte er.

Am Ende passierte etwas, was dem ganz nahekam.

Bis zu einem gewissen Grad waren Logans Arbeitskräfte ebenfalls stolz darauf, die Angestellten eines so bedeutenden Mannes zu sein. Doch mischte sich in diesen Stolz ein anderes Gefühl. Im zweiten Kriegsjahr gab Logan bekannt, daß die Milchzuteilung – eine der Vergünstigungen, die die Arbeiter auf einem Bauernhof mit Milchviehhaltung bekamen – erhöht werden würde; gleichzeitig wurde bekanntgegeben, daß die Milch in den entsprechenden Kannen abgeholt werden sollte, d. h. in Kannen, die genau die erlaubte Ration enthielten. Bis dahin hatte man sie in großen Behältern geholt, in die, wenn sie sehr großzügig gefüllt wurden, viel mehr hineinging. Kurzum, Maynards Wohltätigkeit zielte darauf ab, den Milchverbrauch auf dem Bauernhof zu reduzieren. Das Schönste daran war, daß sich niemand beschweren konnte.

Es gab natürlich andere Arten der Großzügigkeit – Geschenke, die Maynard mitbrachte, wenn er aus Amerika zurückkam, sowie verschiedenartige Darbietungen. Am seltsamsten war eine Veranstaltung von Lydia, die, ich glaube, als Verkleidung einen Regenmantel trug und mit einem ziemlich wirren Chor von Kindern aus der Umgebung The Forsaken Merman (Der verlassene Wassergeist)* aufführte. »Teure Kinder, war es gestern?«

* Ein Gedicht von Matthew Arnold. [Anm. d. Ü.]

138

Ungefähr ein Jahr vor dem Krieg kam Maynard von Tilton herüber und bat mich, eine Guy-Fawkes-Maske anzufertigen; er lud zum Guy-Fawkes-Fest ein und brauchte eine Puppe zum Verbrennen. Ich tat ihm gerne den Gefallen, bastelte eine Maske und ging auf das Fest. In Lewes und den umliegenden Dörfern war der 5. November früher eine willkommene Gelegenheit gewesen, Bier zu trinken, Feuerwerk abzuschießen und das Pfaffentum anzuprangern (Lewes hatte seine Märtyrer aus der Zeit der Verfolgung durch Maria die Katholische). In vielen Dörfern gab es Guy-Fawkes-Feuer und Feuerwerk, es war also durchaus Brauch in der Gegend, auch wenn ich nicht glaube, daß Tilton überhaupt jemals ein eigenes Guy-Fawkes-Feuer gehabt hatte.

Die Sache wurde recht vergnüglich, auch wenn es meiner Meinung nach falsch war, das Feuer auf offenem Feld zu machen. Aber die Puppe brannte gut, es gab genug Bier, und das Guy-Fawkes-Gebet wurde gesprochen. Ich dachte erst wieder daran, als ich ein paar Wochen auf dem Hof gearbeitet hatte und mein Freund Becket Standen, der intelligenteste Arbeiter dort, zu mir sagte: »Wie hast du dieses Guy-Fawkes-Fest gefunden? Wir fanden, daß es eine ganz schöne Geldverschwendung war.«

»Aber es ist hier doch üblich, daß man den Guy-Fawkes-Day feiert? Lord Gage macht ein Feuer in Firle.«

»Lord Gage ist ein Lord und versteht etwas davon. Unsere Feier war nur Schein.«

»Aber Mr Keynes dachte, alle würden sich amüsieren.«

Becket schüttelte den Kopf. »Es war nicht echt.«

Der Weg des Traditionalisten ist wirklich schwer.

Ich arbeitete bereits nicht mehr auf dem Hof und war im Krankenhaus, als ich von Maynards Tod erfuhr. Man hatte seit einer Weile mit dieser Nachricht gerechnet, die deshalb jedoch nicht weniger deprimierend war. Ein paar Jahre später änderte sich mein eigenes Leben, so daß ich nicht in Charleston bleiben konnte. Doch wenn Olivier und ich in Südengland Urlaub machten, wurden wir immer von Lydia eingeladen. Logan war meistens da. Ja, es sah so aus, als führten sie eine Art gemeinsamen Haushalt – welcher Art die Gemeinsamkeit war, ließ sich schwer sagen. Eigentlich war mir völlig rätselhaft, wie Haus und Hof geführt wurden. Lydia und Logan aßen anscheinend lange Zeit nicht zu Hause; sie gingen zum Essen immer nach Lewes.

Die Diele von Tilton war immer noch voller Dinge, die die Keynes während des Krieges in Amerika gekauft hatten, um so etwas wie einen Belagerungszustand zu überleben: Dosen mit Milchpulver füllten die Regale, und um den Anblick noch merkwürdiger zu machen, hatte die Polizei alles zum Schutz des Hausrats getan. An einer der Außenmauern war eine riesige Alarmanlage; ein gigantisches Ding von der Form einer brobdingnagischen Fahrradglocke hing am Backsteinmauerwerk. Im Inneren hingen die Gemälde, die Maynard gesammelt hatte – Cézanne, Matisse, Seurat, Delacroix – direkt unter der Zimmerdecke, damit Einbrecher, wie man mir sagte, sie nicht so leicht klauen und abtransportieren konnten. Diebe wurden auch dadurch behindert, daß man nichts gegen die Schadhaftigkeit der Straße zwischen Tilton und der A 27 unternahm; das war ein Hindernis, das den entschlossensten Plünderer entmutigt haben dürfte.

Als wir 1967 endgültig nach Sussex zurückkehrten, hatte sich eine Sache drastisch verändert. In Tilton wohnte niemand mehr; die Bilder hatte man nach Cambridge gebracht, Lydia war in einem Pflegeheim in Seaford und Logan in einem anderen Pflegeheim. Von den beiden tat einem Logan am meisten leid. Er schien bei ganz guter Gesundheit zu sein, langweilte sich aber hoffnungslos. Er sagte zu mir, niemand komme ihn besuchen, was nicht ganz stimmte, denn ich traf einen Bauern, der früher sein Nachbar war, und es mag noch andere Besucher gegeben haben. Bücher lehnte er ab, er sagte, er könne sie nicht lesen, und als er etwas aus der »Hörbibliothek« bekam, hatte er keine Verwendung dafür. In einem Gespräch erzählte er mir ein-, zweimal, daß er Lydia manchmal sehen könne – was in Wirklichkeit unmöglich war. Ihm Orangen mitzubringen war das einzige, was ich für ihn tun konnte. Schließlich erzählte er mir, er stürbe und wolle sterben. Ich habe noch nie jemanden erlebt, dem jegliche Neugier oder Genußfähigkeit so vollkommen abhanden gekommen ist.

Als ich Lydia zum letzten Mal sah, lag sie im Bett, in einem sehr schönen Zimmer, das sich in so etwas wie einem besseren Pflegeheim befand. Ich war sehr überrascht, als sie mich auf französisch begrüßte.

Sie schien nicht gewillt, sich in einer anderen Sprache zu unterhalten, und ich war dankbar, daß sie nicht ins Russische zurückfiel. Die meiste Zeit sprach, glaube ich, sie; sie schien ausgezeichnete Laune zu haben, plauderte unablässig über ihre erste Zeit in London, über das Ballett und den Spaß, den wir zusammen hatten. Sie sprach nie über Maynard oder Logan; ich auch nicht. Ein paar Wochen später starb sie.

Roger Fry

*I*ch hörte, daß man die Unwahrheit lehrte, und war gezwungen, sie zu widerlegen. Ich hatte keine andere Möglichkeit, ich wußte nicht, ob etwas aus der Sache werden würde oder nicht, oder ob ich mich dafür eignete.«* Das sind Ruskins Worte. Besser, als ich es könnte, drückt er aus, was ich empfand, als ich wie er begann, Leuten zu antworten, die, wie mir schien, einem großen Mann gegenüber schrecklich unfair waren. Damit hört die Ähnlichkeit auf; Ruskin hat Turner dann in fünf umfangreichen Bänden verteidigt. Ich verteidigte Roger Fry in einer Anzahl von Artikeln, Rezensionen und Leserbriefen, die vermutlich alle vergessen sind. Eigentlich habe ich mehr über Ruskin geschrieben als über Roger; auch verdanke ich ihm mehr. Roger erweiterte mein Verständnis für eine Kunst, in der mich andere unterrichtet hatten; Ruskin lehrte mich Wichtiges über eine Kunst, die ich als bloß angenehm erachtet hatte, die aber für ihn eine leidenschaftliche Affäre mit der Muse bedeutete. Außerdem hatte er zwei Stimmen: Die eine ist die überladene, majestätische und didaktische von *Modern Painters* (*Moderne Maler*), die andere ist die klare, leidenschaftliche und subtil magische von *Praeterita*. In beiden konnte Ruskin überragend sein. Roger konnte nur in ein paar wunderbaren Momenten seiner Vorlesungen überragend sein, so wie in dem, den seine erste Biographin Virginia Woolf beschreibt. Von Ruskin kann man lernen – nicht, wie man zeichnet, sondern, wie man schreibt –, und er ist ein guter Lehrer;

---

* Vorwort zu *Modern Painters*, Band V.

jedenfalls ist *Modern Painters* noch heute unnachahmlich, und damit meine ich, daß der Schüler nicht in Versuchung gerät, einen Pastiche zu schreiben.

Ruskin hatte zweifellos beträchtlichen Charme, aber nur, wenn man keine eigenen Ansichten über die Kunst hatte und zum Ausdruck bringen wollte. Ruskin wollte reden, Roger wollte zuhören. Ich bin froh, Ruskin über das Medium der gedruckten Seiten zu kennen und auf diese Weise von ihm zu lernen.

Roger persönlich zu kennen war eine besondere Freude. Als ich geboren wurde, hatte er sich schon in Vanessa verliebt, und was sie unter anderem zusammengeführt hatte, war, daß er als Vater zweier Kinder Mitgefühl empfinden konnte, als ich, ein kränkliches Blag ohne Namen, bereit schien, die Welt, in die ich eben erst gelangt war, wieder zu verlassen.

Seine Gegenwart und natürlich sein Charme gehören zu meinen frühesten Erinnerungen. Julian erinnerte sich an den Abend, als Roger zwei mit Kohlenstaub gefüllte Tonpfeifen aufs Feuer legte, wo sie schöne Feuerstrahlen aus blauen Flammen ausstießen.* Auch ich entsinne mich deutlich an dieses schöne Schauspiel, obwohl es vor meinem sechsten Lebensjahr stattgefunden haben muß. Ich kann kaum älter gewesen sein, als ich Roger bei dem Spiel, wo man seine Freunde mit Tieren vergleichen muß, mit einem Elefanten verglich. Ich glaube, mein kindlicher Vergleich war nicht ganz unangemessen: riesig, aber sanft, ungeheuer stark, aber freundlich, mit einem Rüssel, der herrlich einfallsreiche Dinge vorführen konnte. So habe ich ihn sicherlich damals gesehen, und mein Bild war, glaube ich, auch später noch wiederzuerkennen.

Er war der allerbeste Lehrer, denn man sehnte sich nach seinem Unterricht. Ich entsinne mich an einen glücklichen Morgen in seinem Londoner Garten in der Dalmeny Avenue, als ich mit zwölf oder dreizehn Jahren erst allein und dann mit seiner Hilfe versuchte, ein Spielzeug zu basteln, das gleichzeitig schwer und schwimmfähig war, so daß es in seinem Teich weder unterging noch abgetrieben wurde.

* Quentin Bell (Hg.), *Julian Bell.* London: The Hogarth Press, 1938, S. 10.

Ich glaube, etwa zu der Zeit nahm er mich mit in die National Gallery. Dort hoffte ich, er würde mir sagen, was ich bewundern sollte und was nicht. Ich war höchst erstaunt, als er darauf bestand, daß *ich* ihm sagen sollte, was er zu mögen hatte. Das war ein ziemlicher Schock, und ich muß gestehen, daß ich es angenehmer fand, mit ihm über Naturwissenschaft zu sprechen. Als Wissenschaftler konnte er gewöhnlich nützlichere Informationen liefern, als wenn ich ihm Fragen über Kunst stellte. Er hatte damals ein Bild von Kokoschka an der Wand hängen, das ich bewunderte, weil es fast oder völlig abstrakt war; ich war ein bißchen ratlos, als er mich fragte, was ich daran sonst noch bewundernswert fände.

Wir Kinder liebten ihn und hatten großen Respekt vor ihm. Und doch fingen wir bereits in ganz jungen Jahren an, uns über ihn lustig zu machen. Das war für uns nicht ungewöhnlich; es war mehr oder weniger das, was wir auch für Duncan, Clive und Vanessa empfanden, aber in Rogers Fall war das Gelächter vielleicht lauter, wegen der seltsamen Mischung aus Weisheit und Narretei, mit der er uns belustigte. Rogers Leichtgläubigkeit amüsierte uns in höchstem Maße, sie war nämlich die Kehrseite seiner wissenschaftlichen Fähigkeiten. Ich glaube nicht, daß das auch für Kunstwerke galt, bei denen sein Spürsinn normalerweise sofort aktiv wurde und er schnell zu einem endgültigen Urteil gelangte. Ein Blick, und er tat etwas als Fälschung oder Schwindel ab, oder aber er stieß einen langen Freudenseufzer aus, auf den immer der Ausruf folgte: »Meine Güte, das ist große Klasse.«

Ein ganz anderes Thema waren rezeptfreie Arzneimittel, und das war längst nicht alles; er bestand darauf, daß jede neue Idee einer gerechten Überprüfung unterzogen werden solle, daß man nichts sofort abtun dürfe. Desmond MacCarthy beklagte sich, daß Roger nie »auf das leise Stimmchen hörte, das *Unsinn* flüstert«, doch genau *das*, würde Roger erwidern, sagte man, als die Astronomen behaupteten, die Erde bewege sich um die Sonne. Das stimmt zwar, aber man muß zugeben, daß Roger eindeutig etwas für Wunder übrig hatte. Jene unwahrscheinlichen Erklärungen, auf die die meisten von uns nur kommen, wenn sie die prosaischen Erklärungen des all-

Julian Bell und Roger Fry beim Schachspiel.
Studie für ein Ölgemälde (Vanessa Bell, etwa 1930)

täglichen Lebens fallengelassen haben, waren für ihn Ausgangspunkt einer Untersuchung, die normalerweise bei etwas ganz Banalem endete, aber mit erderschütternden Spekulationen begann. Ich gebrauche dieses Attribut nicht nur im übertragenen Sinn. Man denke an die Geschichte von Ebbe und Flut.

Julian Fry stellte beim Segeln auf dem Solentkanal fest, daß der Gezeitenwechsel zwanzig Minuten später stattfand, als er erwartet hatte. Ohne zu ahnen, was er damit anrichten würde, erwähnte er die Sache in einem Brief an seinen Vater. Wenn Sie oder ich diese Information erhalten hätten, wären wir, wenn wir überhaupt darüber nachgedacht hätten, zu dem Schluß gekommen, daß die Uhr des Jungen überholt werden müßte oder daß er über die Zeiten von Ebbe und Flut falsch informiert war oder daß die Gezeitenbewegungen im Solentkanal, der sich ja in zwei Kanäle teilt, möglicherweise abweichen. Roger hatte eine eher apokalyptische Erklärung, die er Vanessa und T. S. Eliot offerierte, als sie zu ihm zum Abendessen in die Dalmeny Avenue kamen. »Die Gezeiten«, sagte er, »werden vom Mond bestimmt. Wenn der Mond sich verirrt, gilt dasselbe für die Gezeiten. Warum aber sollte der Mond sich schlecht benehmen? Doch nur, weil sich etwas im Sonnensystem ereignet, und das Sonnensystem kann nur durch einen Fremdkörper gestört werden, durch einen ›dunklen Stern‹, der in unsere Himmelsgegend fliegt. Dieser fremde Asteroid, der den Mond in seiner Umlaufbahn erschüttert hat, muß zwangsläufig von der stärkeren Masse unseres Planeten angezogen werden. Er wird die Erde treffen, und dann sind wir erledigt.«

Die überzeugende, vernünftige, eingängige Art, auf die er diesen grotesken Unsinn von sich gab, mit klaren Worten zu beschreiben übersteigt meine Möglichkeiten. Ich kann nur sagen, daß sogar Vanessa, die sich Rogers rätselhafte, phantasievolle Geschichten jahrelang mit liebevoller Belustigung angehört hatte, beunruhigt war. Der unglückliche Autor des *Prufrock* hingegen war verzweifelt. Er nahm mit Vanessa und einem Packen Gedichte die Trambahn, mit der man damals von der Dalmeny Avenue zur Tottenham Court Road gelangte. Von dort begaben sich die Malerin und der Dichter bedrückt und schweigend nach Osten in Richtung Bloomsbury. Plötzlich hob

Eliot verzweifelt die Hände zum verirrten Mond empor; er hatte seine Gedichte in der Trambahn liegenlassen.

Natürlich konnte Roger zumindest eine Zeitlang an die Hirngespinste seiner Phantasien glauben; das Erstaunliche war, daß er für gewisse Zeit andere von ihnen überzeugen konnte. Eliot war sicherlich eine leichte Beute; in seinem späteren Leben konnte er an jeden Stern glauben, solange er nicht zu dunkel war, um Bethlehem zu beleuchten. Aber nehmen wir Leonard, der nicht nur der größte Skeptiker war, sondern auch äußerst stur. Haben Sie oder sonst jemand Leonard jemals sagen hören »Ich habe mich geirrt«? fragte William Plomer. Er war sicherlich derjenige, dem man am wenigsten zutraute, daß er so etwas sagte oder sagen mußte; dennoch habe ich einmal gehört, wie Leonard zugab, daß er geduldig und fasziniert von Rogers Einfallsreichtum und eine Weile auch überzeugt zuhörte, als dieser behauptete, unser Planet werde in Zukunft von Vögeln beherrscht.

Clive, der Virginia für ihre Biographie die meisten Berichte von Rogers Leichtgläubigkeit lieferte, kniff ein bißchen. »Natürlich wird Roger eines Tages auf eine Gewinnkarte setzen, und dann stehen wir alle dumm da.« – »Gibt es nicht vielleicht, so lautete der Vorschlag, eine wissenschaftliche Methode, um den Wert eines Kunstwerks zu bestimmen? Der Vorschlag wurde in die Tat umgesetzt. In der Woche darauf wurde er angeblich dabei angetroffen, daß er ein an einem Stück Kordel befestigtes Gewicht über einem Gemälde von Cézanne oder von sich selbst pendeln ließ und versuchte, das Schwingungsausmaß mit dem Auge zu messen.«*

Das war, es sei zugegeben, Klatsch und kaum die Wahrheit, aber es stimmt sicherlich, daß Roger leidenschaftlich an die Wunder des Monsieur Coué glaubte, des Autosuggestionsapostels, sowie an die schwarze Kiste, die auf der Stelle Diagnosen liefern konnte, und an eine Menge anderer wunderbarer Erfindungen. Ich erinnere mich an einen Gesprächsfetzen:

---

* Virginia Woolf, *Roger Fry: A Biography*. London: The Hogarth Press, 1991, Kapitel 11, S. 247.

Vanessa: »Aber Roger, glaubst du wirklich, daß ich lernen könnte, mir durch bloßes Denken ein neues Bein wachsen zu lassen, wenn ich meines verlieren würde?«

Roger: »Wenn einem Hummer ein neues Bein wachsen kann, warum sollte das dann bei dir nicht gehen?«

Man muß zugeben, daß Roger sogar auf einem Gebiet leichtgläubig sein konnte, wo er sich normalerweise auskannte. Eine junge Frau – fast jede junge Frau, aber es half, wenn sie attraktiv war – konnte ihm ein Aquarell zeigen, in dem er dann Anhaltspunkte für ein beachtliches Talent entdeckte (hierin ähnelte er Ruskin). Es ist kein Wunder, daß Vanessa seinen Optimismus ermüdend fand. Er neigte in der Tat dazu, bei jedem Geschmack und Begabung zu finden. Seine Quäkervorfahren hatten in jedem Gott gefunden. Roger glaubte nicht an Gott, aber er fand überall ästhetisches Feingefühl. Man muß bedenken, daß er zu einer Generation gehörte, die die Kunst aus Afrika, Polynesien und anderen bis dahin unvorstellbaren Orten mit neuen Augen betrachtete. Auch war er einer der ersten, die die große Lehrerin Marion Richardson und ihre Schüler förderte. Er machte manchen Fehler, aber auch ein paar wichtige Entdeckungen.

Roger wußte, daß wir uns über seine Leichtgläubigkeit lustig machten, und in seinen späteren Jahren konnte er mitlachen. Als ich ihn kurz vor seinem Tod in Paris traf, sah ich, daß er ein Amulett um den Hals trug. Es enthielt Jod. »Das soll gut gegen mein Rheuma sein«, sagte er lächelnd, »vielleicht hilft es.« Bei derselben Gelegenheit machte er eine Bemerkung, die zeigt, wie realistisch er war: »Seit dem Krieg [dem Ersten Weltkrieg] zeigen die Franzosen kein Verständnis mehr für Deutschland; jetzt, wo sie verständnisvoller werden, zeigen die Deutschen ihrerseits immer weniger Verständnis. Das wird zum Krieg führen.«

Ich glaube, ich wußte, daß Roger in der Welt der Kunst und des Kunstverstandes eine beachtliche Persönlichkeit war, ein Mensch, der in der Öffentlichkeit bekannt genug war, um überall bewundert, geliebt und gehaßt zu werden. Aber ich wäre ratlos gewesen, wenn ich hätte sagen sollen, warum man ihn eigentlich liebte, haßte und respektierte. Man hatte mir nie gesagt, daß ich ihn respektieren oder gar lieben sollte, er war auf einfache, natürliche und wunderbare Weise »da«.

Es war daher eine große Überraschung für mich, der ich als Jugendlicher von siebzehn Jahren in München lebte, als »Herr Professor Fry« auf dem Weg nach Wien, Dresden und Berlin durch Bayern reiste und ich entdeckte, daß ich behaupten konnte, mit einem bedeutenden Mann auf vertrautem Fuß zu stehen. Ich erkannte jetzt, daß er jemand war, für den man Türen öffnete, Vorhänge aufzog, Schränke aufschloß, ein mächtiger Mann, der mit einem einzigen kurzen Ausruf der Freude oder Verachtung die Nennung eines Namens rechtfertigen oder verbieten konnte, der sich, wenn man ihn hervorhob, in bare Münze umsetzen ließ.

Ich erinnere mich an die Qualen eines Kunsthändlers, der hoffte, man würde ein Tafelbild aus seinem Besitz Masaccio zuschreiben, und der kurz davor war, Roger zu bestechen – eine Offerte, die Roger, wie ich ganz ernsthaft glaube, nicht einmal verstand. Oder auch an die aufgeregte Dame in Dresden: »Oh, Herr Fry, glauben Sie *wirklich*, daß es ein Cézanne ist?»

»Mein Gott, ja!«

Doch das denkwürdigste Gespräch ergab sich mit einem Herrn, dem, wie es hieß, sämtliche Zuckerrüben in Ungarn gehörten. Er war Hobbymaler und besaß ein paar schöne Stücke. Am Eingang seines Hauses trafen wir auf einen Hund; als wir hineingingen, kam er mit und schien sich ganz und gar zu Hause zu fühlen. Der Zuckerrübenmagnat sprach (glaube ich) ungarisch – er konnte nur wenig Deutsch; ich mußte übersetzen, obwohl ich noch weniger Deutsch konnte, jedenfalls nicht genug, um ihn zu fragen, warum der Hund ins Haus durfte. Schließlich kamen wir zu einem riesigen Gemälde voller Pferde, Soldaten und emblematischer Frauengestalten. Ob Herr Fry glaube, es könnte ein Vasari sein? Herr Fry hielt das durchaus für möglich. Und wie finde Herr Fry das Bild? Ich hatte Schwierigkeiten, eine angemessene Übersetzung zustande zu bringen; Roger gebrauchte nicht oft Kraftausdrücke. Danach begaben wir uns zur Tür,

149

in Begleitung unseres Gastgebers und zweier liebenswürdiger Diener. Als wir gerade gehen wollten, fragte man uns, ob wir unseren Hund mitnehmen würden.

Laut Helen hatte sich der Hund auf einem unendlich wertvollen Sofa aus dem achtzehnten Jahrhundert »danebenbenommen« – was mich daran erinnert, daß ich Helen Anrep hätte vorstellen müssen, die eine Weile mit dem Mosaikkünstler Boris Anrep verheiratet war; sie war Rogers letzte Geliebte (in Wirklichkeit seine zweite Frau). Helen, die eine eigene Meinung über Vasari hatte und erst recht über Raffael (»Ich hätte diesem jungen Mann einiges erzählen können«), eigentlich über die meisten Themen, war in vielfacher Hinsicht die ideale Gefährtin für Roger – streitsüchtig, neckend, schwierig, aber im Grunde warmherzig und voller Hingabe; sie war manchmal, aber nicht immer, charakterlich stark genug, um sich seinem Ungestüm zu widersetzen.

Clive hat geschildert, wie die Familie Bell und ihre Gäste von Roger gezwungen wurden, in seiner unersättlichen Gier nach ununterbrochener energischer Aktivität mitzuhalten.* Wenn Helen mit ihm auf Reisen ging, sorgte sie für die dringend nötige Bremse. Nicht daß diese Bremse immer funktioniert hätte. Ich erinnere mich, daß Roger einmal um fünf Uhr morgens aufstand, um einen Dampfer zu erreichen, der ihn über einen See zum Bahnhof brachte, von wo er etwa eine Stunde zu einem Bus fuhr, mit dem er an eine Stelle gelangen konnte, die sich in der Nähe einer Kirche befand, die möglicherweise Tiepolo ausgemalt hatte oder auch nicht. Helen weigerte sich, mitzukommen.

Solche Ausflüge waren jedoch auf unserer Reise durch Deutschland und Österreich die Ausnahme. In Wien oder Dresden begannen wir unser Programm normalerweise mit einem Besuch der Museen; wir kamen dort an, wenn sie öffneten; gegen 12.30 Uhr fing Helen an, über Hunger oder Müdigkeit zu klagen. »Aber Helen, wir sind doch gerade erst gekommen.« Wenn wir Glück hatten, machte das Museum um zwei Uhr zu; dann fanden wir »dieses kleine Restaurant«, das Roger

---

* Vgl. Clive Bell, *Old Friends*. London: Chatto & Windus, 1956, S. 85.

aufgefallen war, weil es einen ungarischen Namen hatte und vielleicht ungarischen Gulasch. Nach dem Mittagessen konnte Helen ihn eventuell zum Ausruhen überreden, aber es gab immer noch Kirchen zu besichtigen und danach vielleicht ein Konzert und zum Schluß die Oper.

Roger hatte eine Leidenschaft für Monteverdi – eine Leidenschaft, die Eddy Sackville-West, der damals auf dem Gebiet der Musik als Autorität galt, höchst albern fand. Auf unserer Reise war der eigentliche Nachteil einer solchen Bewunderung, daß kaum eine Chance bestand, in den berühmten Opernhäusern von München, Wien und Dresden eine Oper aus dem siebzehnten Jahrhundert zu hören. Ich selber hatte gerade angefangen, Giuseppe Verdi zu bewundern, und Roger, der immer alles ausprobierte, hörte sich den *Otello* in Wien an und war höchst beeindruckt.

Ich glaube, Roger hat seine Reise durch Deutschland und Österreich genossen. Eine ganze Reihe von Dingen in der deutschen Kunstforschung* hat er sehr bewundert. Mitteleuropa fand er zwar beeindruckend, aber seine Begeisterung galt einer anderen Region. England, das er immer »Bird's-Vanillesaucen-Insel« nannte, fand er kulturlos, ja barbarisch; sehr viele seiner Landsleute mochte er, und er lebte normalerweise in England, aber begeistert war er nie von den Engländern, nur von Frankreich und den Franzosen. Sich für eine ganze Nation zu begeistern ist nicht leicht, und selbst Roger mußte zugeben, daß es in Frankreich eine ganze Menge Leute gab, die man als Ausnahmen betrachten mußte. Aber das Schicksal brachte ihn mit einem Paar in Verbindung, das genau seinen Hoffnungen entsprach und das er manchmal für typisch französisch hielt, wenn auch nicht für französisch im Pariser Sinn. Marie Mauron, geb. Roumanille, sprach, soweit ich das herausfinden konnte, mit ihren Eltern nur Provençalisch. Als Roger zu ihnen kam, war Marie Lehrerin in Les Baux; sie muß damals eine sehr attraktive junge Frau mit einem unglaublichen Konversationstalent gewesen sein. Ich entsinne mich, wie sie uns viele Jahre später in ein Restaurant einlud und nicht nur uns so zum Lachen

* Im Original deutsch. [Anm. d. Ü.]

brachte, daß uns die Tränen kamen, sondern auch den Kellner, der vor Lachen seine Arbeit nicht mehr tun konnte. Es ist kein Wunder, daß sie gleich nach der ersten Begegnung, als sie sah, wie anregend und witzig Roger war, sofort eine Freundin fürs Leben wurde. Ihr Mann war eine noch großartigere Errungenschaft, obwohl er bei seiner ersten Begegnung mit Roger sicher nicht besonders vergnügt war. Charles Mauron kam wie Marie aus der Provence; er hatte ungeheure intellektuelle Fähigkeiten; unter anderem war er auch Chemiker, und in dieser Funktion arbeitete er in einer Marseiller Seifenfabrik. Bei einer Explosion in der Fabrik verletzte er sich das Gesicht und wäre fast blind geworden. Als Roger ihn kennenlernte, erholte er sich gerade von dem Unfall, aber es war immer noch ungewiß, ob er seine Augen je wieder würde gebrauchen können. Verständlicherweise steckte er in einer tiefen Depression; er konnte nichts tun, außer still zu sitzen und sich Sorgen zu machen. Roger erholte sich gerade selbst von einer Liebesgeschichte, die ein tragisches Ende genommen und ihn zutiefst deprimiert hatte.

Roger erkannte, daß Charles eine Beschäftigung brauchte. Er sprach Englisch und konnte mit Rogers Hilfe sofort Übersetzer werden. Zufällig las Roger gerade ein Buch, das übersetzt zu werden verdiente; es hieß *A Passage to India (Auf der Suche nach Indien)*. Er zog es aus der Tasche, so daß sie sofort mit der Übersetzung anfangen konnten.

»Auf diese Weise«, sagte Charles, »führte er mich schnurstracks in die Höhlen von Marabar.«

Damit begann für Charles ein neues Leben. Er schloß mit Engländern Freundschaft, die einer älteren Generation angehörten; Morgan Forster war der treueste von ihnen. Eine jüngere Generation – mein Bruder und seine Freunde – machte die Maurons, die gerade nach St. Rémy zogen, zu einem weiteren Verbindungsglied zwischen England und der Provence.

Charles wurde dann doch noch völlig blind, aber erst viele Jahre später, ja eine Zeitlang fuhr er sogar regelmäßig mit dem Motorrad vom Mas d'Angirany ins Zentrum von St. Rémy und hatte, soweit ich weiß, nie einen Unfall. Wenn man das bedachte, war es interessant zu hören, wie er – ernsthaft besorgt, aber doch lachend – über Rogers Methode, durch Frankreich zu reisen, klagte.

Hier muß ich noch einmal zurückgehen. Das Maschinenzeitalter begann (was meine Familie anging) erst 1927, als die Woolfs einen Singer und wir einen Renault kauften. Unterdessen kaufte Bunny ein Flugzeug; in dieser Maschine flog er von Huntingdon nach Firle und landete auf dem »hinteren Feld« hinter Charleston, aber nicht ohne Schaden anzurichten. Den Schaden erlitt Rogers Automobil, das gerade die Charlestoner Auffahrt hochfuhr, als Roger Bunny erspähte, der sich zur Landung bereit machte. Der Anblick interessierte ihn ungemein, in der Tat so sehr, daß er in einen Torpfosten hineinfuhr.

Rogers Wagen war nicht anders als die meisten preiswerten Fahrzeuge; darin unterschied er sich von seinem berühmten Fahrrad, das völlig anders war als die meisten Räder. Gebaut hatte es jemand, den Roger »an der Hand hatte« (er fand immer solche Leute), und zwar nach irgendeinem Prinzip (waren es vielleicht Stützräder?), die es einzigartig machten. Es fiel so stark auf, daß sich in jedem französischen Dorf, wo das Ding geparkt war, ein paar aufgeregte Leute drängelten – wie man sie etwa vor einem Aushang sieht, der einen Regierungswechsel verkündet –, die ihre Kommentare abgaben und sich wunderten; aber auch wenn sein Wagen nicht so unkonventionell war wie sein Fahrrad, so stand er doch im Mittelpunkt der Aufmerksamkeit.

»Die Franzosen«, sagte Roger zu Charles, »sind ein heiteres Volk; wo ich hinkomme, höre ich sie lachen.« Charles hegte keine Zweifel, daß dem so war, da er gesehen hatte, wie Roger auf der falschen Straßenseite fuhr, hinter sich einen Wust von Staffeleien, Leinwänden, Malkästen, Büchern, Flaschen und Paketen in allen Formen und Größen, gekrönt von einem großen *Diable*. Dies war, muß man sagen, kein Teufel, sondern ein großer tragbarer Schornstein mit einer Art Hut oder zylinderförmigem Dach.

Als Roger mit einem Lastwagen zusammenstieß, wurde nichts beschädigt, abgesehen von der Laune des Lastwagenfahrers, der wütend wurde, als Roger ihm erklärte, in England sei es üblich, auf der linken Seite zu fahren, und es sei doch erstaunlich, daß solche Unfälle nicht häufiger seien.»Soll ich Ihnen jetzt auch noch gratulieren?« sagte der Lastwagenfahrer. Ich bin in meinem Leben sehr vielen Menschen begegnet, die man als Intellektuelle bezeichnen könnte. Menschen, die, wenn man ihnen eine Idee anbietet, sich freudig darauf stürzen und sie mit unerschöpflicher Begeisterung verfolgen. Aber ich kenne keinen, der soviel Jagdlust und soviel Durchhaltevermögen hatte wie Charles Mauron. Er redete endlos, brillant und ununterbrochen, mit einer Gelehrsamkeit, die er für selbstverständlich hielt. Er war manchmal witzig, oft profund und nie langweilig. Als ich Charles und seine zweite Frau Alice viele Jahre später besuchte, sprudelte dieser Quell an Ideen und Gesprächen immer noch ungehindert. Mehrmals begrüßte er mich mit »Also, wo waren wir?«, wenn ich morgens zum Frühstück herunterkam, und dann stiegen wir genau da wieder in die Diskussion ein, wo wir am Abend zuvor etwa um Mitternacht aufgehört hatten.

Leider habe ich nie eine ernsthafte Diskussion zwischen Charles und Roger miterlebt, stelle mir aber vor, daß sie nicht viel anders verlaufen wäre, auch wenn Roger ihm bestimmt einen besseren Kampf geliefert hätte. Zu der Zeit, als mein Bruder und seine Cambridger Freunde im Mas d'Angirany lachten und flirteten, waren die Gespräche sicher allgemeiner, und Marie spielte eine wichtige Rolle dabei.

Bei einer solchen Zusammenkunft, so denke ich mir das zumindest, beleidigte Charles seine Gäste mit einer äußerst taktlosen Bemerkung. Sehr viel später fragte ich Marie, ob ihr Mann öfters so ins Fettnäpfchen trete. Nein, sagte sie, das sei eine Ausnahme gewesen; sie und Charles führten damals ein Doppelleben, sie hatten ein Haus voller Gäste zu bewirten und erlebten gleichzeitig einen Alptraum, auch wenn sie versuchten, das nicht zu zeigen.

»Warum denn?«

»Wir hatten gerade erfahren, daß Roger tot war.«

Leonard Woolf

A ber«, wird man vielleicht fragen, »was ist mit Virginia Woolf? Ist sie nicht die Allerbeste, der hellste Stern in dieser Galaxis? Wie um alles in der Welt konnten Sie sie auslassen?« Mancher ältere Leser mag sich denken, wie ich darauf antworte. Vor etwa zwanzig Jahren schrieb ich eine Biographie über Virginia; sie ist immer noch im Buchhandel. Ich habe Virginia weit mehr Raum gegeben als allen, über die ich hier schreibe. Es gibt immer noch einiges, das ich über sie sagen möchte, in diesem und in anderen Kapiteln; außerdem spreche ich in Anhang I über ihr Buch *Three Guineas* (*Drei Guineen*). Jetzt aber geht es um Leonard.

Ich muß ihn bereits wahrgenommen haben, als ich noch zu klein war, um Erinnerungen an ihn zu haben. Ich war zwei Jahre alt, als er Virginia heiratete, und als er als Person klar in Erscheinung trat, war er für mich weiterhin Teil einer festen Einheit – der Woolfs. Damals wohnten die Woolfs in Asham, einem schönen Haus, das ungefähr sechs Meilen von Charleston in einem Tal der South Downs lag. Wir, die Bells, kamen im Herbst 1916 nach Charleston. Ich erinnere mich daran, daß Leonard dabei war, als wir uns in den Sommern 1917 und 1918 in den Ausläufern der Hügel oberhalb von Firle zu großen Picknicks trafen. Ich erinnere mich auch, wie wir Kinder einmal in Asham einfielen und deshalb von Leonard streng zurechtgewiesen wurden. Davor war es zu einem ähnlichen Ausbruch gekommen, an dem Bunny Garnett und zwei junge Frauen schuld waren. Der Vorfall ist hier nur von Bedeutung, weil er mir bewußt machte, daß wir bei Leonard auf viel mehr Widerstand stießen als bei unseren Eltern und vielen ihrer Freunde, die uns unglaublich verzogen. Meine Schwester Angelica schildert in *Freundliche Täuschungen*, daß sie eine ähnliche Erfahrung gemacht hat.

1918 fand Leonard es wieder einmal nötig, uns zu disziplinieren, aber diesmal konnten wir etwas besser verstehen, warum er so handeln mußte. Direkt nach Angelicas Geburt wurden mein Bruder und ich zu den Woolfs geschickt. Wir verbrachten eine schöne Zeit mit Leonard und Virginia in Asham und zogen dann mit ihnen ins Hogarth House nach Richmond. Schließlich aber vertrieb uns Leonard und schickte uns an den Gordon Square 46. Den Grund dafür erklärte er uns. Virginia hatte einen Zahn gezogen bekommen – was sie normalerweise krank machte –, und sie bekam Kopfschmerzen, wenn zwei lärmende Jungen im Haus waren. Virginias Kopfschmerzen waren Grund genug zur Beunruhigung. Leonard machte uns das verständlich, und wir, die ihn inzwischen kannten und mochten, akzeptierten die Situation ohne Schwierigkeiten. Das war vermutlich meine erste nähere Bekanntschaft mit Virginias nervlicher Anfälligkeit und Leonards ständiger Aufgabe, sie zu schützen. Erst viele Jahre später verstand ich, wie groß diese Aufgabe war und wie gut er sie erfüllte.

Er sorgte bald für unsere Unterhaltung.»Jetzt erzählt euch der alte Woolf gleich Märchen von seinen Reisen«, sagte Virginia dann, was unfair war, da Leonard ein sehr aufrichtiger Mann war. Wir merkten das irgendwie, und weil man spürte, daß er nicht flunkerte, konnte man seine Geschichten vom herrlichen Fernen Osten und vor allem von der ceylonesischen Fauna, von Affen und Pfauen, von seinem zahmen Panther und seinen Abenteuern mit den Perlfischern vorbehaltlos glauben; sie machten uns immer wieder großes Vergnügen.

Ich wünschte, ich könnte mich besser an die Geschichten aus Ceylon erinnern, oder auch an seine Geschichten aus früheren Zeiten in Kensington und Putney. Ich habe eine, wie ich glaube, einigermaßen genaue Vorstellung von einem engen, zentripetalen jüdischen Elternhaus und von der verwitweten Mrs Woolf, die mit ihrer großen Familie in vornehmer Armut lebte und dabei tapfer die Fassade aufrechterhielt.

Als ich einmal bei ihm zu Besuch war, kam ich zum Frühstück

Leonard Woolf (Vanessa Bell, 1940)

herunter, das für zwei hergerichtet war (Virginia frühstückte im Bett). Leonard war in der Küche, aber neben seinem Teller lag ein Buch, das er offensichtlich frühmorgens las, bevor die Post kam. Ich konnte erkennen, daß es *Lysistrata* war. Wie viele von uns war Leonard zu Schulzeiten intensiv mit Klassikern abgefüttert worden, doch im Unterschied zu den meisten von uns hatte er das Gelernte behalten und Gebrauch davon gemacht.

Nach Putney und St Paul's muß das Trinity College in Cambridge eine wunderbar anregende Erfahrung gewesen sein. Anders als für seine Freunde Lytton Strachey und Thoby Stephen muß dieser Wechsel in eine Gesellschaft, in der man frei denken und reden konnte, für Leonard herrlich, aber auch einschüchternd gewesen sein. Seine Freunde kamen aus Häusern, wo man anders als in Putney in gewisser Hinsicht auf Cambridge vorbereitet wurde. Für ihn muß es absolutes Neuland gewesen sein. Daß man ihn mochte, akzeptierte, in den Kreis der Apostel wählte und daß er unter den Intellektuellen seiner Generation zu einer zentralen Figur wurde, spricht für alle Beteiligten. Ich möchte hier hinzufügen, daß wir damit die Behauptung, der Kreis, in dem er sich jetzt befand, sei antisemitisch gewesen, neu beurteilen und zurechtrücken können. Hier begegnete Leonard, der so viele große, mächtige Männer seiner Zeit kennenlernen sollte, G. E. Moore, dem einzigen, der seiner Ansicht nach wirklich groß war. Leonard gehörte zu dem Kern, aus dem später Bloomsbury wurde. Er begegnete den schönen Frauen Vanessa und Virginia, den beiden Miss Stephen. Und dann war plötzlich alles vorbei. Man mag ihn um die Bildung beneiden, die er durch die Gespräche mit seinen Cambridger Freunden erwarb, aber es war nicht die Art Bildung, die die Prüfer des Civil Service beeindrucken würde. Er hatte sehr wenig Geld und keine einflußreichen Verwandten. Er mußte sich mit einer Stelle begnügen, die weit weg von zu Hause war, und er schiffte sich mit einem Foxterrier und Voltaires Gesamtwerk nach Ceylon ein.

Auf der Insel blieb er sieben Jahre, und als er 1911 zurückkam, traf er seine alten Cambridger Freunde wieder. Der Kreis war größer geworden und hatte sich ein wenig verändert. Bloomsbury stand in voller Blüte. G. E. Moore war immer noch der Prophet, aber man verehrte auch Cézanne. Clive Bell, der nur lose zur Intellektuellengruppe des Trinity College gehört hatte, war jetzt mittendrin und hatte nach Thobys Tod 1906 Vanessa Stephen geheiratet. Virginia, noch ledig, flirtete verzweifelt mit Clive. Leonard, der lange über die Möglichkeit nachgedacht hatte, sie zu heiraten, verliebte sich nun heftig in sie. Er entschloß sich, sie zu heiraten. Anscheinend war das der einzige Augenblick in seinem Leben, in dem er die Ruhe verlor. Am Ende hatte er Erfolg. Clive war nicht sehr angetan, und obwohl die beiden Männer, glaube ich, nie offen gestritten haben, hatten sie von da an eine dauerhafte Abneigung gegeneinander.

Clive fand Leonard zu streng, zu politisch und zu kritisch Dingen gegenüber, die er als frivol und zu weltlich betrachtete. Er verpasse die gesamte vergnügliche und dekorative Seite des Lebens; das mache ihn zu einem Zensor und Puritaner und schränke sein Kunstverständnis ein. Kurzum, er war ein Spielverderber. Clive verzieh Leonard nie ganz, daß er ein Apostel gewesen war und er selber nicht. Leonard hielt Clive für ein intellektuelles Leichtgewicht, dessen Ansichten über Politik und das Leben im allgemeinen die eines ängstlichen, verwöhnten und selbstsüchtigen Mannes waren; als Kritiker war er oberflächlich, als Mann kleinlich, snobistisch und oft lächerlich.

Die Differenz zwischen den beiden verschärfte sich dadurch, daß Leonard Virginia immer vor zu ausgedehnten gesellschaftlichen Vergnügungen schützen mußte, die ihrer Gesundheit schadeten. Er wußte nur allzu gut, daß Virginia am nächsten Tag einen von ihren Kopfschmerzanfällen bekommen konnte, wenn sie zu lange auf einer Party blieb. Virginia wußte das auch sehr genau, aber andererseits liebte sie Parties über alles. Um zehn Uhr, wenn Virginia sich gerade bestens unterhielt und alle anderen ihre Gesellschaft genossen, pflegte Leonard deshalb plötzlich zu verkünden, es sei Zeit, nach Richmond zurückzukehren, und Virginia ging widerwillig mit. Clive hatte immer den Verdacht, daß Leonard das, wie man als Kind sagt, »extra« tat. Er hielt die Vorsichtsmaßnahmen beinahe für unnötig; manchmal mag er damit recht gehabt haben, aber Leonard mußte übervorsichtig sein.

Wenn man sie dazu drängte, gaben beide zu, daß der andere manche gute Eigenschaft hatte. Clive war ein freundlicher Mann, Leonard war tugendhaft. Doch das waren Zugeständnisse, die man ihnen nur mühsam entlocken konnte.

Leonard kritisierte Clives Buch *Art (Kunst)* sehr. Er fand, Clive sei zu sehr Formalist, und sein Urteil über Rembrandt sei daher anfechtbar. In diesem Punkt hatte Leonard recht, aber ich glaube, daß er – jedenfalls in Gesprächen – zu weit in die entgegengesetzte Richtung ging und für eine Theorie eintrat, die unsere Einschätzung von Kunstwerken, deren literarischer Gehalt* unsichtbar ist, nicht berücksichtigte.

Über Clives Werk über die Zivilisation und über Leonards entgegengesetzte Ansichten habe ich in dem Kapitel über Clive gesprochen; hier muß ich nur sagen, daß sie vollkommen verschiedener Meinung waren: Für den einen gehörte der zivilisierte Mensch zu einer gesellschaftlichen Elite, für den anderen war er ein unvoreingenommener Rationalist – und in diesem Punkt war ich mit keinem von beiden einverstanden.

Ich muß mir noch eine andere Kontroverse ins Gedächtnis rufen. Sie entstand, als die Woolfs Weihnachten 1927 in Charleston waren und Vita zum Mittagessen kam. Clive und Virginia waren begeistert von ihr, priesen ihre Schönheit und sprachen bewundernd von ihrer alten adligen Abstammung.»Was für Snobs sie sind«, sagte Leonard, der, man muß es erwähnen, ein Freund von Vita wurde und blieb. Seine Bemerkung war an Julian gerichtet, und ich bin sicher, daß er ebenso dachte.

Es stimmt wohl, daß Julian und ich zu jener Zeit, etwa von 1926 bis 1933, uneinig waren, weil ich von Clive und Clives Ansichten stark angezogen wurde, während Julian generell mit Leonard übereinstimmte. Ich war von Clives weltlich gesinntem Elan, seiner weltmännischen Gewandtheit und seinem Sinn für Vergnügungen bezaubert, während Julian, der ernst, manchmal unbarmherzig ernst war, Mitglied der Labour-Partei, Apostel, weltabgewandt und an Lyrik interessiert, und manchmal eine Art intellektuellen Puritanismus an den Tag legte, damals wahrscheinlich Leonards Lieblingsneffe war. Vielleicht sollte

---

* Vgl. hierzu Kapitel 2, S. 46. [Anm. d. Ü.]

ich auch noch erwähnen, daß Clives Einfluß mir weder bei Mr noch bei Mrs Woolf einen Dienst erwies; beide hielten mich zeitweise für einen überaus affektierten jungen Mann. Selbst als ich mich für sozialistische Politik zu interessieren begann, wich meine Sorte Sozialismus von Leonards und Julians ab; beide mißtrauten den Kommunisten zutiefst und kritisierten zwar die Führung der Labour-Partei, waren aber im Grunde entschiedene Sozialdemokraten. Während ich immer eine geschlossene Front mit der extremen Linken sehen wollte, hielten sie sich an einen geraden und recht schmalen Weg.

All dies muß in mehrfacher Hinsicht relativiert werden, zum Teil, weil Julians Verhältnis zu seiner Tante vielschichtiger war als seine Verbundenheit mit seinem Onkel. Julian zog Virginia gern auf, indem er sie parodierte, während sie – und das galt auch für Leonard – eine strenge Kritikerin von Julians Werken sein konnte. Ich dagegen verfaßte mit Virginia eine Reihe von Spottschriften (die niemand besonders ernst nahm) und wollte Maler werden, was bedeutete, daß ich kein Konkurrent war.

Ich sollte mich auch daran erinnern, wieviel ich Leonard verdanke, der mir in den Dreißiger Jahren sicherlich zu einer ganzen Reihe von Aufträgen verholfen hat; für den ich Wände und Tische bemalt habe und der mir auch meine erste politische Aufgabe gab, die Abfassung eines Berichts für die Fabian Society über den Chinesisch-Japanischen Konflikt von 1931/32, zugleich meine erste literarische Unternehmung.

Über Menschen zu schreiben, die man gut kennt, ist keine leichte Sache; hinter jeder Aussage über Freunde und Verwandte steht eine Menge unerwähnter Informationen, die die eigenen Ansichten färben, dem Leser jedoch nicht leicht zu vermitteln sind. Wenn ich sage, daß zwischen Charleston und Monks House (das Leonard und Virginia 1919 bezogen) eine starke Rivalität herrschte, meine ich nicht, daß die Bells und die Woolfs so zueinander standen wie die Capulets und die Montagues. Zutreffender wäre es vielleicht, die Unterschiede zwischen den beiden Haushalten mit denen zu vergleichen, die die Musgroves im Great House von denjenigen im Uppercross Cottage trennten.

Es gab ein paar harmlose Neckereien. Leonard meinte, und zwar zu Recht, der Garten von Monks House sei viel schöner und gepflegter als der von Charleston. Wenn er im Sommer zu Besuch nach Charleston kam, brachte er seine Hunde zu gehorsamem Schweigen und umrundete mit Vanessa den Garten, wobei er aufs freundlichste Ratschläge erteilte und entgegennahm. Ich bezweifle, daß er viel von unserem seltsamen Brauch hielt, Artischocken hauptsächlich ihrer Blüten wegen anzubauen. Auch die Bells sagten wohl bei ihren Besuchen im Monks House nichts dazu, was die Woolfs mit den Kacheln im oberen Wohnzimmer machten. Beide Seiten müssen hier Fehler gemacht haben. Man hatte falsch gerechnet, und zwei Kacheln waren übriggeblieben. Die Woolfs kachelten den Kamin ringsum und legten die beiden überzähligen Kacheln flach vor die Feuerstelle, was sehr merkwürdig aussah. Ich konnte dieses unsinnige Arrangement nie ansehen, ohne mich zu fragen, wie meine Tante und mein Onkel es täglich vor Augen haben konnten.

Ihr Haus war für uns Charlestoner seltsam und ungemütlich; es schien aus zwei aneinandergefügten Häuschen zu bestehen. Unten war ein großer Raum, der aus mehreren winzig kleinen Zimmern zusammengesetzt war; hier traf sich die Labour-Partei von Rodmell; er wurde immer mehr zum Lagern von Äpfeln benutzt. Oben waren ein paar praktische Räume entstanden. Es gab eine Küche, in der zeitweise ein Bach über den Fußboden floß; angeblich war es ein größerer Zufluß der Ouse. Um zu Virginias Schlafzimmer zu gelangen, mußte man das Haus verlassen. Hinter dem Haus stand eine Büste von Virginias Großvater Sir James Stephen, dem Kolonialsekretär, auf deren Kopf Leonard vor dem Schlafengehen zu pinkeln pflegte.

1923, als Charleston nicht zur Verfügung stand und die Woolfs in Spanien waren, wohnten Julian, Vanessa und ich drei Wochen im Monks House.

Hast Du Rodmell schlechter gefunden als Charleston? Wahrscheinlich schon: aber das war wiederum ein Vergnügen! Wie die Wölfe* hier leben können: man

* D. h. die Woolfs, die von Freunden »the Wolves« genannt wurden. [Anm. d. Ü.]

kann kaum atmen; wie lächerlich ihre Dekorationen sind etc. etc. Das hat Dolphin zu Duncan gesagt, als sie es sich für die Nacht bequem machten. (Virginia Woolf an Vanessa Bell, 1. April 1923)

Monks House war voller Bücher. Es wirkte zum Bersten voll, auch wenn vermutlich damals noch keine Bücher auf der Treppe lagen, so wie in späterer Zeit. Das Haus war damals ziemlich primitiv, doch das galt auch für Charleston. Der große Nachteil von Monks House war laut Vanessa, daß es in einem Dorf lag und man daher kaum vermeiden konnte, seine Nachbarn immer wieder zu sehen.

In den Zwanziger Jahren wurde das Grundstück nördlich des Hauses zum Verkauf angeboten; Bauspekulanten interessierten sich dafür. Leonard schritt ein und erwarb es; es handelte sich um einen Streifen Grasland, der so lang war wie Haus und Garten, aber nicht sehr breit. Leonard hatte Verwendung dafür: In Cambridge hatte er Bowls gespielt und beschloß, aus seinem neu erworbenen Stück Land einen Bowls-Rasen zu machen. Der Leser denkt bei einem Bowls-Rasen wahrscheinlich an eine Rasenfläche, die so eben ist wie eine Eisbahn; der von Monks House war zwar stellenweise ziemlich eben, aber die eben wirkende Fläche verbarg Vertiefungen, die man nicht sah. Abgesehen von diesen Unebenheiten waren auf der einen Seite Blumenbeete und ungemähtes Gras, auf der anderen ein steiler Abhang, auf dem die Bowlskugel, wenn man sie zu weit warf, in eine Hecke hinabkullerte; schließlich war da noch ein Teich mit einem leicht abfallenden Ufer aus Zement, der sich geradezu anbot, eine achtlos geworfene Kugel zu verschlucken.

Wenn sie Zeit hatten, spielten Leonard und Virginia immer auf diesem Rasen, und Leonard gewann normalerweise. Sie spielten so oft, daß sie schließlich jede unberechenbare Absonderlichkeit des Geländes kannten. Wir Besucher verloren gewöhnlich, aber wenn wir zu viert spielten, konnte Leonard an einen Partner geraten, mit dem er das Spiel verlor. Diesem Ärgernis konnte er vorbeugen. Leonard spielte nicht nur sehr gut Bowls, er konnte auch anderen beibringen, wie man gut spielt. Ich habe ihn mit einer vollkommenen Anfängerin erlebt, die keinerlei Spielbegabung zu haben schien und der er mit ein

163

paar freundlichen, aber entschiedenen Ratschlägen zeigte, welche Haltung sie einnehmen mußte, um zu zielen und die Kugel am geschicktesten zu werfen, so daß die Partnerin, die anfangs eine Belastung war, zu einer Stütze wurde.

Im vorangegangenen Abschnitt ist dem Leser vermutlich aufgefallen, daß ich von einer Anfängerin sprach. Jawohl, Leonard spielte vor allem zusammen mit Frauen. Ich glaube, dazu hat er immer geneigt, aber auf sein späteres Leben trifft das besonders zu. In die Politik wurde er hauptsächlich von Frauen eingeführt, und ein paar seiner ersten politischen Artikel handeln von Frauen. Ich glaube nicht, daß er über die Männer der Genossenschaftsbewegung je auch nur annähernd mit der Begeisterung gesprochen oder geschrieben hat, die er für die Frauen der Women's Guild empfand. Seine Haltung gegenüber den Frauen, die in seinem Haus oder Büro arbeiteten, war immer verständnisvoll, manchmal mehr als die von Virginia.

Das kann man von seinem Verhältnis zu den jungen Männern bei der Hogarth Press nicht behaupten. Er stellte eine Reihe intelligenter junger Männer ein: Ralph Partridge, George (Dadie) Rylands, Angus Davidson und John Lehmann. George Rylands stand mit Leonard weiterhin auf gutem Fuß, war aber froh über die Trennung, Angus Davidson blieb länger, litt aber mehr, und Ralph Partridge ging im Streit. Der einzige jedoch, über den ich mich kompetent äußern kann, ist John Lehmann. Bei einem Mittagessen am Gordon Square 50 erzählte Johns Schwester Rosamund den Gästen, er denke daran, sich bei der Hogarth Press zu bewerben; was sie ihm raten solle?

»*Mögen* Sie Ihren Bruder?« fragte Ralph Partridge.

John wußte, wie es seinen Vorgängern ergangen war, aber in seiner jugendlichen Zuversicht glaubte er, ihm könnte gelingen, woran andere gescheitert waren. Zuerst sah es so aus, als habe er recht; er brachte es fertig, recht gut mit Leonard auszukommen. Virginia beschreibt ihn voller Begeisterung; sie fand diese jungen Männer immer sympathisch und hoffte, sie würden Leonard daran hindern, sich zu überarbeiten. »Lehmann könnte der Richtige sein: ein angespannter, adlerhafter Junge, rosig, mit den hinreißenden Locken der Jugend; ja, aber hartnäckig, scharfsinnig.« (Virginia Woolf, 10. Januar 1931)

Eineinhalb Jahre später hatte sich die Lage geändert; John hatte Grund zur Klage.»...Nessa ergreift für ihn Partei und spricht sich gegen Leonards Reizbarkeit, gegen die harte Arbeit und die schlechte Bezahlung aus... ich habe nicht viel Mitgefühl.« (Virginia Woolf, 19. Mai 1932)

Vanessa war nicht unvoreingenommen; John war Julians Freund und eine Zeitlang nicht nur mein Freund, sondern auch mein Geliebter, aber sie wäre nicht für ihn eingetreten, wenn sie nicht geglaubt hätte, daß einiges für ihn sprach. Beide Seiten hatten Fehler gemacht – das ist ein Allgemeinplatz, aber ich glaube, es trifft zu. Es war wohl so, daß zwei Ebenbürtige aufeinandertrafen; John hatte beachtliche Fähigkeiten als Verleger, glaubte an sich selbst und duldete die Handlangertätigkeiten nicht, die Leonard als gute Anfängerschulung betrachtete. Er konnte genauso hart sein wie Leonard und zeigte das, als er sich ohne jede Vorwarnung von ihm trennte.

Damit war, dachte man, die Sache beendet. Das Erstaunliche ist, daß sie damit erst anfing. Im Januar 1938 bot Leonard John an, Teilhaber und Geschäftsführer der Hogarth Press zu werden, und John nahm das Angebot an und zahlte Virginia aus, deren Geschäftsanteil er übernahm. Damals sagte er zu seinen Freunden, er hätte zwar bei Lea dienen müssen, würde aber seine Rachel bekommen (siehe Genesis 29,20); mir schienen die Sprichwörter 26,11 zutreffender zu sein: »Wie ein Hund, der zurückkehrt zu dem, was er erbrochen hat, so ist ein Tor, der seine Dummheit wiederholt.«

Anscheinend war ich etwas zu voreilig gewesen. 1938 und 1939 gab es keine ernsthaften Schwierigkeiten. Wie Leonard es ausdrückte: »John wollte wohl schon immer Verlagsleiter werden.« Leonard wollte den Verlag fast, aber nicht ganz hergeben. 1938 war er müde und krank, selbst er war an die Grenzen seiner Belastbarkeit gekommen. Er und Virginia sprachen über die Möglichkeit, den Verlag einer Genossenschaft zu übergeben, den, wie Virginia sie nannte, »jungen klugen Köpfen« Isherwood, Auden, Spender und natürlich John. Die Genossenschaftsidee hielt sich nicht, aber John blieb, und er hatte genug Geld, um Teilhaber zu werden. Die beiden hatten sich bereits versöhnt; das war, glaube ich, das Nächstliegende, aber Leonard hatte offenbar zuerst die Absicht, die Leitung ganz abzugeben, und brachte das einfach nicht übers Herz. Die Firma wurde dann von beiden geführt, bis John kurz nach dem Krieg versuchte, Leonard auszuzahlen, ausmanövriert wurde und feststellte, daß man ihm seine Rachel entriß.

Leonard berichtet nicht ohne Großmut über seinen Umgang mit John. Er gibt zu, daß er wahrscheinlich die Schuld daran trug, daß Johns Lehre gescheitert war; das hat ihn möglicherweise bewogen, es noch einmal mit John zu versuchen. John ist viel weniger gerecht. Obwohl ich damals und seither viel Kritik an Leonard gehört habe, konnte ich mir immer nur schwer vorstellen, daß er völlig die Beherrschung verlor. Ich habe nie erlebt, daß er etwas dergleichen getan hatte, auch wenn ich das falsche Geschlecht hatte und bei bestimmten Themen Ansichten vertrat, die er für falsch hielt. In einer Hinsicht fand er, daß es mir entschieden an den richtigen Empfindungen fehle: er meinte, ich sei der tierischen Kreatur gegenüber gefühllos. Ich fand seine Begeisterung für Lebendinventar albern.

Monks House war dicht bevölkert von unseren stummen Freunden. Ich hatte nichts gegen die Goldfischschwärme, die in Leonards Teich lebten. Seine große Zwergschildkrötenkolonie konnte ich tolerieren, seine Katzen waren harmlos, seine Hunde waren zwar lästig, aber erträglich; doch bei Mitz, dem Pinseläffchen, machte ich nicht mehr mit, und da war ich wohl nicht der einzige.

Wer so weise ist, kein Pinseläffchen zu haben, sollte vielleicht darüber unterrichtet werden, daß Pinseläffchen sehr kleine Affen sind, die, glaube ich, auf Bäumen leben; ihr Gesichtsausdruck hat gewisse Ähnlichkeit mit dem von Goebbels, und als Leonard so unvorsichtig war, mit Mitz im Auto durch Nazideutschland zu fahren, befürchtete ich, die Staatsgewalt könnte die Ähnlichkeit bemerken und übelnehmen. Wie Goebbels war Mitz gesprächig; er schien sich ständig in einem Zustand bösartiger Wut zu befinden. Häßlich war er immer, wenn er jedoch seine Boshaftigkeit an seiner Umwelt abreagierte, wurde er abscheulich. Er war vollkommen verliebt in Leonard und spuckte seine Eifersucht auf die übrige Menschheit. Vielleicht war es ein Beweis der Zuneigung, wenn er sich auf seinen Arm kauerte und dort seinen Darm entleerte; er tat das mit solcher Vorliebe, daß Leonard wasserdichte Überzüge auf seinen Jackettärmeln tragen mußte.

Leonard ging oft in den Zoo und unterhielt sich mit den Pflegern über Pinseläffchen; sie waren darüber bekümmert, daß diese exilierten Tropenbewohner den englischen Winter oft nicht überlebten. Man hoffte immer auf einen strengen Frost, der Mitz erledigen würde, aber Leonard machte sich unendliche Mühe, um ihn gut eingepackt an einem mollig warmen Ort zu halten. Einmal wäre Mitz beinahe entkommen, indem er auf den obersten Ast eines Baumes kletterte. Er weigerte sich, herunterzukommen, obwohl man ihm seine Lieblingsleckereien anbot. Leonard, mit seinem üblichen Scharfsinn, rief daraufhin Virginia herbei und nahm sie in die Arme. Im Handumdrehen war Mitz unten und schnatterte wütend vor Eifersucht.

Diese Geschichte bringt mich auf eine andere, in der Mitz nicht vorkommt. Ich hörte sie von Leonards Arzt, Dr. Rutherford. Leonard rief ihn eines Morgens an und sagte, er fühle sich nicht wohl; er bekam die Anweisung, im Bett zu bleiben, der Doktor habe viel zu tun, würde aber am frühen Nachmittag vorbeikommen. Doch zufällig hatte er weniger zu tun als erwartet; er kam am Vormittag zum Monks House und sah seinen Patienten hart arbeitend in einem Baumeswipfel, hoch oben, wenn auch nicht so hoch wie Mitz; als er fertig war, stieg er hinunter und stand seinem Arzt gegenüber. Es war das einzige Mal, sagte Rutherford, daß ich ihn die Fassung verlieren sah. Leonard hielt Mitz, wie es schien, jahrelang am Leben; am Ende starb das Tier, ich glaube, an Altersschwäche.

Die Jahre zwischen 1930 und 1942 waren für Leonard eine schlimme Zeit. Von 1912 bis 1941 war es seine große Lebensaufgabe, Virginia am Leben und bei geistiger Gesundheit zu halten. Immer wenn ein Roman fertig war, war sie besonders gefährdet, und *The Years (Die Jahre)* war für ihre geistige Gesundheit fast zuviel. Julians Tod und Vanessas anschließende schlechte Verfassung trugen zu ihrer Depression bei, aber das Schlimmste war die furchtbare internationale Lage.

Als Chamberlain am 3. September 1939 Deutschland den Krieg erklärte und wir noch nicht wußten, ob die Franzosen sich uns anschließen würden, war ich im Monks House. Wir verbrachten viel Zeit vor dem Radio, die BBC wirkte an diesem Nachmittag konfus, viele Leute rechneten mit einem Luftangriff, und es gab tatsächlich Fliegeralarm, der sich aber als Fehlalarm erwies. Doch wir hatten Zeit für eine Runde Bowls, und ausnahmsweise gewann ich einmal.

Die historischen Ereignisse der folgenden Monate, den Zusammenbruch Polens, den Krieg, der noch kein richtiger war, die Siege der Deutschen im Westen, die Isolation und Verteidigung Großbritanniens, brauche ich nicht zu schildern, und auch die Tatsache, daß Leonard und Virginia für den Fall einer Invasion einen Giftvorrat parat hatten, sei hier nur kurz erwähnt. Nach einer relativ friedlichen und ruhigen Zeit, einer Zeit jedenfalls, in der es nicht so viele unmittelbar bevorstehende Gefahren gab wie 1940, schlug das Schicksal am 28. März 1941 endgültig zu. Virginia brachte sich um. Danach habe ich Leonard ein paar Tage nicht gesehen. Als er nach Charleston kam, war ich über den Anblick seiner Verzweiflung entsetzt, obwohl er von stoischer Ruhe war. Es war schrecklich, und ich habe keine Sympathien für die Dummköpfe, die seither behauptet haben, er hätte Virginia nicht geliebt.

Es ist nicht leicht, über das zu schreiben, was für unsere Familie eine Tragödie war, und es ist auch nicht leicht, die glücklichen und erfreulichen Ereignisse zu beschreiben, die noch kommen sollten – auch wenn sich dabei Schwierigkeiten ganz anderer Art ergeben.

Der Mensch, der Leonard vor den Abgründen der Verzweiflung rettete, war Mrs Ian Parsons (Trekkie Ritchie). Sie wohnt nicht weit von hier. Wir kennen sie gut, und wenn ich der Welt erzählen sollte, was wir von ihr halten, würde sie wahrscheinlich erröten und ganz bestimmt sagen, ich solle nicht albern sein. Er hatte eindeutig Glück; das Alter ist kein Vergnügen, und Leonard war alles andere als vergnügt, als er ihr begegnete, aber ich bin mir sicher, daß er mit ihrer Hilfe einen Herbst genoß, der großartiger war als sein Frühling.

Auf eine Sache, über die ich zufällig gut informiert bin, sei noch hingewiesen. Man könnte vermuten, daß Leonards Schwägerin und ihre Familie in Charleston etwas ungehalten waren über die Entdeckung, daß eine charmante Frau, die keine Verbindung zu Bloomsbury hatte, Leonard vor einer Depression bewahrt und seine dankbare Zuneigung gewonnen hatte. Die Wahrheit ist, daß Charleston Trekkie mochte und ihr sehr dankbar war.

Und so lebte er glücklich für lange Zeit – es wäre wirklich schön, wenn ein ehrlicher Biograph diese Worte verwenden könnte. Sicherlich waren die etwa dreißig letzten Jahre in Leonards Leben nicht frei von Kummer: Die Erinnerung an seinen letzten, vergeblichen Versuch, Virginia zu retten, seine eigenen Krankheiten (er war ein außergewöhnlich gesunder Mensch, konnte sich aber trotzdem unwohl fühlen), der Tod von Freunden, Hunden und Katzen, sogar von Pflanzen, waren bedrückend, und der Zustand der Welt war mehr als bedrückend. Und doch kann man sagen, daß er ein glückliches Alter hatte, vor allem wohl deshalb, weil Trekkie an seiner Seite war und auch weil er ein wenig ausruhen konnte. Er lud etwas von der enormen Last an politischer Arbeit ab, die er an die dreißig Jahre getragen hatte, was bedeutete, daß er die Muße hatte, zu schreiben, was er wollte. Er hatte die Freude, John Lehmanns Griff nach der Hogarth Press zu vereiteln, und die noch größere Freude, mitzuerleben, wie sich das Unternehmen in einem in seinen Augen guten Zuhause etablierte, nämlich bei seinen Freunden Chatto und Windus, Freunden, mit denen er niemals Streit hatte. Das gestattete ihm, eine gewisse Kontrolle über sein geliebtes Unternehmen zu behalten und gleichzeitig alle ermüdenden Pflichten des Verlagsgeschäfts los zu sein. Es erwies sich, daß das genau die richtige Lösung für das Problem war, das ihm so viele Jahre zugesetzt hatte.

Die Neuregelung seines Lebens gab ihm nicht nur Zeit zum Schreiben, sondern auch zum Reisen. Er fuhr nach Griechenland; mit einem Spürsinn, der dem von Roger Fry nicht unähnlich war, zeigte er ein seltenes Talent für Begegnungen und Gespräche mit Menschen, die er intelligent und sympathisch fand. Auf der Akropolis kam er mit einem »Kundenschlepper, der Postkarten verkaufte«, ins Gespräch – »die Intelligenz, das Wissen und die Menschlichkeit dieses Mannes waren außerordentlich«. Höchstwahrscheinlich hätte der Postkartenhändler über ihn dasselbe gesagt.

Obwohl er nie Zionist war und die Katastrophen vorhergesehen hatte, die sich aus der Schaffung eines jüdischen Staates in einem arabischen Land ergeben würden, verliebte er sich in Palästina und seine Bewohner und traf einen Taxifahrer, der vermutlich mit Leonard und Lukrez darin übereinstimmte, daß die Religion eine Unruhestifterin ist (was sicher stimmt).

Schließlich ging er zurück nach Ceylon und traf dort alle: die Bauern und die Arbeiter, die er als junger Mann kennengelernt hatte, und auch die gewählten Herrscher von Ceylon. Ich wiederhole hier ein paar Worte, die ich über Leonard geschrieben habe, um ihm zu widersprechen. Am Ende seiner lebenslangen undankbaren Arbeit in Komitees erklärte er, daß »es alles Zeitverschwendung war«. Darauf schrieb ich: »Es kommt nicht oft vor, daß ein Staatsbeamter, noch dazu ein strenger, zurückkehrt und freundlich empfangen wird, nachdem die britische Herrschaft vorbei ist und ein Volk seine Freiheit errungen hat.« Leonard wurde fast wie ein Held empfangen. Die langen Stunden in Komiteeräumen hatten schließlich doch noch Früchte getragen. Und ich möchte noch hinzufügen, daß Leonard nicht mit einem so herzlichen Empfang gerechnet hatte. »Was für ein Leben hat er doch geführt«, sagte E. M. Forster, »und wie gut er es geführt hat«.

Die MacCarthys

*I*ch kannte Desmond und habe in meiner Biographie Virginia Woolfs versucht, ihn zu beschreiben. Eine neue Version könnte nur schlechter, nicht besser werden, deshalb wiederhole ich, was ich dort geschrieben habe:

In der Vorstellung seiner Freunde war Desmond der Nachfolger von Henry James. Wenn man ihn reden hörte, glaubte man das gerne. Selbst wenn er von einer Welle von Mißerfolgen heimgesucht wurde – beim Lancieren von Zeitschriften, bei der rechtzeitigen Fertigstellung von Artikeln, wenn er den Forderungen der Gerichtsvollzieher nachkommen oder überhaupt mit dem Leben zurechtkommen sollte –, brauchte er nur zu sprechen, um nicht so sehr Aufmerksamkeit als vielmehr Zuneigung hervorzurufen, einen mit Freude zu erfüllen, und, wenn er dazu aufgelegt war, einen davon zu überzeugen, daß er der Eigentümer einer wunderbaren Schatztruhe war. Er mußte nur die Hand in die Tasche stecken und holte alles Gewünschte hervor – Scharfsinn, Brillanz oder Phantasie in Hülle und Fülle. Es war ein »Bittet-so-wird-euch-gegeben«, denn er war von äußerst unbekümmerter Großzügigkeit und intellektuell höchst verschwenderisch. Von kaum einem Theaterstück war man auch nur halb so entzückt wie von Desmonds oberflächlichem Gerede.

Das Gespräch war die Kunst, die er beherrschte, und es war tragisch für ihn, daß er sich ein so flüchtiges Medium ausgesucht hatte. Für Virginia gab es Unannehmlichkeiten anderer Art; er kam oft nach Richmond zum Abendessen, sehr wahrscheinlich uneingeladen, während er wahrscheinlich bereits anderswo zum Abendessen zugesagt hatte, und zauberte sich am Telephon aus seinen gesellschaftlichen Sünden heraus, redete berückend bis in die frühen Morgenstunden, bestand darauf, früh geweckt zu werden, um am nächsten Tag dringende Geschäfte erledigen zu können, blieb noch ein bißchen liegen, trödelte ein wenig beim Frühstück, fand einen Passus in der *Times*, der ihn zum Spott reizte, begann

171

lebhaft über Ibsen zu diskutieren, erklärte, er müsse gehen, nahm ein Buch zur Hand, das ihn an etwas erinnerte, so daß er kurz gesagt weiterredete, bis er ungefähr um 12.45 Uhr ein beschwörendes Telefonat mit der Person führen mußte, die seit zehn Uhr in einem Büro auf ihn wartete, wobei er gleichzeitig mit den Komplikationen fertig werden mußte, die sich dadurch ergaben, daß er sich bei zwei verschiedenen Gastgeberinnen zum Mittagessen angesagt hatte und daß es bereits ein Uhr war und es vierzig Minuten dauerte, um von Richmond ins West End zu gelangen. Bei all dem übte Desmond seine Kunst aus – die Kunst des Gesprächs.

In einer besseren Welt hätte man ihn fürs Reden bezahlt, er hätte dann mit seiner Zunge ein Vermögen verdienen können, aber das konnte er sich nicht einmal als Möglichkeit vorstellen. Er hatte vor, einen großen Roman zu schreiben, falls er je die Zeit und Energie dafür finden könnte. Was er dann geschrieben hat, war Journalismus, manchmal sehr guter Journalismus, aber nichts, was mit dem Werk von James oder Tolstoi vergleichbar wäre, wovon er in jungen Jahren geträumt hatte.

Ein großer Redner hat (oder hatte) nun einmal, genau wie ein großer Schauspieler, keine Chance auf ein Nachleben; man mag von ihm sprechen, wie man von Mrs Siddons oder von Paganini spricht oder wie ich jetzt von ihm spreche, aber dabei handelt es sich doch immer nur um den Versuch, einen Schatten aus der Vergangenheit heraufzubeschwören. Das Kunstwerk selbst ist verschwunden.

Natürlich gibt es noch andere Schwierigkeiten. Hugh und Mirabel Cecil haben eine ausgezeichnete Biographie über Desmond und seine Frau Molly geschrieben.* Ich kannte Desmond nur relativ kurz und Molly fast gar nicht. Trotzdem möchte ich ein paar Dinge über die MacCarthys und ihre Kinder sagen.

Mit den Kindern möchte ich anfangen. Ich kannte sie vor ihren Eltern. Im Sommer 1917 brachte Molly Michael, Rachel und Dermod nach Charleston. Dermod war uns anscheinend zu jung, so daß wir ihn nicht beachteten, aber Michael und Julian sowie Rachel und ich waren fast gleichaltrig. Wir luden sie zu einer Stechkahnfahrt auf dem Charlestoner Teich ein; der Kahn sank, wir erklärten, daß wir alle sehr

* *Clever Hearts*, London: Gollancz, 1990.

Desmond MacCarthy (Duncan Grant, etwa 1942)

tapfer gewesen wären, und wurden Freunde. Aber anscheinend waren Rachel und ich fast auf Anhieb verschiedener Meinung.

»Glaubst du an Feen?« fragte sie.

»Nein«, sagte ich.

»Ich schon«, sagte Rachel.

»Niemand glaubt an Feen«, erwiderte ich.

»Die Iren schon«, sagte sie und fügte hinzu: »und ich bin Irin«, woraufhin Michael sie unterbrach: »Nein, das stimmt nicht, wir haben die Iren besiegt, sind aber keine Iren«, und dann nahm das Gespräch eine andere Richtung. Wann und ob Rachel aufgehört hat, an Feen zu glauben, weiß ich nicht; sie war von Natur aus gläubig.

Ungefähr zehn Jahre verstrichen. Dann lud mich Ray Strachey zu einer »Woche der Freiheit« in ein Haus bei Haslemere ein, das »Die Schlammhütte« hieß. Es hatte den Namen verdient. Ray hatte eine Gruppe Jugendlicher eingeladen, die sich selbst versorgen sollten; die Mädchen kochten, die Jungen wuschen ab. Es gab ein Badebecken, in das jeder geworfen wurde, es gab Zelte und Jux, Lärm, Durcheinander und Schmutz. Inmitten von alledem saß die arme Rachel wie die Geduld auf einem Denkmal. Ich war ungefähr fünfzehn oder sechzehn, also war sie vielleicht siebzehn, aber im Grunde sehr viel älter als ich. Ordentlich, hübsch, dezent und gut angezogen, kurz gesagt, eine junge Dame und fast ganz die Mutter. Sie langweilte sich zutiefst und war unglücklich. Ein Trost für sie und eine Freude für mich war, daß sie mich unter den gegebenen Umständen sympathisch zu finden schien. Ich war sehr kindisch, ich sah weder gut aus, noch war ich gut angezogen, aber ich kam aus einer Welt, die sie kannte. Wir hatten gemeinsame Freunde, wir hatten dieselben Bücher gelesen, wir machten uns beide nicht viel aus den Annehmlichkeiten der Schlammhütte, und bevor wir uns trennten, sagte sie mir, ich sei ein Trost gewesen – und so etwas zu sein ist eine angenehme Sache. Als die »Woche der Freiheit« zu Ende war, trennten wir uns in gutem Einvernehmen.

Als wir uns wieder trafen, hielt ich mich für erwachsen. Was Rachel betraf, so hatte sie in der »Schlammhütte« vorgehabt, Verlagslektorin zu werden, aber jetzt wollte sie Schauspielerin werden. Tatsächlich probte sie gerade, als ich ihr im Wohnzimmer des Gordon Square 46 begegnete. Sie tanzte in der freien Nachahmung eines frühviktorianischen Kleides und legte einen Blumenstrauß vor ein Mahnmal, während Chopin-Préludes aus einem Grammophon erklangen. Sie sollte das bei einem der Keynes'schen Theaterabende aufführen. Sie sah bezaubernd aus.

Ich war jetzt in der Lage, sie zum Abendessen nach Soho und ins Theater auszuführen. Es war nur ein harmloser Flirt, aber er erregte bei Molly heftiges Mißfallen. Sie hatte die Angewohnheit, ihre Tochter nach solchen Ausflügen abzufangen und auszufragen, und ich könnte mir denken, daß Rachel, ein ehrliches Mädchen, gestand, daß ich ihr einen Abschiedskuß gegeben hatte, als ich sie nach Hause zum Wellington Square brachte. Man würde das kaum als »verkommen« bezeichnen, aber so lautete, gemäß Hugh und Mirabel Cecil, die Anklage, die gegen sie erhoben wurde.

Als Ralph und Frances Partridge mich einluden, mit ihnen Urlaub in Spanien zu machen, und auch Rachel dazu baten, schrieb Molly einen bösen Brief, in dem stand, daß Rachel nicht mitkäme, wenn ich dabei wäre. Ich wurde deshalb ausgeladen und fühlte mich ein wenig gekränkt.

Wenn man sich mit der Cecilschen Biographie befaßt, wird Mollys Zorn verständlich. Molly war nach den Maßstäben von Bloomsbury keusch und anständig, aber sie hatte einen lebhaften Flirt mit Clive genossen. Clive war viel geschickter und einfallsreicher, als ich es mit achtzehn und überhaupt jemals war, und brachte Molly nah an den Rand des Ehebruchs. Die Sache ging weit genug, um Desmond eine Entschuldigung für seine eigene Untreue zu liefern.

Daher bekam sie Angst und wurde wütend, als sie ihr eigenes Lämmchen in Gefahr sah, und in ihren Augen war es in Gefahr, von jemandem verletzt zu werden, der aus dem gleichen Holz geschnitzt war wie sein Vater. Ich fühlte mich schlecht behandelt. Ich fand, Molly hätte merken müssen, daß ich ein Schaf im Wolfspelz war.

Doch im Nachhinein sehe ich, daß ich ziemlich unbesonnen war. Ich bin mir sicher, daß ich Rachel wirklich in keiner Hinsicht verletzt habe, aber ich habe nicht bedacht, welche Konsequenzen ein von mir als harmlos erachteter Flirt haben könnte, und wenn ich Rachel in irgendeiner Weise daran gehindert hätte, sich so gut und reizend zu verheiraten, wie sie es schließlich tat, wäre das eine Katastrophe gewesen.

Ich weiß übrigens noch, daß ich mich freute, als ich von ihrer Verlobung mit David Cecil erfuhr. Ich kannte ihn bereits sehr gut und mochte ihn sehr gern. Ich entsinne mich, wie wir zusammen über Religion diskutierten, und höre ihn noch sagen, daß er an der Frage »Gibt es Gott?« nicht interessiert sei, sondern eher fragte, »Was für ein Gott ist das?« Ich fand, daß das ein schreckliches Diskussionsthema war, bei dem man leicht blasphemisch werden konnte, doch David schien ganz froh darüber, und ich versuchte nicht, mich durchzusetzen.

Als ich David und Rachel zusammen sah, spürte ich, daß sie eine Art liebenswerter Unschuld an sich hatten. Sie lebten in einer so schönen abgeschiedenen Welt, daß sie allem mißtrauten, was außerhalb davon lag. Bei einem Spaziergang von Charleston nach Firle trafen wir auf einen Stier und ein paar Kühe, und obwohl ich ihnen versicherte, daß ein Stier in weiblicher Gesellschaft ungefährlich ist, wollten sie unbedingt über ein anderes Feld gehen. Das war verständlich, aber die Beunruhigung, die sie anschließend beim Anblick einer Schafherde ergriff, war so grotesk, daß ich einen Augenblick glaubte, sie würden mich auf den Arm nehmen. Aber dem war nicht so, es war echte Angst.

Wir hatten unterschiedliche Freunde und unterschiedliche Interessen. Ich traf sie selten, aber wenn ich sie traf, war es nett. Ich hörte über Ralph und Frances Partridge von ihnen und hatte nie Zweifel, daß sie glücklich und rechtschaffen waren. Man stelle sich vor, wie erstaunt und entsetzt ich war, als in der Zeitung stand, Rachel sei im Gefängnis. Ich wußte, daß Rachel keine Verbrecherin sein konnte, was um alles in der Welt war also geschehen?

Es kam heraus, daß sie sich auf mikroskopische Weise strafbar gemacht hatte, den Wagen falsch geparkt hatte, etwas dergleichen, und vor Gericht geladen worden war. Ich denke mir, daß sie die Sache mehr oder weniger ignoriert hat. Also schickte man ihr noch eine Vorladung, und dann noch eine und noch eine, bis den Behörden schließlich nichts anderes übrig blieb, als sie festzunehmen. Nachdem David sie gegen Kaution freibekommen hatte, schrieb er dem Friedensrichter einen Brief, in dem, wie er sagte, die Worte »stillende Mutter« fünfmal vorkamen. Alles ging gut aus. An dieser Geschichte ist etwas, das mir typisch für die MacCarthys zu sein scheint: Die hartnäckige Weigerung, sich einer lästigen Situation zu stellen, und dann der wachsende Widerwille, den unentrinnbaren Tatsachen ins Auge zu sehen, waren sowohl für Rachels Vater als auch für ihre Mutter charakteristisch.

Ich sah Rachel zum letzten Mal, als sie David auf irgendeine langweilige Tagung begleitete, die er in Brighton eröffnete; die Umstände ließen es nicht zu, daß wir uns unterhielten. Sie sah immer noch erstaunlich jung aus. Meine letzte Begegnung mit David ergab sich durch ein Buch über Jane Austen, das er geschrieben hatte. Ich rezensierte es und war voll des Lobes, fand aber, daß die dunklere Seite der Austenschen Familiengeschichte hätte erwähnt werden müssen. Die Rezension bescherte mir zwei Briefe: Im einen stimmte der Briefschreiber mir zu, der andere war von David höchstpersönlich und enthielt nichts als Dankbarkeit.

Michael, den ältesten Sohn der MacCarthys, kannte ich kaum, aber er übernachtete einmal in Charleston, als ich dort allein wohnte. Er führte meistens das Wort und hatte auch wirklich viel zu sagen. Er war von Buenos Aires zur Magellanstraße geritten, durch ein Land, das immer kälter und trostloser wurde, je näher er dem Südpol kam. Er ernährte sich von Hammeln, die er unterwegs tötete und deren Felle er gewissenhaft aufhängte, damit die Besitzer sie finden konnten. Ich habe gehört, daß seine Geschichte schriftlich vorliegt, und ich hoffe, sie wird veröffentlicht.

Ich hatte den Eindruck, daß Michael sowohl äußerlich als auch charakterlich anders war als seine Eltern; er schien mir sehr praktisch veranlagt zu sein. Dermod, den ich viel besser kannte, sah seinem Vater auffallend ähnlich und hatte viel von Desmonds Charme; mit dem Beruf, den er ergriff, erfüllte er eine von Desmonds unbefriedigten Ambitionen – eine Ambition, die vielleicht auch besser unbefriedigt geblieben ist. Zwar hat Dermod mir einmal gesagt, er könne ebenso unzuverlässig und vergeßlich sein wie alle anderen, aber er war zu bescheiden. Er wurde ein berühmter Kinderarzt; einer Diagnose von ihm würde ich trauen, nicht jedoch einer von seinem Vater. Tatsächlich wäre Desmonds Umgang mit Patienten soviel wert gewesen wie ein Regal voller Tabletten, und man kann sich vorstellen, daß er irgendeinen alten Hypochonder aus Mitgefühl für immer am Leben erhalten hätte. Doch zurück zu seinem jüngeren Sohn. Ich hatte selbst eine Menge Beschwerden, war über Jahre hinweg immer wieder im Krankenhaus und wurde von ein paar hervorragenden Ärzten behandelt, die mir das Leben retteten; ich bedauere es nach wie vor sehr, daß ich nie Dermods Patient war.

Als er ein kleiner Junge war, gaben wir uns kaum mit ihm ab; als er älter wurde, entwickelte er sich großartig, und ich hatte großes Verständnis für die Qualen, die sein Vater durchmachte, als sein Sohn im Fernen Osten an Bord eines Flugzeugträgers stationiert wurde. Dann kam er nach Hause, und bevor man noch »Entente cordiale« sagen konnte, war er mit einer sehr schönen jungen Französin verheiratet. Das war in der Tat mein Eindruck, aber in Wirklichkeit schien es Schwierigkeiten mit Molly zu geben. Ich vermute, sie beklagte sich lauthals. Marie France hatte, wie sie zugeben mußte, sehr viel Charme, aber sehr viel mehr hatte sie anscheinend nicht. Während Molly das sagte, unterbrach sie sich fortwährend: »Du hältst mich vermutlich für sehr pragmatisch«, sagte sie immer wieder. Und das war Molly wohl auch, aber sie hatte kein sehr leichtes Leben gehabt.

Der Arzt ist der Priester der modernen Gesellschaft. Er wird gefürchtet und geliebt, er befindet über Leben und Tod, und da die meisten von uns doch nur mit einem einzigen Leben rechnen, hören wir auf ihn, so wie wir einst auf diejenigen gehört haben, die die Strafen und Belohnungen im Leben nach dem Tode verhängten. Also lächeln wir, wenn ein Priester vom rechten Weg abkommt, aber wenn ein Arzt sich irrt, sind wir schockiert. Als Dermod mir eine Geschichte über die Irrtümer eines Doktors erzählte, war ich ein bißchen schockiert.

Dermod und ein anderer Arzt sprachen über einen Fall. Ein Kind war zur Untersuchung gekommen, und der andere Arzt hatte eine Operation angeordnet. Die Operation verlief erfolgreich, und der Patient erholte sich gut. Aber Dermod war in die Untersuchung eingeweiht und war ganz sicher, daß man nicht operieren mußte. Die Operation war tatsächlich völlig unnötig gewesen. Dermod fand wohl zu Recht, daß sein Kollege wissen sollte, was er getan hatte. Er sagte es ihm; das zu sagen oder sich anzuhören kann nicht leicht gewesen sein. Die Gefühle von Dermods Kollegen waren so stark, daß er mit der Faust antwortete. Einen Moment lang sah es so aus, als würden die beiden Ärzte handgreiflich. Das Schlimmste konnte vermieden werden, Dermods Angreifer beruhigte sich (vielleicht verbietet der Hippokratische Eid Faustkämpfe), und der Friede wurde zu mir unbekannten Bedingungen wiederhergestellt. Dermod war zwar überrascht, aber auch amüsiert, und erzählte diese traurige Geschichte gekonnt und humorvoll. Ich habe nie erlebt, daß er sich von irgend etwas hätte aus der Fassung bringen lassen.

Eine Seite dessen, was er tat, war mir jahrelang unbekannt: Er hatte ein kleines Segelboot und schien eindeutig Gefahren und Beschwerlichkeiten zu genießen, die viele Menschen um jeden Preis vermeiden würden. Er schrieb ein Buch über seine Abenteuer mit kleinen Booten. Ich las es und fand es äußerst vergnüglich. Ich wollte ihm sagen, wie gut es war, aber er starb plötzlich, so daß ich nicht mehr dazu kam.

Ich komme zurück zu Desmond. Meine erste Erinnerung an ihn muß ungefähr aus dem Jahr 1923 stammen. Er kam zum Mittagessen zu Vanessa, und ich war dabei. Ich bat Vanessa um etwas, er schritt ein, und ich bekam es. »Hat man *dich* als Kind nicht verwöhnt?« fragte sie.

»Ich wurde mehr als verwöhnt; ich weiß noch, wie meine Mutter sagte: ›Man *kann* dieses Kind nicht verwöhnen.‹«

Dann fragte er mich, was ich gerade las. Ich las Sherlock Holmes. Er sprach mit der Stimme eines ältlichen Pedanten, der jungen Menschen gebietet, ihren Vergil niemals wegzulegen. »Mein Junge«, sagte er, »bleib bei deinem Holmes, vernachlässige deinen Holmes nicht, wenn du älter wirst, das tun so viele junge Männer.«

Ich mochte ihn sehr, sah ihn aber ein paar Jahre fast nicht; manchmal begegnete ich ihm, wenn Rachel mich zu sich nach Hause zum Wellington Square mitnahm. Einmal gab er mir zu meinem Erstaunen eine halbe Krone, damit ich nach Hause fahren konnte, und einmal äußerte er sich zu Shaws *Philander* (*Der Liebhaber*), den Rachel und ich an dem Abend sehen wollten. Er zitierte die Stelle, an der eine Figur, die gerade erfahren hat, daß ein alter Freund nun Theaterkritiker sei, zur Antwort gibt: »Was muß das für ein Vergnügen sein, wenn man kostenlos ins Theater kann.« Die bittersten Zeilen, sagte Desmond, die je fürs Theater geschrieben wurden.

Richtig kennen lernte ich ihn, als ich 1938 in den Memoir Club aufgenommen wurde. Ich hörte seinen Bericht über seinen alten, furchtbaren Freund G. A. Paley und erinnere mich, daß man einen verzweifelten Schrei vernahm, als Desmond erwähnte, die MacCarthys würden möglicherweise direkte Nachbarn von Paley.»Oh nein!« sagte Molly, und man wußte sofort, wie sehr sie gelitten hatte. Molly hatte den Club gegründet und war jahrelang die Schriftführerin. Sie war gewissermaßen ein Problem, weil das Schicksal sie mit schrecklicher Grausamkeit unheilbar taub gemacht hatte. Beim Abendessen und der anschließenden Zusammenkunft mußte man sie an einem Ort plazieren, wo sie etwas hören konnte, selbst wenn ihr Hörgerät ausfiel, was keine Seltenheit war.

Ich entsinne mich an einen schönen Abend, an dem Desmond nach dem Treffen einen gemeinsamen Spaziergang vorschlug. Wir kamen an einem prachtvollen Haus vorbei, und er deutete darauf und sagte: »Das war mein Versteck.« Er erzählte mir dann, daß er Michael einen ziemlich gemeinen Streich gespielt hatte. Sie waren zu jenem Haus gekommen.»Ich muß jetzt weg«, sagte er, zog einen Schlüssel aus der Tasche, schloß die Tür auf und verschwand. Seinen Sohn ließ er perplex – und möglicherweise entrüstet – auf dem Trottoir stehen.

»Aber wie hast du das fertiggebracht, Desmond?«

Christabel Aberconway, eine sehr reiche, aber geistig minderbemittelte Dame hatte einen Roman geschrieben; sogar sie bemerkte, daß sie ungebildet war. Daher bat sie Clive und Desmond um Hilfe. Laut Clive tat er selbst nichts anderes, als das Wort »und« zu streichen, das auf jeder Seite an die vierzig Mal auftauchte. Desmond hatte ein ehrgeizigeres Ziel. Er mußte praktisch das Buch neu schreiben.

The Divine Gift (*Die Gottesgabe*) von Christabel Aberconway war eine literarische Kuriosität. Die Geschichte (ich habe sie gelesen) war unsagbar dumm, aber gut geschrieben. »Sicherlich«, rief ein Rezensent aus, »sollte Lady Aberconway ihr beachtliches literarisches Talent nicht an derartigen Blödsinn verschwenden.« Desmond muß darüber amüsiert gewesen sein. Er brauchte einen abgelegenen Ort für diese damals geheime Aufgabe. Lady Aberconway, in deren Haus viele Wohnungen waren, überließ ihm ein Zimmer und gab ihm den Schlüssel.

Sie müssen sich vorstellen, daß diese Geschichte gemächlich vorgetragen wurde, mit ein paar Unterbrechungen meinerseits, so daß wir auf sehr angenehme Weise in die Pall Mall gelangten; dort begab ich mich zum Reform Club, während er nach nebenan zum Traveller's Club ging. Vor dem Eingang zum Reform Club blieb ich stehen. Desmond schien in Schwierigkeiten zu sein; er hatte irgendein Problem mit dem Geländer, das, so sagt man, für den betagten Talleyrand angebracht worden war. Ich sah nach und entdeckte, daß Desmond sich liebevoll mit einer Katze unterhielt.

Wie er aussah? Ich müßte es wissen, denn gegen Ende des Krieges oder kurz danach war er häufig in Charleston, ein Gast, den die Künstler sehr schätzten, da er sich immer bereitwillig porträtieren ließ. Er wurde auf einen Thron für Künstlermodelle gesetzt und las uns von dort vor, gewöhnlich Henry James. Das Bild, das ich malte, war nicht gut, aber ich modellierte seinen Kopf in Ton. Ästhetisch war die Sache nicht sehr gelungen, sie hatte aber eine verblüffende Ähnlichkeit mit Desmond als altem Mann. Er bekam eine immer stärkere Glatze, und ich war imstande, seine ungewöhnliche Schädelform wiederzugeben, aber es hat keinen Sinn, in Worte zu fassen, was ich dreidimensional festgehalten habe.*

Über sein Äußeres spreche ich mit einigem Zögern. Molly erklärte immer, ihr Mann sehe furchtbar schäbig aus, und ich vermute, daß er neben den eleganten Leuten, mit denen er – sehr zum Leidwesen seiner unmodischen Freunde – häufig verkehrte, unordentlich und vielleicht zerlumpt gewirkt haben muß. Sogar Virginia hatte etwas an seiner Kleidung auszusetzen, doch daß ein Mann, der wie eine Vogelscheuche aussah, mit seinem Charme alles erreichen konnte, ist unwahrscheinlich. Ich muß gestehen, daß ich kein *Arbiter elegantiarum*

* Diese Plastik steht heute in der Bibliothek von Charleston.

bin und daß Molly vermutlich einer war; sie sah tatsächlich immer wie eine richtige Dame aus und benahm sich auch so. Ich erinnere mich an ihre vornehme Rücksicht auf das Feingefühl der Kellner in dem Restaurant in Soho, wo sich der Memoir Club traf. Wenn es um die Höhe des Trinkgelds ging, sprach sie, um taktvoll zu sein, französisch. Daß die Kellner Franzosen waren, machte ihr einen ziemlichen Strich durch die Rechnung, aber ihre Absicht war bewundernswert.

Sie und Desmond schienen in mancher Hinsicht schlecht zusammenzupassen; sie kam aus feinem Hause, für sie waren die Priviliegien und Pflichten ihrer Klasse selbstverständlich, und auch wenn sie vielleicht nicht an Feen glaubte, ähnelte sie ihrer Tochter in ihrer Glaubensfähigkeit. Sie begrüßte die Disziplin und die romantische Autorität einer Kirche, die bei der Oberschicht in diesem Lande starken Anklang findet.

Die Bezeichnung »Bloomsbury« ist Mollys Erfindung, und man betrachtet sie im allgemeinen als ein Mitglied dieser Gruppe. Sie war jedoch im besten Fall ein Mitglied, das halb dazugehörte. Kürzlich kam ein Brief zum Vorschein, in dem Vanessa und andere sie inständig bitten, sich nicht ganz aus der Gruppe zu lösen. Damit hatten ihre Freunde Erfolg. Richtig ist aber auch, daß sie und die promiskuitive und an individueller Freiheit orientierte Gesellschaft von Vanessa, Duncan, Maynard und Clive sich gegenseitig aus der Fassung brachten, wenn sie zu Besuch in Asham* war.

Desmond, der den Skeptizismus von Cambridge nie verlor und sich in Gesellschaft von Menschen wohl fühlte, denen es um die Freiheit des Individuums ging, schien ganz und gar zu Bloomsbury zu gehören. Auch hatte er im Unterschied zu Molly politische Sympathien. Als Junge begeisterte er sich für Gladstone und war von parteipolitischen Gefühlen bewegt, als er aus Freude über den Aufstieg seines Führers auf der Treppe zu seinem Haus immer zwei Stufen auf einmal nahm. Er, oder wohl eher ein Freund von ihm, hatte auch die Wut und Qual

---

* Asham House in Sussex, das Vanessa Bell zusammen mit ihrer Schwester Virginia im Winter 1911/12 als Landhaus mietete und das sie 1914 den Woolfs überließ. [Anm. d. Ü.]

des großen alten Mannes miterlebt, als heiße Suppe grausame Auswirkungen auf sein verletztes Auge hatte. »Ich hatte gedacht, *mir* blieben die höllischen Schmerzen erspart.« Aus all dem schloß ich, daß Desmond mit seinen Sympathien für die Iren ein Liberaler Gladstonscher Prägung sei. Doch in Wirklichkeit hatte er zwar starke politische Gefühle, aber anscheinend wenig Interesse an politischer Aktivität.

Eines Abends schilderte er in Charleston die Kämpfe in den Four Courts, die er miterlebt hatte und über die er entsetzt war, was noch angehen mag; überrascht waren wir jedoch über sein Erstaunen, daß so etwas passieren konnte. Clive und ich waren beide der Meinung, daß man damit rechnen mußte, daß diejenigen, die für die Freiheit kämpften, sich am Ende gegenseitig bekämpfen würden. Es gibt viele vergleichbare Fälle in der Geschichte, aber Desmond schien sich nicht für Geschichte zu interessieren.

Clive, der gerne in Desmonds Gesellschaft war, hatte eine Lieblingsgeschichte, die er immer wieder gern erzählte. Desmond war von Wilfrid Scawen Blunt zur Entenjagd nach Ampton eingeladen worden. Desmond war kein guter Schütze, und da Blunt das wußte, wies er ihm eine Stelle zu, zu der große Scharen einer sehr kostbaren, besonderen Entenart »herüberkommen« würden. Nun hat ja, wie ich sehr wohl weiß, selbst ein sehr schlechter Schütze manchmal einen Tag, an dem er einfach nicht danebenschießt. Desmond leistete Wunderbares, seine Beute war gewaltig, und Blunt, der sich das selbst zuzuschreiben hatte, fiel es schwer, höflich zu bleiben. Clive gefiel diese Geschichte noch besser als die von Desmond in Chatsworth, wo er spät aufstand und seine Gastgeberin samt verschiedenen anderen Damen auf dem Gang traf. Es war Sonntagmorgen, und sie waren für die Kirche angezogen. Desmond versuchte, im Schlafanzug an ihnen vorbeizuschlüpfen, mit einem bis zum Rand gefüllten Nachttopf in der Hand. Es war wohl Tolstoi, der gesagt hat, diesen auszuleeren sei ein Dienst, den niemand einem anderen überlassen sollte.

Wenn man über Desmond schreibt, fällt es schwer, nicht zu sehr ins Anekdotische zu verfallen; dennoch biete ich zwei weitere Beispiele, die zudem eine Vorstellung von Desmonds Freund Max Beerbohm geben.

Im ersten geht es um Max' und Desmonds Besuch in Brighton. Sie teilten ein Hotelzimmer in der Nähe der Strandpromenade. Es war ein schöner Morgen und schon etwas spät, als Max aufstand und aus dem Fenster sah. Er bat Desmond zu sich herüber, aber Desmond blieb lieber im Bett. Max betrachtete weiterhin die Außenwelt und fing an, sie zu beschreiben. Das Meer war an diesem Morgen ruhig, die Promenade fast menschenleer, etwas weiter draußen war ein Fischerboot, dessen Segel träge flatterten, doch die Leuchtkraft des Meeres unter einem makellosen Himmel machte die Schönheit des Anblicks vollkommen. Desmond hielt es nicht mehr aus, er sprang aus dem Bett, stellte sich zu Max ans Fenster, blickte hinaus – und sah eine nackte Backsteinmauer.

Zu der anderen Episode kam es in Rapallo. Diesmal war Max der Gastgeber, und Desmond kam zu Besuch. Bei seiner Ankunft mußte Max ihm gestehen, daß er für Desmond kein Zimmer hatte, daß aber im Nebenhaus eines zur Verfügung stand. Eine weißrussische Familie wohnte darin und konnte ein Zimmer entbehren; es waren sehr nette Leute mit Kindern, und sie würden ihn auch überhaupt nicht stören; er könne nach Belieben kommen und gehen, solle aber bitte ganz leise sein, wenn er nachts durchs Haus ging.

Desmond wurde inzwischen immer deprimierter. Warum um alles in der Welt hatte Max ihm kein Hotelzimmer besorgt? Max unterbrach diese Überlegungen mit den Worten: »Lieber Desmond, deine Manieren sind wunderbar.«

Es kann gut sein, daß der Leser diese Geschichten nicht so amüsant findet wie ich, als Desmond sie mir erzählte. Bei der Niederschrift geht zweifellos eine Menge verloren, doch was wirklich fehlt, ist Desmonds Stimme; und das ist für alle ein wahrer Verlust.

Begegnungen

mit Morgan

Die Erwachsenen waren weggegangen, und ich war allein in Charleston. Genauer gesagt, ich war auf der Wiese vor dem Haus. Von dort konnte ich jeden sehen, der die Auffahrt heraufkam. Besucher waren damals selten, aber gewöhnlich kamen ein paar Ausflügler auf dem Weg nach Firle vorbei. Wir trauten Ausflüglern nicht, daher sah ich einen Ausflügler mißbilligend an, den ich wahrscheinlich als »uninteressant« oder »wenig bemerkenswert« beschrieben hätte. Er kam langsam näher, blieb stehen, machte das Tor auf und fragte, ob er in Charleston sei, und wenn ja, ob meine Eltern zu Hause seien.

Ich sah, daß er eine Tasche dabei hatte, und ich glaube, er sagte zu mir, sein Name sei Forster, aber das sagte mir damals nichts. Ich war ein Schuljunge, nicht sehr belesen und gesellschaftlich nicht sehr gewandt. Ich wußte nur, daß er gekommen sein könnte, um den Boiler zu reparieren, der wie immer kaputt war. Das letzte Mal, als ein Fremder nach Charleston kam, hatte Roger Fry ihn direkt ins WC hinaufgeführt und ihm gesagt, was er reparieren sollte. Es stellte sich dann heraus, daß er nicht der Klempner, sondern Lord Gage war.

Der Besucher schlug vor, in den ummauerten Garten zu gehen, und dort begann er zu reden. Es war bald klar, daß er kein Klempner war, und obwohl ich ihn immer noch nicht einordnen konnte, kam ich mühelos zu dem Schluß, daß er ein äußerst netter Mensch war. Ich gebe hier einen Bruchteil unserer Unterhaltung wieder.

Er erzählte mir von einem Philosophen, der von einem bestimmten Problem besessen war, aber nicht die Zeit finden konnte, es gründlich zu untersuchen. Als der Krieg kam, schickte man ihn als Wächter in ein Lagerhaus. Das war eine leichte, aber eintönige Arbeit. Endlich hatte er die Zeit, sich mit der Sache zu befassen, von der er besessen war; er kam zu einer Schlußfolgerung, stellte fest, daß sein Lebenswerk getan war, und starb.

Wir lachten beide, auch wenn es in gewisser Hinsicht eine tragische Geschichte war, aber Morgan erzählte sie auf seine eigene Art, eine Art, die darauf abzielte, einen Jugendlichen zu erheitern. Es war eine ziemlich »erwachsene« Geschichte, daher schmeichelhaft, und Schmeicheleien gefielen mir bereits.

Später, als die Erwachsenen zurückgekehrt und der Besuch vorbei war, sagte mir Clive, daß Morgan unser größter lebender Romancier sei. Er bat Virginia, sein Urteil zu bestätigen, und Virginia stimmte nach kurzem Zögern zu. Man sagte mir auch, daß er von meiner Fähigkeit, einen unerwarteten Gast zu unterhalten, sehr beeindruckt gewesen sei. Ich zog die Wahrheit dieser Feststellung nicht in Zweifel; sie steigerte meine Selbstzufriedenheit noch.

Danach sah ich ihn von Zeit zu Zeit, aber immer zusammen mit anderen Leuten. Als wir unser zweites Zwiegespräch führten, war ich mehr oder weniger erwachsen. Wir reisten gemeinsam von Lewes nach London, nachdem wir uns zufällig auf dem Bahnsteig von Lewes getroffen hatten. Er war bei den Woolfs im Monks House zu Besuch gewesen und hatte viel über Leonard zu sagen. Leonard war ein alter Freund von ihm; beide waren Apostel gewesen, und Leonard hatte ihm das Reiten beigebracht – das war lange her, kurz vor Morgans erster Indienreise. Jetzt begeisterte er sich für Leonard als Gärtner. Sein Talent, sagte Morgan, sei die reinste Zauberei; er habe eine geheimnisvolle Macht über Pflanzen und Tiere. Unter seiner Obhut gediehen sie erstaunlich gut, sie vermehrten sich und wuchsen und blühten aufs üppigste.

Er sagte weniger, weckte jedoch mehr Interesse bei mir, als er mir davon erzählte, was er in London vorhatte; dort war er offenbar gern in Gesellschaft von Proletariern. Ich wollte mehr über sein Leben in einem wenig angesehenen Stadtteil erfahren, hatte aber das Gefühl, daß es indiskret sei, zuviel zu fragen.

Als ich ihn dann in London sah, wohnte er in einem ganz und gar

E. M. Forster (Vanessa Bell, 1940)

anständigen Viertel, am Brunswick Square Nr. 26, und unser Gespräch handelte nicht vom Proletariat, sondern von T. E. Lawrence. Er hatte die Wände damals mit Eric Kenningtons Pastellstudien von den Anführern der arabischen Revolte vollgehängt. Ich bewunderte sie nicht. Auf den ersten Blick kam mir die Verbundenheit zwischen Morgan, einem sanftmütigen und friedliebenden Menschen, und jenem großen militärischen Führer seltsam vor, aber beide fühlten sich zu Menschen des eigenen Geschlechts hingezogen, und beide mußten einfach manchmal aus ihren hervorragenden öffentlichen Positionen in einen Zustand wohlwollender Dunkelheit entfliehen.

Ich stellte fest, daß Morgan nicht über seinen eigenen Zufluchtsort sprechen wollte, der, glaube ich, irgendwo südlich der Themse war. Aber er verschaffte mir bald eine Vorstellung von den Leuten, mit denen er verkehrte, und ich war äußerst beeindruckt.

Zu jener Zeit gab es ein Opernhaus in der Charlotte Street, das »La Scala« hieß; in diesem Haus konnte man tatsächlich Opern hören, aber zu der Zeit, von der ich spreche, wurde dort Tschechow aufgeführt. Es gab einen Ort, wo man in den Pausen promenieren konnte, und dort traf ich Morgan, der mich einem Freund vorstellte, einem gutaussehenden jungen Mann mit natürlich wirkenden, guten Manieren. Morgan ließ uns allein, und wir sprachen über das Theaterstück. Dann fragte ich ihn aus irgendeinem Grund nach seinem Beruf.

»Ich bin Polizist«, sagte er.

Er entsprach nicht gerade meiner Vorstellung von einem Polizisten, und er wirkte noch weniger wie ein Polizist, als er nicht ohne einen gewissen bescheidenen Stolz sagte, er habe noch nie jemanden festgenommen.

»Aber was tun Sie, wenn sich jemand schlecht benimmt?«

»Ich spreche vernünftig mit ihm, das funktioniert immer.«

Damals hatten wir *wirklich wunderbare* Polizisten.

Wir, womit ich Menschen englischer Sprache meine, bekommen normalerweise Lachkrämpfe, wenn wir entdecken, daß die Franzosen *Howards End* unter dem Titel *Le Legs de Mrs Wilcox* kennen, aber das ist noch die geringste Schwierigkeit des Übersetzers, schließlich gibt es nur wenige Engländer, die Morgan auf französisch lesen. In den Dreißiger Jahren hatte Morgan mit der französischen Übersetzung von T. E. Lawrences *Seven Pillars of Wisdom* (*Die Sieben Säulen der Weisheit*) zu tun; ein Übersetzer hatte sich bereits daran versucht und den Warnschrei »Snake! Snake!«, mit dem verantwortungslose Araber ihre Kameraden in der Wüste erschreckten, mit »le cri du serpent« übersetzt. Das und weitere Schnitzer veranlaßten Morgan, einen anderen Übersetzer vorzuschlagen. Roger Fry regte dann an, daß Charles Mauron *A Passage to India* (*Auf der Suche nach Indien*) übersetzen solle, und auf diese Weise wurde Morgan sein enger Freund. Charles fand die Arbeit an den *Sieben Säulen der Weisheit* langwierig und schwierig, aber ich habe gehört, daß man große Stücke auf seine Übersetzung hält. (Charles und Marguerite Yourcenar gelten immer noch als Morgans beste Übersetzer ins Französische.)

Morgan schloß enge Bekanntschaft mit Charles und war nach Roger vielleicht der willkommenste Gast in St. Rémy. Eine Zeitlang versuchte ich, bei der Übersetzung von *The Longest Journey* zu helfen; das muß ungefähr 1950 gewesen sein, als Charles bereits völlig blind war. Es war eine lehrreiche Beschäftigung. Ich lernte dabei einiges über Morgan als Schriftsteller und auch einiges über den Gebrauch des Französischen. *The Longest Journey* (*Die längste Reise*) ist ein keusches Buch, trotzdem fand Charles bestimmte Stellen, die wörtlich übersetzt ordinär und obszön wirken konnten. Wir sahen uns auch mit bestimmten Wendungen konfrontiert, die große Schwierigkeiten machten. Ein Beispiel: »›Unsere neue Beschriftung gefällt mir‹, sagte er nachdenklich. Die Worte ›Stewart Ansell‹ waren immer wieder in der gesamten High Street zu lesen – verschnörkelte Goldbuchstaben, die aussahen, als schwämmen sie in Kesseln mit Schokoladenglasur.«

Gerade die letzten Worte waren für Charles ein Rätsel; sicherlich sind sie auch für manchen meiner Leser unklar. Gibt es die glänzenden Ladenschilder noch, die früher so häufig an englischen Ladenfassaden zu finden waren und die Morgan wirklich sehr schön beschrieben hat? Charles hatte sie nie gesehen; die »Kessel mit Schokoladenglasur« verblüfften ihn, und ich tat mich schwer, sie ihm mit Worten zu erklären. Eine Zeichnung wäre vielleicht hilfreich gewesen, aber nicht für einen Blinden.

Wie wir diesen Satz letztlich übertragen haben, weiß ich nicht mehr. Ich habe nie erfahren, was Morgan von dieser Übersetzung hielt oder ob er sich überhaupt dem lehrreichen Zeitvertreib hingegeben hat, die eigenen Worte in einer Fremdsprache zu lesen.

Ich glaube, ich habe ihn in den Jahren vor dem Zweiten Weltkrieg nicht oft gesehen. Ich hörte viel über seine damaligen politischen Aktivitäten, aber sie berührten sich nicht mit meiner eigenen politischen Arbeit, und Morgan kam erst nach Beginn des Krieges wieder zu einem Besuch nach Charleston. In jenem bitterkalten Winter 1939/40 kam Morgan ins Monks House. Die Woolfs gingen sehr zu Recht sparsam mit dem Brennmaterial um. Morgan fand, daß sie wirklich zu sehr sparten. Sein Schlafzimmer wurde mit einem Ding beheizt, das sich »Behagliches Öfchen« nannte und meistens ausreichte, aber in dieser eisigen Jahreszeit nicht ganz so behaglich war. Der arme Morgan kauerte sich darüber, fand es aber immer noch nicht warm genug, selbst als er sich bei seinen Bemühungen, sich zu wärmen, die Hose ansengte.

Als er danach nach Charleston kam, war er weit weniger begeistert von Monks House als sonst. Mit seinem verkohlten linken Hosenbein machte er eine ziemlich jämmerliche Figur. Außer den üblichen Bewohnern von Charleston traf er auch Raymond Mortimer. Nun war Raymond, der vielleicht engste von Clives Freunden, ein modebewußter Mann. Wenn er sich die Hose angesengt hätte, hätte er jede Menge anderer Hosen in seinem gutbestückten Koffer gehabt, alle schön glatt und mit flotter Bügelfalte.

Natürlich wurde über Morgans Mißgeschick gesprochen; dann erlebte ich zum ersten Mal, daß man in Charleston über Herrenkleidung sprach. Es war keine sehr freundliche Diskussion. Raymond verheimlichte nicht, was er von Morgans Kleidergeschmack hielt (der gewiß bieder war). Morgan verheimlichte, was er von Raymonds flotter Garderobe hielt, aber man hatte den Eindruck, daß er seine Munition absichtlich zurückhielt. Er ließ Vanessa in seinem Namen sprechen. Sie erklärte, Morgans Kleidung habe den Vorzug, schlicht zu sein, während Raymond – sie sagte das nicht ausdrücklich – vulgär sei. Clive trat für Raymond ein; es war kein sehr gelungenes Abendessen.

Nach dem Abendessen ging ich wie immer nach oben, um zu schreiben. Ob ich an dem Abend mein erstes veröffentlichtes Buch *On Human Finery* zu entwerfen anfing? Möglicherweise, aber was immer es war, Vanessa unterbrach mich dabei mit ihrem Ausruf: »Das Haus brennt! Diesmal ist es ernst!« Es war ernst.

Irgendwo hinter dem Boiler am anderen Ende der Diele, wo sich jetzt ein Kopf von Marcel Gimond befindet, war ein Spalt, durch den man in einen großen Hohlraum blicken konnte; er befand sich zwischen der Diele und der Küche, und hier brannte es ganz fürchterlich. Der Hohlraum wurde von glühenden Wänden aus rotleuchtenden Balken und lebhaften Flammen eingeschlossen. Nur durch den Spalt, den wir vergeblich zu vergrößern versuchten, konnte man an das Feuer herankommen, und durch ihn versuchten wir Wasser zu schütten oder zu spritzen. Während die einen das taten, gingen die anderen zum Telefon, das wir erst seit kurzem hatten, und riefen die Feuerwehr. Als sie kam, war es uns gerade gelungen, das Feuer zu löschen, das riesigen Rauch- und Dampfschwaden Platz machte. Ich sollte noch erwähnen, daß unsere beiden Gäste Eimer mit Wasser aus der Küche holten.

Die Feuerwehrmänner löschten das Feuer endgültig, indem sie einen Großteil des Mauerwerks niederrissen und ihren Schlauch auf die kleiner werdenden Flammen richteten. Unterdessen war der Streit zwischen Morgan und Raymond in Vergessenheit geraten. Unsere Retter – ich glaube sechs an der Zahl –, alles prächtige junge Männer und sehr freundlich, wurden aufgefordert, sich auszuruhen und zu erfrischen. Große Mengen Bier wurden hervorgeholt; Morgan und Raymond setzten sich zu ihnen. Ich weiß nicht, wie der Abend ausging, denn wir anderen gingen ins Bett, aber unsere Gäste haben sich zweifellos amüsiert.

Q. »Mir kommt es so vor, Morgan, als hättest du Bloomsbury nahegestanden, seist aber nicht richtig *in* Bloomsbury gewesen.«

   M. »Wie kommst du darauf?«

   Q. »Na, Beethoven war dir doch lieber als Mozart.«

   M. (lächelnd) »Ach, aber damals war ich jung.«

Das ist die einzige Information, die von meinem Treffen mit Morgan im Jahre 1970 noch abrufbar ist, und sie ist irrelevant. Ich war zu ihm gekommen, um über Virginia Woolf zu sprechen, deren Biographie ich zu schreiben versuchte. Er wohnte bei alten Freunden, dem Polizisten, den ich schon kannte, und seiner Frau, wie ihr Mann eine interessante Persönlichkeit. Von anderen erfuhr ich, daß sie die beliebteste Frau in Coventry war, seit Lady Godiva. Sie soll sich durch ihren Mut, ihre Intelligenz und Tatkraft während der schrecklichen Bombardierung von Coventry 1941 hervorgetan haben. Beide hingen offensichtlich sehr an Morgan, und es war schön, ihn an einem geschützten Ort anzutreffen, der gemütlich war und wo man ihm Verständnis entgegenbrachte; es war der Ort, wo er starb.

Es war wohltuend zu sehen, daß er bei Freunden glücklich war, denn er wurde nun sichtlich alt, aber was meine Recherchen angeht, war der Besuch ein Fehlschlag. Zuerst wollte Morgan nicht über Virginia sprechen, und als er über sie sprach, sagte er nichts, was nicht schon hinreichend bekannt gewesen wäre.

Ich sah ihn an seinem achtzigsten Geburtstag wieder, glaube jedoch nicht, daß er mich sah. Die Feier fand im King's College statt; Noel Annan war der Gastgeber und hielt eine ausgezeichnete Rede. Unter den zahlreichen Gästen von Rang war passenderweise auch eine starke indische Delegation.

Auf der Suche nach Indien ist nicht der Roman, der mir von Morgans Werk am besten gefällt, aber er brachte mich dazu, die britische Kolonialherrschaft in Indien aus einem neuen Blickwinkel zu sehen. Für Rudyard Kiplings Werke hegte ich von klein auf große Bewunderung, über die ich einmal mit Morgan sprach und die er teilte, wenn auch mit einigen Vorbehalten. Vermutlich hatte auch ich einige Bedenken gegen Kiplings politische Ansichten, aber auf jeden Fall war ich überzeugt, daß die Briten – trotz einiger Fehler – viel Brauchbares in Indien geleistet hatten – eine Ansicht, die durch das, was ich von der Arbeit der Stracheys, Stephens usw. auf dem Subkontinent wußte, gestützt wurde. Die Briten hatten die Segnungen einer guten Regierungsform mitgebracht, und die Regierten würden es ihnen danken. Mit dieser Annahme war ich im Irrtum.

Morgan hätte die praktischen Fähigkeiten der Briten nicht bestritten. Er gibt seinem hart arbeitenden Beamten positive Eigenschaften wie Aufrichtigkeit und Fleiß, aber nicht viel mehr; es kann nicht überraschen, daß seine Bemühungen um Gerechtigkeit ihm nicht die Liebe des Volkes einbringen. Aber weitaus interessanter und entscheidender für seine Argumentation ist die Feststellung von Mr Fielding, dem Freund, Anwalt und Fürsprecher der Inder, daß es, selbst wenn er sich eines Inders annimmt und ihn wirklich gern hat, eine unsichtbare Schranke gibt.

»›Wir treiben alle verdammten Engländer ins Meer, und dann...‹, sagte er abschließend und küßte ihn beinah, ›werden wir Freunde sein.‹«

Es handelt sich um eine einfache und, wie ich finde, überzeugende Schlußfolgerung. Man kann einen fremden Herrscher beim allerbesten Willen nicht lieben, und die Tatsache (falls es eine Tatsache ist), daß der Herrscher weise, aufgeklärt und liberal ist, macht ihn bei den Beherrschten nicht beliebter; sie gibt vielleicht sogar weiteren Anlaß zur Irritation.

Das hat Morgan mir und tausend anderen klargemacht; langsam, aber sicher veränderte er die öffentliche Meinung so, daß Indien schließlich befreit wurde und wir uns in Freundschaft trennten, während Churchill noch davon sprach, daß Frauen und Kinder abgeholt werden sollten und wir uns nötigenfalls einen Weg zum Meer erkämpfen müßten. Die Entlassung in die Freiheit war einer der großen Verdienste der Regierung Attlee. Diesen weisen Verzicht hat, wie ich glaube, Morgan möglich gemacht.

Die Stracheys

*I*ch bin fertig mit den Franzosen, ich will nichts mehr von ihnen wissen.« Die Rednerin war Miss Dorothy Strachey; die Zeit war September 1899. Dreyfus war zum zweiten Mal verurteilt worden. Als Dorothy sich an diese Worte erinnerte, war sie bereits dreißig Jahre die Frau des französischen Malers Simon Bussy. Sie war die Übersetzerin und Freundin von André Gide, der ebenfalls ein wichtiger Vermittler zwischen der französischen und der englischen Literatur war.

Ihre Behauptung war, wie sie zugab, voreilig gewesen, sie war aber nicht, wie ich angenommen hatte, der Gefühlsausbruch eines unerfahrenen Mädchens. Dorothy wurde 1866 geboren, als drittes Kind des fruchtbaren Paares Sir Richard und Lady Strachey. Das einschneidende Erlebnis an der Mädchenschule »Les Ruches«,* das Dorothy später in ihrer Erzählung *Olivia* verwendet hat, war 1899 endgültig Vergangenheit; sie lebte im Elternhaus, näherte sich den mittleren Jahren und kümmerte sich um ihre vielen jüngeren Geschwister, vor allem um Lytton. Außerdem hatte sie, wie man heute weiß, eine tragische Geschichte mit einem platonischen Liebhaber gehabt, der ihr das Herz gebrochen hatte und von dem sie außer in einem Brief an Gide niemals sprach. Vermutlich sank sie in die Arme von Simon Bussy, um sich über diese verborgene Leidenschaft hinwegzutrösten.

Als sie ihn zum ersten Mal sah, war er unsichtbar. Das klingt viel-

---

* Eine Anspielung auf Dorothy Stracheys heftige Liebe zur Schulleiterin Marie Souvestre. [Anm. d. Ü.]

leicht ein bißchen unsinnig, aber er war tatsächlich vollkommen bandagiert; wenn man die Bandagen abgenommen hätte, hätte sie einen kämpferisch wirkenden kleinen Mann mit strahlenden, intelligenten Augen angetroffen. Er hätte fast sein Augenlicht verloren – und das wäre wirklich tragisch gewesen –, als er auf einem Petroleumofen Essen kochte und der Ofen explodierte.

Im Krankenhaus, wo er von unverständlichen Fremden umgeben war und ihm unverständliche Vorschriften zu schaffen machten, wurde sein ohnehin schon erbärmlicher Zustand hoffnungslos. Irgendwie erfuhr die Familie Strachey von seiner Verzweiflung. Es wurde beschlossen – wahrscheinlich von Lady Strachey –, daß ein junger Cousin (es war Duncan Grant) zu John Singer Sargent gehen sollte, dem damals berühmtesten Maler Londons, und ihm sagen sollte, daß ein junger, vielversprechender französischer Künstler allein in einem Londoner Krankenhaus liege und sehr unglücklich sei. Ob Mr Sargent wohl etwas für ihn tun könne?

Natürlich konnte er das: Er schob Oberschwestern und Schwestern beiseite und trat an das Bett des jungen Künstlers, hörte sich seine Geschichte an, suchte die Verantwortlichen auf und bedrängte, bezauberte und beeindruckte sie so, daß Monsieur Bussy fortan wie ein Angehöriger der königlichen Familie behandelt wurde. Er wurde bald wieder gesund und konnte eine Einladung der Stracheys annehmen, die am Lancaster Gate wohnten.

Simon Bussy war ein Schusterssohn aus Dôle, wo er seinen ersten Zeichenunterricht erhielt; 1890 wurde er mit zwanzig Jahren in die Ecole des Beaux Arts aufgenommen. Dort arbeitete er in der Klasse von Gustave Moreau, unter anderem zusammen mit Matisse und, soviel ich weiß, mit Rouault.* Mit Matisse blieb er befreundet und war bis zum Ende seines Lebens sein Berater.

Simon gehörte zu den Malern, die anderen Malern und einigen Kunstkritikern Respekt abnötigen, die jedoch von Kunsthändlern und Mäzenen unbemerkt bleiben. Und doch fehlte es ihm nicht an Kraft.

* Ich habe diese Information von Simon, die Freundschaft wird jedoch im Ausstellungskatalog nicht erwähnt. Vgl. *Exposition Simon Bussy et ses amis*, Besançon 1970.

Wenn man sich seine früheren Werke ansieht, wird deutlich, daß er Degas und vielleicht auch Cézanne mit einigem Erfolg studiert hat. Er hatte Gaben, die der Welt nicht nur gefallen, sondern sie in Aufregung versetzt hätten. Seine frühen Porträts sind vielschichtig und zeigen ein Höchstmaß an gelungener Ordnung. Doch obwohl er Qualitäten hatte, die ihm einen Platz unter den *Fauves* eingeräumt hätten, kultivierte er lieber seine *petite sensation*, und das führte ihn zu seinen minutiösen Studien einzelner Objekte – eines Fisches, einer Eidechse, eines Vogels. Er stellte sie sehr sorgfältig dar, mit genauestem Verständnis ihrer Formen und unter kompromißloser Verwendung der reinen Lokalfarbe, wie möglicherweise jeder sie sah, das heißt jeder, der sie unendlich geduldig und liebevoll untersuchen konnte. Dem nachlässigen Betrachter erschien er stinklangweilig und so vollkommen ehrlich, daß es weh tat.

Im Jahr 1903 hatte er all das noch vor sich, man betrachtete ihn aber bereits als schlechte Partie für Dorothy. Es gab noch neun andere Strachey-Kinder, darunter vier Mädchen, und alle hatten sehr wenig Geld. Trotzdem fanden die Bussys in einer sehr teuren Gegend Frankreichs genau das gewünschte Haus, und zwar in Roquebrune zwischen Monte Carlo und Mentone. Dort verbrachten sie die Wintermonate; im Sommer kamen sie nach London, und als ich sie etwa 1921 kennenlernte, wohnten sie in unserer Nachbarschaft am Gordon Square 51.

Die Bussys hatten 1903 geheiratet, und ihr einziges Kind Jane-Simone, das nach seiner Großmutter Lady Strachey Janie genannt wurde, kam 1906 zur Welt. 1918 verliebte sich Dorothy heftig in André Gide. Er war neunundvierzig, sie war zweiundfünfzig. Die Geschichte dieser einseitigen Liebe ist in einem bemerkenswerten Briefwechsel festgehalten.

Als ich etwa sechs Jahre alt war, erschien eines Tages eine völlig neue Gestalt auf der Wiese von Wissett Lodge. Die Gestalt war groß und schlaksig und trug eine gelbe Weste; in meiner Phantasie verglich ich sie mit einem Amphibium, einem Frosch oder Molch, aber von gewaltigen Ausmaßen, einem langgliedrigen Wesen, das durch eine Brille mit schwarzem Rand in die Welt blinzelte und leise krächzte, wenn

Lytton Strachey (Vanessa Bell, 1912)

man ihm eine Frage stellte. Es hieß Lytton. Ich fand ihn sehr liebenswürdig.

Drei Jahre später sah ich ihn in Charleston wieder. Wir Jungen waren befördert worden, das heißt, man gestattete uns, mit den Erwachsenen zu Abend zu essen. Inzwischen wußte ich etwas über ihn. Unser Cousin Michael Bell und unsere Cousine Peggy Bell hatten seinen Namen erwähnt; anscheinend hatte ihn einer von ihren erwachsenen Freunden als Schurke bezeichnet, denn Lytton hatte ein Buch mit dem Titel *Eminent Victorians* (*Große Viktorianer*) geschrieben, »das den Ruf anständiger und bedeutender Menschen schädigte«. Das hörte sich prima an; wir freuten uns sehr auf seinen Auftritt, und da saß er nun bei uns am Tisch und trank Suppe. Wie, fragte ich mich, würde er das fertigbringen? Es war eine dicke weiße Suppe. Wie würde sie durch seinen Bart gehen? Er schien von dieser Schwierigkeit nichts zu merken, und dann hatte er tatsächlich einen Milchbart auf der Oberlippe. Ob er wußte, wie albern er aussah? Vielleicht, denn er wischte sich mit der Serviette geschickt den Mund ab, woraufhin Vanessa zu ihm sagte: »Lytton, wie gefällt dir der Ruhm?« Er dachte kurz darüber nach, und dann antwortete er mit ersterbender Krächzstimme: »Ist beinah angenehm.«

In den frühen Zwanziger Jahren zog die Familie Strachey an den Gordon Square, um in der Nähe von Maynard Keynes und den Bells zu sein. Lady Strachey zog mit einer Reihe von Töchtern in das Haus Nr. 51, dessen zwei oberste Stockwerke für die Familie Bussy reserviert waren. Lytton fand ebenfalls ein Zimmer am Gordon Square, genau wie sein jüngerer Bruder James und James' Frau Alix; die beiden arbeiteten als Psychoanalytiker in der Nr. 41, und ein anderes Paar, Adrian und Karin Stephen (mein Onkel und meine Tante) tat das gleiche in der Nr. 50, wo auch wir wohnten. Raymond Mortimer lebte am Ende des Squares, und die Woolfs ließen sich bald darauf mit der Hogarth Press am Tavistock Square nieder. Bloomsbury erlangte damals eine geographische Wirklichkeit, die ihm bis dahin gefehlt hatte.

Als Kinder spielten wir manchmal das ärgerliche, aber nicht allzu boshafte Spiel »Paketpost«. Man warf am Sonntagmorgen hübsche Päckchen aus den obersten Fenstern der Nr. 50, die dann deutlich sichtbar und verführerisch unten auf dem Trottoir lagen. Die Passanten, oft tadellos gekleidete Irvingianer auf dem Weg zum Gottesdienst in der katholisch-apostolischen Kirche auf der anderen Seite des Platzes, blieben manchmal stehen und starrten diese unschuldig aussehenden Päckchen an; normalerweise stießen sie sie mit dem Fuß in den Rinnstein, bevor sie sie aufhoben und näher untersuchten und dann zu guter Letzt ihrer Neugier nachgaben, das Siegel aufbrachen, das Seidenpapier aufrissen und eine unverschämte Bemerkung und/oder eine Handvoll Müll vorfanden. Verärgert warfen sie dann das Ganze wieder in den Rinnstein. Wir hofften immer, wir würden jemanden erwischen, den wir kannten, jemand von den Keynes, Bells oder Stracheys, eine Tante oder einen Onkel, aber anscheinend waren sie am Sonntagmorgen nicht unterwegs.

Wir in der Nr. 50 hatten den Eindruck, von der Kultur der Zwanziger Jahre umgeben zu sein; in der Nr. 51 war das anders. Statt der Stilleben à la Cézanne, der weißen Wände, der Grant- und Bell-Dekorationen, der klaren Abstrakten und anderer moderner Malerei, fand man einen dunklen Korridor mit einem Schwarzen Brett, auf dem stand, wer von den Stracheys zu Hause und wer außer Haus war; irgendwo im Dunkeln erkannte man ein signiertes Foto von Joseph Joachim samt Violine, auf dem ersten Treppenabsatz hing Robert Browning mit einem passenden Zitat, weiter oben die heraldischen Errungenschaften der Familie Strachey samt einem weiteren passenden Zitat (auf lateinisch). Ans zwanzigste Jahrhundert wurde man erst erinnert, wenn man ins oberste Stockwerk kam, und zwar durch ein großes fauvistisches Porträt von Janie Bussy, ein sehr schönes Bild, das ihr Vater gemalt hatte.

Doch wenn das neunzehnte Jahrhundert in den unteren Stockwerken der Nr. 51 dominierte, so handelte es sich doch um eine besonders poetische, musikalische und exzentrische Seite dieses Jahrhunderts. Es hieß, die Strachey-Kinder verschlängen während der Essenszeiten Bücher; jeder Strachey hatte ein Buch vor sich, und Gäste waren praktisch einem Tête-à-tête mit Lady Strachey überlassen. Wenn nicht über Literatur gesprochen wurde, dann bestimmt über Musik. Mrs Bartle Grant (Duncans Mutter) entsann sich an einen Gesprächsfetzen, den sie zufällig gehört hatte, als zwei Stracheys aus einem Konzertsaal kamen: »Mein Lieber, *hast* du dieses Fis gehört?«

In *Howards End* hat Morgan Forster eine Vorstellung davon hinterlassen, wie die Stracheys zu Hause lebten, aber was im Gedächtnis bleibt, ist ihre Sprechweise; man benötigt eine Art musikalischer Notenschrift, um den besonderen Charakter der Strachey-Stimme genau wiederzugeben. Wenn Frances Partridge spricht, kann man manchmal noch ein winziges Echo davon vernehmen, doch ansonsten ist diese Stimme meines Wissens verstummt.

Etwa zu dieser Zeit, das heißt in den frühen Zwanziger Jahren, lief ich jeden Morgen in Begleitung eines Mädchens, das nebenan wohnte, nämlich Janie Bussy, zu einem Haus am Mecklenburg Square. Dort gab uns Miss Rose Paul Unterricht. Sie war irgendwie mit den Stracheys verwandt. Sie war eine Kennerin der griechischen Kultur und Lehrerin an der Owen's School für Jungen in Islington, bis es keine Jungen mehr gab, die Griechisch zu lernen versuchten. Über den Direktor, Mr Cholmeley, blieb sie mit der Schule verbunden; die Verbindung war wohl ehemals eine Liebschaft, jetzt aber so uralt, daß sie gesellschaftsfähig geworden war. Was Janie bei Miss Rose Paul lernte, weiß ich nicht. Dorothy wollte, daß sie Inhaltsangaben schreiben lernte, und beklagte sich, daß Miss Paul sie enttäuscht habe. Als Janie ging, gratulierte Miss Paul ihr zu ihrer mathematischen Begabung, die tatsächlich beachtlich war. Mir brachte sie ein bißchen Französisch bei und die Geschichte Athens von der Schlacht bei Marathon bis zum Peloponnesischen Krieg.

Ich fürchte, die arme Janie hatte ihre Last mit mir, und zwar nicht, wenn wir bei Miss Paul waren, sondern auf dem Weg zum Mecklenburg Square und zurück. Es war kein langer Weg; wir gingen durch die ziemlich verwahrloste Gegend um die Marchmont Street, und dann in den St George's Park, der früher ein Friedhof gewesen war; dort blieben wir immer stehen, um uns das Grab der Anna Cromwell anzusehen, der Tochter des Lord Protector. Es war kein besonders auffallender Grabstein, aber wir mochten ihn beide und blieben immer bewundernd davor stehen, wenn wir dort vorbeikamen. Auf diese Weise wurden wir für einen Augenblick zusammengebracht, doch gab es sonst nicht viele gemeinsame Momente. Wir waren ein seltsames Paar.

Clive nannte Janie eine *jolie laide* (hübsche Häßliche); sicher war sie nie eine Schönheit im normalen Sinne, aber sie sah immer vornehm aus. Sie hatte die kleinen schwarzen Knopfaugen ihres Vaters, doch konnten diese Augen schön werden, wenn sie sprach oder lächelte. Sie war bucklig wie ihre Mutter, hatte aber zarte Gelenke und war von einer Geschmeidigkeit und Anmut, die an die Odalisken von Ingres erinnerte. Ihre Haltung und ihre Kleidung waren von wunderbarer Schlichtheit; sie schritt über die Londoner Trottoirs wie eine verwöhnte Katze.

Ich war vielleicht zehn Jahre alt und sehr dick, mein Haar war rot und mein Gesicht ebenfalls. Bei der fast unmöglichen Aufgabe, mit meinen Rundungen Schritt zu halten, spannten meine Kleider so, daß sie beinahe platzten. Meine Kniestrümpfe befanden sich fast immer auf Halbmast. Was meine Stiefel betraf, so waren sie altersschwach und zugleich flüchtig, wie Vanessa einmal feststellte, als sie auf unsere Haustüre zuging und einer von ihnen durch die Luft gesegelt kam und vor ihren Füßen landete. Der Stiefel befand sich in einem Zustand, der sein exzentrisches Benehmen erklärte. Die Schnürsenkel, schon oft zerrissen und mit Kordel oder Draht geflickt, hatten sich im Stiefel verheddert und schließlich in ihn versenkt, während dieser sich so verformt hatte, daß man ihn nur noch wie einen Pantoffel anziehen konnte. Man mußte ihn auch so ausziehen, aber manchmal, wie in diesem Fall, tat man das mit einem ungeduldigen Tritt, so daß er durch das (glücklicherweise offene) Fenster auf die Straße flog.

Es versteht sich, daß ich kaum einen passenden Kameraden für einen anständigen Menschen abgab, geschweige denn für eine ziemlich schüchterne, sehr sorgfältig zurechtgemachte junge Dame. Und so starrten wir schweigend auf Anna Cromwells Grab und wußten einander auf dem Rückweg zum Gordon Square nur sehr wenig zu sagen. Janie ging bald zurück nach Frankreich, und ich ging in die Schule, und ein paar Jahre verstrichen, in denen ich die Familie Bussy nicht oder nur selten sah.

Aber es gab noch andere Stracheys. Man führte mich einmal in ein halbdunkles Zimmer und stellte mich einer Dame vor, die ganz in Schwarz gekleidet war; es war, wie ich wußte, Lady Strachey. Weitaus wichtiger aber war meine Bekanntschaft mit ihrer jüngsten Tochter Marjorie. Man hatte Marjorie gebeten, mir Klavierunterricht zu geben. Sie erkannte sofort, daß ich nie Klavierspielen lernen würde, bemerkte aber auch, daß ich, wenn ich wie üblich eine falsche Note angeschlagen hatte, das Resultat so schmerzlich fand, daß ich immer verzweifelt aufgab. Daher kam sie zu der Auffassung, daß ich möglicherweise doch von Natur aus ein wenig Geschmack hätte. Sie weckte mein Verständnis dafür, worum es im *Fidelio* ging, sie spielte mir die Leonoren-Ouvertüre III vor, sie nahm mich zu Konzerten mit, sie machte Schumanns *Kinderszenen* zu etwas Bewegendem, Aufregendem.

Leider konnte sie mich nicht sehr weit bringen, denn ich wurde aus London fortgebracht, sie steigerte jedoch mein Bedürfnis nach Musik und tat etwas zu seiner Befriedigung. Außerdem führte sie mir vor, wie man wirklich effizienten Unterricht erteilt.

An die dreißig Jahre später tat sie das noch einmal. Damals war ich Kunstlehrer an einer Mädchenschule in Lewes; mein dortiges »Atelier« war durch eine Wand vom Musikzimmer abgetrennt, die so dünn war, daß ich jedes Geräusch nebenan hören konnte. Auf diese Weise konnte ich den Singunterricht hören, was bei mir keine Begeisterung hervorrief. Doch als ich mich eines Tages auf meinen Kunstunterricht vorbereitete (was meiner Ansicht nach das einzig Wichtige ist, wenn man Kunstunterricht gibt), hörte ich Marjorie eine Schulstunde über das Risorgimento geben. Es war keine sehr gelehrte Darstellung. Aber Marjorie war begeistert: Sie konnte mit den Österreichern und den Ultramontanen nicht viel anfangen, und zuerst hörte ich, der ich den viktorianischen Glauben an den Nationalismus nicht teilte, mir ihre verächtlichen Äußerungen über »die Bestie Napoleon III.« ohne jede Sympathie an, ebenso wie ihre Begeisterung für Garibaldi. Doch Marjories Begeisterung war ansteckend: Sie ließ den ganzen Kampf lebendig werden, sie gab die Gefühle der Brownings und der englischen Fanatiker, die sich für die italienische Sache einsetzten, so kraftvoll und überzeugend wieder, daß ich mich verführen ließ; ja, Napoleon III. *war* ein gemeiner Verräter. Und auch wenn ich später

202

bemängelte, daß sie ein einseitiges Bild vermittelt hätte (was wohl nicht stimmt), war ich tief beeindruckt von ihrer Fähigkeit, Geschichte lebendig werden zu lassen.

Marjorie war wirklich eine sehr eindrucksvolle Lehrerin, obwohl gerade ihre »Strachey-Stimme« die Leute ablenkte. Aber nicht ihre Stimme, sondern ihr Gesicht war ihr eigentliches Pech. Die Stracheys waren keine schöne Familie, aber es ist vorstellbar, daß die junge Dorothy einen gewissen Charme hatte. Den Photos nach zu urteilen war die junge Marjorie eine Vogelscheuche. Die Art, wie das Schicksal sie behandelt hatte, war nicht ohne Grausamkeit: Ihre Begabung lag im Unterrichten und Überzeugen, und eine Spur äußerer Charme hätte ihr sehr viel geholfen. Und doch hatte sie den Mut, sich vor einem Publikum zu behaupten und es sogar zu bezaubern, indem sie ihre Häßlichkeit ausnutzte. Daß sie singen, tanzen und rezitieren konnte, beweist ihren Mut, doch ihre Entschlossenheit, wirklich grauenhaft auszusehen, hatte etwas unvorstellbar Tapferes. Ich sah sie einmal bei einer Probe in einem schwarzen Trikot, in das sie ein knallrotes Kissen gestopft hatte, das den Eindruck von einer anstößigen Verunstaltung erweckte. In diesem Aufzug tanzte sie über den Fußboden und sang Kinderreime, beziehungsweise ehemalige Kinderreime, die Marjorie dann durch ihren Vortrag und ihre versteckten Andeutungen in etwas unsagbar Düsteres und Makaberes verwandelte. Als inmitten dieser haarsträubenden Vorstellung eine Ecke des roten Kissens zwischen ihre Beine mit den schwarzen Seidenstrümpfen rutschte, war die Wirkung überwältigend.

Diese Vorstellung fand vor dem falschen Publikum statt. Die kultivierten Damen aus Hampstead und Kensington, die sich von Miss Strachey unterhalten lassen wollten, waren verwirrt, schockiert und entsetzt. Am Ende verließen sie alle den Raum. Aber die jüngeren und abgehärteteren Zuschauer waren entzückt. Wenn man es zu nehmen wußte, lohnte es sich.

Vanessa sagte einmal von Marjorie, sie sei der beste, moralischste Mensch, den sie kenne, und da möchte ich ihr zustimmen; sie wirkte immer auf mich, als sei sie völlig frei von Bosheit oder schlechter Laune, obwohl jede Art von Grausamkeit oder Ungerechtigkeit sie in

Rage bringen konnte. Darin ähnelte ihr ihre Schwester Dorothy – aber ich glaube kaum, daß sie sich viel aus Marjories Kinderreimen gemacht hätte; Dorothy schien einer älteren Generation anzugehören.

Dorothy lernte ich erst etwa 1935 richtig kennen, doch ihre Tochter Janie besuchte uns in den späteren Zwanziger Jahren recht häufig in Charleston. Sie war damals eher mit Julian befreundet als mit mir, denn er paßte altersmäßig besser zu ihr, beide waren auch mehr an französischer und englischer Literatur interessiert und darin belesener als ich. Ich konnte nur über Malerei sprechen, und auch davon verstand ich nicht viel. Janie sprach dann immer mit Julian über Pope oder Hérédia und widmete sich auch Clive, mit dem sie in aller Schicklichkeit flirtete. Unsere täglichen Spaziergänge vom Gordon Square an den Mecklenburg Square und zurück hatten uns kaum verbunden. Eigentlich habe ich die gesamte Familie Bussy erst nach meinem Versuch, mir auf einem Alpengipfel selbst etwas beizubringen, richtig kennengelernt.

Im Herbst 1934 wurde mir geraten, den Winter am Mittelmeer zu verbringen. Der Ratschlag kam mir gelegen, denn ich versuchte, etwas über das Fürstentum Monaco zu schreiben, und die Familie Bussy wohnte einen Fußmarsch von diesem Zwergstaat entfernt.

Als ich mich auf meinen Aufenthalt bei den Bussys in Roquebrune vorbereitete, wurde mir bewußt, daß ich bei Leuten wohnen würde, die viel gebildeter waren als ich; das war ein wenig furchterregend, konnte aber heilsam sein. Nur in einer Hinsicht hatte ich das Gefühl, besser informiert zu sein als meine Gastgeber. Damals entdeckten die jungen Leute in England gerade, daß sie politische Wesen waren: Sie lasen den *Daily Worker*, sie lasen John Strachey, sie lasen sogar Marx. Ich hielt mich für genauso belesen wie meine englischen Freunde. Was die hochkultivierten, äußerst belesenen Bussys betraf, so kam es mir immer so vor, als lebten sie in höheren Sphären, seien über Politik erhaben und kennten Karl Marx nicht einmal dem Namen nach. Ich täuschte mich vollkommen.

Dorothy war ein intelligenter, amüsanter, aufgeschlossener Mensch, eine Kulturbotschafterin, die in der französischen Literatur ebenso zu Hause war wie in der englischen; mit ihrer außergewöhnlichen Begabung schien sie den Typus der gerechten englischen Liberalen zu verkörpern. In Wirklichkeit war sie Kommunistin und Trotzki-Anhängerin. In einem Brief an André Gide schilderte sie ihn als »einen der großartigsten Menschen, den die Welt je hervorgebracht hat«.* Ich glaube, daß Dorothy von ihrer Tochter beeinflußt war und vielleicht auch von Gide; es war die Zeit, als er mit dem Stalinismus liebäugelte, den er später ablehnte. Wer wen beeinflußte, weiß ich nicht. Janie hat ihre plötzliche Leidenschaft für den großen Ketzer Trotzki einmal selbst beschrieben: Sie sah ihn auf einer Kinoleinwand und verliebte sich gewissermaßen in ihn, fast nach der Art des Paulus auf dem Weg nach Damaskus. Janie hätte diesen Vergleich sicher abgelehnt, und ich hätte ihn auch nicht gezogen, wenn ich mir ihre Konversion hätte rational erklären können. Ich kann nur sagen, daß sie echtes Interesse am Schöpfer der Vierten Internationale entwickelte und sich mit ihrem beachtlichen Intellekt dem Studium der marxistischen Lehre widmete.

Es gab viele Enthusiasten, die sich damit begnügten, John Strachey und das Kommunistische Manifest von 1848 zu lesen; diejenigen, die wie ich von sich behaupten konnten, das *Kapital* von Anfang bis Ende gelesen zu haben, tendierten aufgrund dessen zur Selbstgefälligkeit, aber Janie war mit den *Thesen über Feuerbach* und Lenins *Empiriokritizismus* vertraut, sowie mit vielen Schriften, die ich nicht kannte, weil sie auf deutsch oder russisch waren. Außerdem verstand sie auch noch von Grund auf, was sie las. Ich erinnere mich, wie ich einmal über eine Bemerkung von Engels im *Anti-Dühring* kicherte. Man hatte Engels vorgeworfen, er habe sich an der Unschuld der Quadratwurzel von minus Eins zu schaffen gemacht. Sie wies darauf hin, daß Engels wirklich unrecht hatte, und erklärte mir die Sache so gut, daß ich die jungfräulichen Eigenschaften dieses nicht existierenden Etwas für Augenblicke tatsächlich verstand.

Wir stritten ununterbrochen, wenn auch in aller Freundschaft, aber auf einem mir neuen Schlachtfeld. In England war ich daran gewöhnt, von Yvonne Kapp, die außerdem auf ihre Weise eine sehr überzeugende und gefährliche Gegnerin war, als bürgerlicher Sozialdemokrat ange-

---

* Dorothy Bussy an André Gide, 12. November 1936.

prangert zu werden. Doch in La Souco stand ich einer gelehrten Expertin gegenüber, die sowohl mich als auch meine englischen Gegner verurteilte. Es war beunruhigend, aber in gewisser Hinsicht auch erfrischend. Die Ansicht, daß ein Genosse politisch aktiv sein müsse, beeinflußte immer meine Argumentation. Yvonne war großartig aktiv; Janie wirkte trotz ihrer intellektuellen Brillanz eher wie eine Salonkommunistin; diesen Eindruck mußte ich später revidieren.

Simon Bussy hatte sich schon lange vor der Russischen Revolution für die Linke engagiert, doch obwohl er weiterhin »fortschrittliche« politische Ansichten vertrat, sagte er wenig über sie. Eigentlich schien er für gewöhnlich zu gar nichts viel sagen zu wollen. Doch er hatte einen alten Freund in Nizza, der ihn zum Sprechen bringen konnte. Eines Sonntagmorgens, kurz nach meiner Ankunft in La Souco, bemerkte Dorothy, daß es sie nicht wundern würde, wenn Matisse pünktlich zum Tee aus Nizza käme.

Für mich war es fast, als hätte sie gesagt: »Es kann gut sein, daß Jesus Christus nach dem Mittagessen vorbeikommt.« Mir war dunkel bewußt, daß Simon Matisse kannte, aber irgendwie hatte ich nicht gedacht, daß er wie ein normaler Mensch einfach zum Tee herüberkommen würde. Für mich war er ja auch kein normaler Mensch, sondern eher ein sehr außergewöhnliches übermenschliches Wesen. Ich habe ihn implizit mit der zweiten Person der Trinität verglichen; ich will den Vergleich nicht strapazieren und nur sagen, daß ich in seinen Bildern wirklich etwas Göttliches sah, und wenn ein Gott denkbar ist, der in Öl auf Leinwand malt, dann ist er etwa so, wie Matisse war. Man wird sich daher mühelos vorstellen können, daß ich ein überwältigendes Gefühl hatte, als ich Türen gehen hörte und Stimmen vernahm und auf diese Weise davon unterrichtet wurde, daß ich mich jetzt unter einem Dach mit ihm befand. Nicht daß meine Vorausberechnungen auch nur annähernd präzise gewesen wären; das Schicksal hatte mich recht nah am Ring plaziert, und ich glaubte, einen Champion auf der Stelle erkennen zu können, doch hatte es mich auch gelehrt, daß bedeutende Menschen auf sehr verschiedene Weise bedeutend sind. Matisse würde natürlich gigantisch sein, aber vielleicht war er auch eine Überraschung.

Und so war es.

Als ich die Eßzimmertür aufmachte, schloß ich, daß es sich um ein dummes Versehen handelte. Der Gast, der mit der Familie Bussy über das Wetter sprach, war tatsächlich »ein stattlicher Mann«, gemütlich rund und recht groß, von einer äußeren Erscheinung, die ein ausgezeichneter Schneider begünstigt hatte, und insgesamt sehr sorgfältig gepflegt. Aber von Größe konnte ich keine Spur entdecken. Der zufällige Besucher, den ich albernerweise für Matisse gehalten hatte, mochte in der Welt der Versicherungsvertreter und Immobilienmakler hohes Ansehen genießen, aber er konnte ganz sicher nicht der Schöpfer von *La Ronde* sein. Hier ergab sich eine Schwierigkeit. Ich wußte, wie Matisse aussah, es gab Photos, es gab ein Selbstporträt – und diese Bilder verwiesen absurderweise, aber unbestreitbar auf den liebenswürdigen Philister, dem ich nun mit Worten vorgestellt wurde, die keinen Zweifel daran ließen, daß ich dem Meister selbst die Hand schüttelte.

Die Gedanken fliegen schnell von einer Hypothese zur nächsten. Mir wurde klar, daß mir die nötige Sensibilität fehlte. Wenn Matisse erklärte, die Durchschnittstemperatur von Nizza liege ein wenig über (oder war es ein wenig unter) der von Mentone, dann war da etwas Magisches an seiner Meteorologie, das mir entgangen sein mußte. Wenn ich nur zu dem, was er wirklich gemeint hatte, hinaufgelangen könnte, zu der Bedeutung, die für meine Wahrnehmung zu subtil war, wäre ich entzückt. Ich versuchte mich zu seinen erhabenen Höhen aufzuschwingen. Das war harte Arbeit.

Er vergaß das Wetter bald und kam auf sein übliches Thema, nämlich Matisse. Ich war kein enger Freund von ihm und wurde auch nie einer; trotzdem erzählte er mir gelegentlich von seinen Qualen. Es waren nicht die Qualen eines schöpferischen Menschen; eher die Qualen eines Händlers, der über wertvolle Bestände verfügte und das Gefühl hatte, daß sie auf dem Markt nicht das einbrachten, was sie wert waren. Manchmal wies er auf die entsetzliche Tatsache hin, daß es Menschen gab, die nicht verstanden hatten, daß er anderen Malern überlegen war. Er vergoß tatsächlich Tränen über einige zerfledderte Zeitungsausschnitte, die er aus einer Innentasche hervorholte und indigniert noch einmal las. Diese Tränen weinte er nicht aus Selbstmitleid, sondern eher aus Mitleid mit der irrenden Menschheit, die es in ihrer unerschütterlichen Ignoranz wagte, etwas an seiner Kunst auszusetzen, oder – was genauso schlimm war – Monsieur Picasso zu viel Lob zuteil werden ließ. Er war zweifellos ein talentierter Maler, seine Bilder hatten jedoch den unverbesserlichen Fehler, daß nicht Henri Matisse sie gemalt hatte.

Eitelkeit ist ein zu schwaches Wort, wenn man beschreiben will, was Matisse für Matisse empfand. Die Art, wie Matisse sich selbst einschätzte, hatte etwas Offenes, Unschuldiges, Aufrichtiges, was jeden Kritiker gänzlich entwaffnete – und schließlich war sein ungeheures Talent ja echt. Aber auch wenn die grenzenlose Selbstliebe des bedeutenden Mannes zu rechtfertigen und in ihrer Unschuld verzeihlich war, so konnte sie doch niemals zu einem unterhaltsamen Gesprächsthema werden. Die Familie Bussy, die ihren Kommentar zurückgehalten hatte, bis ich den Meister kennengelernt hatte, war der Ansicht, daß Matisse der größte lebende Maler war, der größte lebende Egoist und der größte lebende Langweiler. Warum empfingen sie ihn dann weiterhin Sonntag für Sonntag? Zum Teil, weil er Simons ältester Freund war, zum Teil, weil man manchmal einen kurzen Blick auf den wirklichen Matisse erhaschte. Der Matisse, mit dem man sich bei den Bussys zu unterhalten versuchte, wirkte wie Henry James' Dichter – wie ein unwirkliches Phantom, das unten über Belangloses sprach, während der wirkliche Mann oben in seinem Zimmer saß und Verse für die Ewigkeit schrieb. Tatsächlich scheint eine solche Persönlichkeitsspaltung bei einem Maler weniger wahrscheinlich zu sein, denn die Malkunst ist noch weiter von der Kunst des Gesprächs entfernt als die Dichtkunst. Wenn man Matisse über Kunst und Leben, Genie und Talent, Alter und Jugend reden hörte, immer mit besonderem Bezug auf seine eigene Person, konnte man sich tatsächlich vorstellen, daß der geniale Mann anderswo war und in einer bildhaften Sprache von beinah unfaßbarer Schönheit mit sich selbst redete.

Von dieser erhabenen Kommunikation hörte ich nichts. Andere, die ihm näherstanden, mögen imstande gewesen sein, in dem, was er sagte, etwas von der Größe zu vernehmen, die er malend ausdrücken konnte. Ich meinerseits war zufrieden und mehr als zufrieden, wenn der große Mann seine Größe einen Augenblick vergessen konnte und sich in menschlichem Ton unterhielt. Das kam manchmal vor, etwa als Matisse mit Simon in Erinnerungen an das Leben und die Späße an der Ecole des Beaux Arts schwelgte. Damals, so schien es, war man entweder Mystiker oder Anarchist. Simon war Anarchist gewesen. »Und was waren Sie, Monsieur Matisse?« fragte Janie. Leider erinnerte die Bemerkung den Meister daran, was er geworden war. Er räusperte sich, atmete tief ein und zog um sich herum einen unsichtbaren Umhang aus salbungsvoller Genialität, bevor er zur Antwort gab, er habe als junger Mann den Eindruck gehabt, daß es schon zu viele Leute gebe, die versuchten, den Fortschritt der Menschheit zu bremsen, wohingegen heute... »Heute«, rief Janie dazwischen, »sind Sie es, der auf die Bremse latscht.« Nach dieser Bemerkung schäumte Matisse vor Wut und Verlegenheit. Janies bescheidener, jedoch meisterhafter Lebensrückblick läßt kaum ahnen, daß sie so frech sein konnte, und eigentlich waren solche Einwürfe auch sehr selten.

Ein andermal ärgerte sich Matisse über die *Autobiographie von Alice B. Toklas* und bemerkte, Mademoiselle Gertrude Stein hätte keine Berechtigung, über die Avantgarde in Frankreich zu sprechen, weil sie viel zuwenig Französisch könne; er weigerte sich, dieses Thema weiter zu kommentieren. Diese kleinen Abweichungen von seinem üblichen Gesprächsgegenstand boten die Hoffnung, daß er interessant und vielleicht sogar brillant sein konnte. Und tatsächlich vergaß er sich selbst eines Sonntagnachmittags aufs Glücklichste und erinnerte sich an etwas, was er gehört und gesehen hatte. Ob es möglicherweise im Südpazifik war? Und vielleicht mit Perlenzucht zu tun hatte? Ärgerlicherweise ist dieser plötzliche Ausflug, eine einfache und lustige Geschichte, die ohne die leiseste Wichtigtuerei vorgetragen wurde, aus meinem Gedächtnis verschwunden. Wir befanden einstimmig, daß es sich um einen denkwürdigen Nachmittag handelte und daß Matisse reizend gewesen war.

Ich habe hoffentlich genug gesagt, um anzudeuten, daß Matisse, soweit ich das beobachten konnte, im Umgang mit den Musen glücklicher war als mit seinen Mitmenschen; vielleicht könnte man mit einer Anmerkung über Matisse und das Fahrzeug schließen. Es handelt sich um ein Gerücht, denn zu meiner Zeit wurde der große Mann von einem Chauffeur hin- und herkutschiert, wie es sich für einen Potentaten ziemte. Aber es hatte auch Zeiten gegeben, da der Meister selbst am Steuer saß. Ich denke übrigens, daß er nie die gesamte Strecke von Nizza nach Mentone gefahren ist (das waren ganze zehn Meilen); am Vorwärtskommen wurde er dadurch gehindert, daß er immer, wenn ein anderes Fahrzeug auf ihn zukam oder ihn überholte, auf dem Trottoir anhielt und gleichzeitig den Motor abwürgte. Selbst damals war entlang der Côte d'Azur ziemlich viel Verkehr, so daß er wirklich langsam vorankam. Schon das war ermüdend, aber zuzusehen, wie Matisse auf einer verkehrs- und kurvenreichen Straße wendete, eine Felswand auf der einen und den Abgrund auf der anderen Seite, und abrupt am Rand oder in der Mitte der Fahrbahn anhielt und dann wieder plötzlich vorwärts oder rückwärts losschoß, war nervlich zuviel für jeden, der Matisse oder die Malerei liebte, von den Nerven derer, die bei ihm im Wagen mitfuhren, ganz zu schweigen. Ich hörte, er habe nie einen ernsthaften Unfall gehabt. Die Parzen behandelten ihn zweifellos mit gehörigem Respekt.

Janie hat einen umfassenderen und kenntnisreicheren Bericht über Matisse geschrieben. Er erschien im *Burlington Magazine* und schildert einige Dramen im Leben des großen Mannes. Ich möchte hier ein paar Bemerkungen zu ihrem eigenen dramatischen Leben machen. Für die Zeit zwischen 1935 und 1939 kann ich, glaube ich, nicht viel hinzufügen. Wir trafen uns recht häufig, wenn die Familie Bussy in London war, und dann wurden die alten Debatten in einer politisch zunehmend gedrückten Atmosphäre fortgesetzt, immer jedoch mit einiger Heiterkeit. Irgendwann in dieser Zeit stellte Janie ihre Bilder in London aus. Ich besitze eines davon: ein ruhiges, sensibles, intelligentes Werk, doch ohne die Ausdruckskraft des Genies.

1940 wohnte die Familie Bussy in Nizza. Es war nicht der Ort, an dem man angenehme Kriegsjahre verleben konnte. Janie schrieb uns während der gesamten Zeit der Okkupation Briefe nach Charleston und unterschrieb manchmal mit falschem Namen, denn sie unterlagen natürlich der Zensur. Was sie machte, wußte man nicht, obwohl man es sich denken konnte. Auch als sie nach England zurückkam, war sie nicht viel mitteilsamer. Sie hatte viel über die Komödien und Tragödien des Lebens zu sagen, aber nur durch andere erfuhr ich, daß sie die Verantwortung für eine geheime Druckerpresse hatte und ständig gefährdet war. Wenn einer von uns ein Stammtischpolitiker war, dann ich.

In den Nachkriegsjahren änderte sich das Leben der Familie Bussy; früher hatten Simon und Dorothy sich um ihre kranke Tochter gekümmert, jetzt sorgte Janie für ihre Eltern. Simon starb 1954. Sechs Jahre später, an jenem unvergeßlichen Tag, als ich zum ersten Mal New York sah, bekam ich einen Brief, in dem stand, daß Janie tot war. Sie war in der Badewanne von den giftigen Gasen eines Durchlauferhitzers bewußtlos geworden. Dorothy starb zwei Tage später.

Ottoline Morrell

*O*ttoline Morrell ist oft porträtiert worden. Die meisten dieser Porträts sind schwach und irreführend, aber es gibt eines, das ich erwähnen muß: Es ist von Simon Bussy und hängt in der National Portrait Gallery. Anders als auf den Photos wird ihr Gesicht dort lebhaft und dekorativ dargestellt – das bemerkenswerteste Gesicht, das ich je gesehen habe. Leider beschränkt sich Simon auf das Gesicht; hätte er sie doch nur vom Rocksaum bis zu den Hutfedern gemalt – was für ein Meisterwerk hätte er dann vielleicht geschaffen! Auch hätte er möglicherweise viel von dem vorweggenommen, was ich jetzt sagen oder auch wiederholen will, denn ich habe bereits ein wenig über diese bemerkenswerte Frau geschrieben.

Die Begegnung mit Ottoline war etwa wie die Begegnung mit einem abstrakten Gemälde: Man bewunderte die Farben, das Material, das formale Arrangement, man war verblüfft über die Brillanz und Kühnheit der Komposition, es war alles phantastisch, hinreißend, ein bißchen überwältigend und hochdramatisch. Ihre Stimme war in gewisser Hinsicht musikalisch, sie gurrte laut und eindringlich wie eine ganz junge Taube und rollte die Wörter auf umwerfende Weise an ihrem gewaltigen habsburgischen Unterkiefer entlang, wie es sich für eine so majestätische Gestalt schickte. Doch ich hatte den Eindruck, daß ihre Wesensart interessanter war als ihr Geplauder; wenn man genau hinhörte, stellte man fest, daß ihre Bemerkungen nicht sehr tiefsinnig waren. Manch einer von ihren vornehmen Freunden mag sie zur Brillanz angeregt haben; ich war zu dergleichen nicht imstande.

Miranda Seymour hinterläßt uns in ihrer langen, einfühlsamen Bio-

graphie ein Bild, das mir trotz einiger Fehler in der Darstellung überzeugend erscheint.* Sie zeigt Ottoline als eine Frau von freundlicher
und gewiß nicht bösartiger Gesinnung, die sehr religiös, ziemlich
dumm und entschieden langweilig war. Ein gewisses Mißverhältnis
zwischen ihrer äußeren Erscheinung – die an enorme schauspielerische Möglichkeiten denken ließ – und ihren banalen Äußerungen mag
verwirrend gewirkt haben. Man hielt sie, vielleicht zu Unrecht, für eine
Schwindlerin. Natürlich hatte sie das Verlangen nach vornehmer Gesellschaft. Ihr Mann hatte zwar dieses Bedürfnis kaum stillen können,
aber sie lockte ein paar äußerst bedeutende Männer an; vielleicht gab
ihr deren Spiegelung eine Brillanz, die wir übrigen ihr nicht entlocken
konnten.

Wir haben gerade eine wunderbare Lady Ottoline Morrell kennengelernt, die den
Kopf einer Medusa hat; aber sie ist trotzdem sehr einfach und unschuldig und
verehrt die Kunst.**

So begann Bloomsburys Verbindung zu Ottoline. Miranda Seymour
ist, wie vielleicht zu erwarten, sehr streng mit Bloomsbury, das, wie sie
sagt, die Schuld an der Ermordung von Ottolines Charakter trage.
Aber was meint sie, wenn sie von Bloomsbury spricht? Angesichts
dieses schwer faßbaren Gebildes gelingt es ihr ebensowenig wie vielen
anderen, Vertrauen zu erwecken.

Die beiden wichtigsten Familien der Bloomsbury Group waren die Stracheys und
die Stephens. Den stärksten Einfluß auf die Formierung der Gruppe in ihrer Frühphase hatten die Apostel, männliche Mitglieder der elitären und geheimnisvollen
Cambridger Gesprächsgruppe, in die Vanessa und Virginia Stephen von ihrem
Bruder Thoby vor dessen frühem Tod 1906 [sic] eingeführt worden waren.***

Der Gerechtigkeit halber muß man sagen, daß Ms Seymour normalerweise nicht so schreibt und auch nicht so weit von den Tatsachen
abweicht. Sie glaubt, Bloomsbury sei gegen Ottoline gewesen, weil sie

* Miranda Seymour, *Ottoline Morrell: Life on the Grand Scale*, London: Hodder &
Stoughton, 1992.
** Virginia Woolf an Madge Vaughan, Mai 1909.
*** Seymour, S. 76.

religiös war; sie vergißt, daß Atheisten viel eher den Ruf haben, tolerant zu sein, als Christen und daß Menschen, die die Frömmigkeit eines T. S. Eliot akzeptieren konnten, kaum Einwände gegen diejenige von Ottoline haben würden.

Doch finden wir eigentlich nie heraus, wer zu dieser Mörderbande gehört hat, oder besser, wer nicht. Ich bezweifle, daß Ottoline Saxon Sydney-Turner, E. M. Forster oder Marjorie Strachey gut genug kannte, um in ihnen Freunde zu finden oder sie in ihr ein Opfer. Ihr großer Fürsprecher in Bloomsbury war Maynard Keynes, außer ihm vielleicht noch Desmond MacCarthy. Aber laut Ms Seymour war Duncan Grant Ottolines Hauptstütze und derjenige, der »sie vor Spott schützte, wenn Gelegenheit dazu war«. Duncan hatte zweifellos Gelegenheit, Ottoline vor Spott zu schützen; ob man von ihm sagen kann, daß er diese Gelegenheiten dann auch tatsächlich wahrgenommen hat, ist eine andere Angelegenheit. Ich habe ihn ein paar Geschichten über Ottoline erzählen hören; eine davon mache ich publik, denn sie zeigt, wie wunderschön naiv ihr Denken war. Als Duncan sie erzählte, imitierte er den einzigartigen Klang von Ottolines Stimme, was er sehr schön konnte. Sie hatte ihm erzählt, daß die Morrells einmal nach langer Abwesenheit zurück in ihr Garsingtoner Haus gekommen seien und einen Vogel im Eßzimmer gefunden hätten. »Und was glaubst du, was für ein Vogel das war?« fragte Ottoline. »Ein Kuckuck« – man muß sich dieses Wort mit langgezogenem Endvokal* vorstellen – »also, ist es nicht seltsam, so was ins Haus zu bringen? Einen Kuckuck...«

Es war tatsächlich ein seltsamer Vorfall, der als Geschichte noch seltsamer wirkte. Duncan erzählte mir lange nach Ottolines Tod davon, und das traf wohl auf alle Geschichten und Witze über Ottoline zu, die ich hörte; sie wurden zu Klatsch, und man hielt sie in Briefen und Tagebüchern fest; niemand wollte Ottoline verletzen, das heißt niemand in Bloomsbury. Das gilt auch für Virginia, denn obwohl sie »Menschen wie Ottoline« als Ausgangspunkt für ihre Figur der Mrs Dalloway verwendete, hat das fertige Porträt keine Ähnlichkeit mit ihr und sollte sie auch nicht haben.

* Englisch cuckoo. [Anm. d. Übers.]

Lady Ottoline Morrell (Simon Bussy, etwa 1920)

Aldous Huxley, Gilbert Cannan und D. H. Lawrence waren nicht so höflich, ja sie hatten es anscheinend sogar absichtlich darauf angelegt, die arme Frau zu kränken. Die Kritiker von Bloomsbury täten gut daran, über diese Tatsache nachzudenken.

Ich begegnete Ottoline zum ersten Mal mit etwa sechs Jahren. Sie kam zu Besuch nach Wissett Lodge. Dort ging ich nach Vanessas Aussagen im ganzen Haus hinter ihr her und machte obszöne Gesten. Ich kann mich daran nicht erinnern, entsinne mich aber noch lebhaft an Ottolines Abreise. Ich erblickte sie kurz, wie sie hoch über mir in dem zweirädrigen Pferdewagen saß, der sie wegbringen sollte, und fing an, furchtbar zu weinen. Tränenüberströmt sagte ich: »Wozu ist das alles?« Die Erwachsenen erklärten, der Kummer hätte mich überwältigt, als ich gemerkt hätte, daß sie abreiste. Was mich in Wirklichkeit erschütterte, war komplizierter.

Ich möchte versuchen, das zu erklären. Während ihres Aufenthalts in Wissett hatte Ottoline sich – für ihre Verhältnisse – dezent gekleidet. Wissett war ein Ort, dessen Bewohner einfach lebten und im großen und ganzen fleißig waren; alles Prachtvolle war fehl am Platz. Doch wenn Ottoline reiste, trug sie volle Uniform, zumindest an jenem Morgen. Sie hatte merkwürdige Kleider an, aus hinreißenden, jedoch brüchigen, kostbaren Brokatstoffen, die sich halb auflösten und deshalb mit prächtigen Juwelen und Sicherheitsnadeln gefährlich zusammengehalten wurden; ließ man den Blick nach oben schweifen, wurde man von einer Menge Perlen geblendet, und wenn man noch höher blickte, fand man Ottolines Gesicht. An sich schon prachtvoll unwahrscheinlich, war es jetzt mit einer verwegenen Hemmungslosigkeit bemalt, wie wir sie von J. M. W. Turners Sonnenuntergängen kennen; dann kamen ein goldener Haarschopf und noch mehr Perlen, bis ihre ganze Erscheinung schließlich in einem hoch aufragenden Straußenfederwirrwarr zum Himmel empor explodierte.

Als all diese überwältigend herrliche Pracht hoch über mir auf der zerbrechlichen Kutschenkonstruktion hockte, hatte ich das Gefühl – auch wenn ich damals keine Worte dafür fand (und damit immer noch Schwierigkeiten habe) –, daß die Naturgesetze außer Kraft gesetzt worden waren, daß ich, wie man sagt, »Gespenster sah«. Ich heulte so, wie ich geheult hätte, wenn das Haus von einem Erdbeben heimgesucht worden wäre – was ja in gewisser Weise zutraf.

Ottoline war ein schwieriger Gast. Als sie fort war, platzte Vanessa damit heraus, daß dieser Besuch uns fast vernichtet hätte. »Ich habe entschieden, daß diese Frau nichts für mich ist. Hoffentlich bin ich nie wieder länger als ein paar Stunden mit ihr zusammen – oder höchstens ein Wochenende pro Jahr. Das steht fest. Nicht«, sagte sie dann noch, »daß ich sie nicht mag« – was typisch für Vanessa war. Miranda Seymour hat diese Spezifizierung übersehen, aber sie war wichtig. Vanessa war eine anspruchsvolle Gastgeberin, und es gab viele Leute, gegen die sie als Gäste etwas hatte, die sie aber in anderen Situationen leicht akzeptieren konnte. So kam es, daß Julian und ich uns ein paar Monate später in Garsington befanden.

Man muß Julian – Ottolines Tochter – zu irgendeinem Zeitpunkt mehr oder weniger die Verantwortung für uns übertragen haben. Wir wurden für ein Spiel gewonnen, bei dem sie die Leiche einer Prinzessin spielte, eine wandelnde Leiche, der die übrigen Gäste dienten, die als Priester, Trauergäste usw. fungierten. Ich selbst sollte mit gesenktem Kopf hinter dem imaginären Leichenwagen herlaufen. Das Spiel kam mir verdammt dumm vor. Aber mir war vage bewußt, daß der Garten sogar im Winter wunderschön war, nicht so weitläufig wie Seend, aber schöner. An das Haus und seine Bewohner habe ich keine Erinnerung. Ich entsinne mich an die Geschichte von dem Pfau, der eines natürlichen Todes starb und als Braten auf dem Tisch landete. Ich bin mir ziemlich sicher, daß es sich dabei um ein reines Märchen handelt.

Miranda Seymour fährt fort: »Vanessas Kinder wurden ermuntert, Parodien von ihr [Ottoline] aufzuführen, und zwar vor einem Publikum, das hauptsächlich aus Ottolines Freunden bestand.« * Ich erinnere mich nicht an diese Aufführungen und glaube auch nicht, daß ich oder mein Bruder das dazu nötige schauspielerische Talent besaßen. Der Ursprung dieses Hirngespinsts findet sich vielleicht in Virginias Tagebüchern, in einem Eintrag vom 20. September 1927, wo meine Schwester (als Neunjährige) elf Jahre nach den hier betrachteten Ereig-

* Seymour, S. 178.

nissen »aufgetakelt mit einem langen schwarzen Schal Lady Cornflax & Lady Ottoline in Charleston spielte«. Ihre Aufführung war bezaubernd, hatte aber nicht viel mit diesen beiden Damen zu tun. Ich bin mir sicher, daß Ottoline keineswegs erschüttert gewesen wäre, wäre sie dabeigewesen. Angelica gab uns eine Vorstellung vom Aussehen und Benehmen einer großen Dame in Gesellschaft, so wie es sich nur eine Neunjährige ausdenken konnte; es war in keiner Weise eine Parodie.

Für mich gehörte Ottoline zu jener Zeit der Erinnerung an. In den fünfzehn Jahren, die seit jener apokalyptischen Vision von 1916 verstrichen waren, hatte ich sie nicht gesehen, oder ich entsinne mich dessen nicht. Erst im Sommer 1931 konnte ich mein Gedächtnis auffrischen. Damals bewohnte ich ein Atelier in Rom in der Via Margutta am Fuß des Pincio. Wenn ich Geld in der Tasche hatte, ging ich manchmal auf die Piazza di Spagna, bog in die Via della Croce, ging nach rechts und kam zu einem ausgezeichneten Restaurant, das gute Pasta und erträgliche Preise hatte und wo man unter schattigen Bäumen in einem hübschen Garten aß. Hier war ich auch in angenehmer Gesellschaft: Eddie, jetzt Sir Edward Playfair, Jimmy Sheehan, damals ein berühmter Kriegsreporter, Duncan, Alberto Moravia, Philip (Pipsy) und seine Frau Ottoline.

In dieser vornehmen Gesellschaft befand ich mich als ein Erwachsener oder hielt mich zumindest für einen. Ich war jedoch vernünftig genug, um zu begreifen, daß ich eher beobachten mußte, als Wesentliches zum Gespräch beizusteuern, und so richtete ich fast meine ganze Aufmerksamkeit auf Ottoline. Wir waren fünfzehn Jahre älter, aber ich konnte jetzt sehen, daß Ottoline selbst in fortgeschrittenerem Alter noch eine gewisse erotische Anziehungskraft besaß; trotz der Tatsache, daß sie hier, wie in jeder Gesellschaft, die bemerkenswerteste Erscheinung war, konnte man sie darüber hinaus als Gesprächspartnerin kaum brillant finden. Natürlich war sie noch immer ein denkwürdiger Anblick, doch während es ihr in London oder selbst in Garsington fast immer glückte, exotisch zu wirken, war sie hier in der Ewigen Stadt ganz und gar zu Hause.

Rom schien tatsächlich der richtige Wohnort für Ottoline zu sein; es ist eine unerschrockene Stadt, eine Stadt, die sich vieler Dinge schul-

218

dig gemacht haben mag, aber niemals der Zaghaftigkeit. Welcher Mut muß dazu gehört haben, das Collosseum zu bauen oder die Trajanssäule oder den Petersdom oder auch das Monumento Vittorio Emmanuele. Nicht nur mit Ziegelsteinen und Marmor waren die Römer mutig: Der architektonische Überschwang fand ein Echo in ihren Innenräumen. Die Deckengemälde von Fra Pozzo und Pietro da Cortona beispielsweise ragen über imitierten Kirchenformen und -ornamenten auf, die so geschickt vorgetäuscht sind, daß sich der Blick nach oben richtet, dahin, wo heilige Persönlichkeiten inmitten vermeintlicher Architektur von der Luft getragen durch den Himmel schweben. Man kann nicht sagen, wo die Wirklichkeit endet und die Illusion beginnt. Weiter oben schwingen sich Scharen von Engeln und Putten in schwindelnde Höhen, bis man schließlich im höchsten Himmel die Heilige Dreifaltigkeit erblickt. Tatsächlich ganz das, was ich im Sommer 1916 in Wissett Lodge gesehen habe.

Der atheistische Tourist neigt dazu, den Illusionismus des Seicento mit gedämpfter Begeisterung zu betrachten; er sieht in den schwindelerregenden Trompe-l'oeil-Effekten dieser Epoche nicht mehr als eine technische Höchstleistung. Verglichen mit Poussin erscheinen solche Bildzaubertricks einigermaßen trivial, und als Ausdruck der Gläubigkeit überzeugen sie nicht, ja, wie das sich verflüssigende Blut des Heiligen Januarius scheinen sie die echten religiösen Gefühle zu verhöhnen und zu verspotten.

Doch die Kirchenmalerei ist oder war das Medium, mit dem die Kirchen einer armen ungebildeten Gemeinde die Religion nahebrachten. Die Menschen im Rom des siebzehnten Jahrhunderts waren mit Sicherheit arm, und wahrscheinlich konnten sie nicht lesen und schreiben. Sie nahmen die barocken Darstellungen für bare Münze; ob sie im Jahre 1931 so anders waren? Das bezweifle ich.

Es heißt, Lytton Strachey habe Aufsehen erregt, als er zufällig am Ostersonntag in Neapel eintraf. Die »Bessersituierten« waren schockiert und wendeten sich angewidert ab, doch die Habenichtse begrüßten ihn freudig und murmelten dabei: »Ja, er ist wahrhaftig auferstanden.« Darf man die Vermutung wagen, daß Ottoline die Bewohner von Trastevere ungewollt auf ganz ähnliche Art heimsuchte?

Hier sind die Tatsachen, soweit ich mich an sie erinnern kann. Wir waren zu fünft: Ottoline, Duncan, Jimmy Sheehan, Pipsy und ich. Ottoline und Duncan liefen ein paar Schritte vor uns. Wir gingen langsam hinter ihnen, denn Ottoline und Duncan hatten sich viel zu sagen und blieben manchmal stehen. Wir, die Nachhut, hielten die Stellung und waren vermutlich froh über die Pause, denn es war zwar später Nachmittag, aber der glühendheiße italienische Sommer begann gerade. Hinter uns war eine Schar von Gassenjungen, die anscheinend auf den passenden Moment warteten, um Geld zu erbetteln.

Ottoline war gekleidet, als ginge sie auf ein Gartenfest. Ich kann keine vollständige Bestandsaufnahme ihres ganzen Staats liefern, aber da war ein riesiger, mit Gefieder gekrönter Hut, eine Fülle von Schmuck und, was am stärksten auffiel, eine Schleppe, die eine kleine Wolke Trasteverestaub aufwirbelte. Bald bemerkte ich, daß sich eine Anzahl älterer Leute zu den Kindern gesellt hatten, und dann, daß sich diesen eine noch größere Menschenmenge angeschlossen hatte. Die Leute waren vollkommen friedlich, aber offensichtlich aufgeregt. Warum, fragte man sich, hatten sie sich angesammelt? Es konnte nichts mit den absolut gewöhnlichen und anständigen Menschen von der Nachhut zu tun haben; es mußte wegen Ottoline sein. Was erwarteten sie?

Trotz der Schleppe glaube ich nicht, daß Ottoline wie eine Witzfigur aussah; ihr Äußeres hatte etwas Ehrwürdiges, fast Königliches, und ich habe auch kein Gelächter hinter uns gehört. Sie war einfach ein prächtiger und erstaunlicher Anblick. Seit die Königin Christina nackt auf dem Dach ihres Palazzo gelegen hatte, oder vielleicht sogar seit der Zeit der Cäsaren, hatten die Römer möglicherweise niemanden mehr gesehen, der so war wie sie. Ich hatte das Gefühl, als erwarteten sie etwas – was, wußte ich nicht, und sie vielleicht auch nicht. Ich fühlte mich allmählich unwohl, und Pipsy offensichtlich auch. Ottoline und Duncan dagegen schienen die Zuschauer überhaupt nicht zu bemerken, die vielleicht auf ein Wunder warteten. Und wie würde Ottoline reagieren, wenn sie die Aufregung des Volkes bemerken würde? Ich hatte gehört, daß sie sich in Krisen unberechenbar verhielt, daß sie einmal einem Kandidaten der Konservativen eine Ohrfeige gegeben hatte, als Pipsy eine Nachwahl verlor. Ob sie etwas Schreckliches tun würde – oder vielleicht etwas ganz Charmantes –, wenn sie sich der Situation bewußt würde? Ich vermutete, daß die Menge von religiösen Gefühlen bewegt war und entsetzlich enttäuscht werden könnte; ob wir vielleicht gelyncht oder in Stücke gerissen würden? Ich hatte wirklich Angst.

Und dann war die Krise plötzlich und ohne die geringste Aufregung einfach vorbei. Wir kamen zum Eingang der Kirche – möglicherweise Santa Maria in Trastevere –, Duncan zog den ledernen Türvorhang zurück; Ottoline ging in den dunklen Innenraum; wir ebenfalls, und die Menge kam nicht hinter uns her. Ich weiß nicht mehr, was wir in der Kirche machten oder sagten. Wir blieben ziemlich lange und gingen durch eine andere Tür auf eine Art Piazza hinaus, wo eine alte Droschke stand; die Morrells setzten sich hinein und fuhren davon. Ich ging, glaube ich, allein nach Hause.

Der augenblickhafte Anblick von Ottoline, die in einer Szene mitspielte, in die sie ganz und gar hineinzupassen schien, deren sie sich aber nicht im geringsten bewußt war, war so erstaunlich, daß ich mich später fragte, ob er sich überhaupt ereignet hatte; er war jedoch wirklich gewesen. Er war der Höhepunkt der Geschichte von Ottoline in Rom – das heißt der Geschichte, wie ich sie erlebt habe. Was danach kam, schien dagegen stark abzufallen.

In London sah ich Ottoline ab und zu; sie lud mich in die Gower Street ein, und dort hatte ich manchmal das Vergnügen, mit Walter de la Mare zu sprechen und mit einigen irischen Literaten. Es war nicht sehr aufregend; aber es gab Ottoline, und Ottoline war immer ein Schauspiel, das sich lohnte.

Ethel Smyth

Virginia Woolf starb 1941, und für viele Leute sah es so aus, als würde ihr Name mit ihr sterben. Die Männer und Frauen, die an den Universitäten, in den Medien, den Redaktionen und auf anderen Richterstühlen meinungsbildend waren, verurteilten sie. Sie war ein Snob, eine Rentière, sie erzählte boshafte Geschichten über ihre Freunde, sie wohnte in Bloomsbury. Daraus folgte – denn die moralische Lauterkeit unserer Zensoren ist außerordentlich, ihr Urteil streng –, daß Virginia Woolf ohne Begabung war, und daß man sie besser vergaß. In den Fünfziger und Sechziger Jahren scheint man diesem Rat gefolgt zu sein; wie Bloomsbury selbst wurde auch Mrs Woolf abgelehnt. Zwar war ihr Verleger anderer Ansicht: Er wies darauf hin, daß sich ihre Romane weiterhin durchaus gut verkauften. Aber Leonard Woolf war zweifellos voreingenommen. Noch eine Stimme wurde laut, die von Desmond MacCarthy, aber, soweit ich weiß, nur privat. Etwa ein Jahr nach Virginias Tod prophezeite er, ihr Ruf werde einen Tiefstand erleben. »Aber«, fügte er hinzu, »es gibt eine zyklische Bewegung, und er wird auch wieder nach oben kommen.« Er starb zu früh, um noch zu erleben, was für ein guter Prophet er war.

Ende der Sechziger Jahre arbeitete ich an Virginias Biographie. »Wie schade«, hieß es, »daß niemand sich dafür interessieren wird.« Aber bald sah es so aus, als seien doch ein paar Leute daran interessiert, und dann schien Amerika, Gott segne es, sehr interessiert. Aus diesem transatlantischen Gerücht wurde ein gewaltiges Brüllen, das die Meere überquerte und hier in England aufgenommen und in die ganze Welt verbreitet wurde. Als daher der *New Yorker* im März 1991

eine Renaissance der Feindseligkeit gegenüber Virginia und Bloomsbury ankündigte, die ich 40 Jahre zuvor nur zu gut kennengelernt
hatte, vermutete ich, daß die zyklische Bewegung, von der Desmond
gesprochen hatte, immer noch andauerte. Im selben Artikel stand
auch, es gebe scharfe Kritik von einer Seite, mit der vielleicht niemand
gerechnet hätte – nämlich von den Feministinnen. Das fand ich insofern interessant, als ich selbst der Ansicht war, daß Virginia Woolfs
Feminismus (sie hat das Wort verabscheut, aber ich weiß kein anderes)
nicht ganz zu einem modernen feministischen Publikum paßt. Ein
solches Publikum mochte sich an der Argumentationskraft von
A Room of One's Own (*Ein Zimmer für sich allein*) erfreuen, dessen Ton
ihm jedoch zu mild und versöhnlich war. Virginia hielt viel von Tole-
ranz, und sie hielt viel vom Überzeugen; sie war, mit einem Wort,
unheroisch. Im Jahr 1938 konnte sie stolz versichern: »Kaum ein
Mensch ist im Lauf der Geschichte vor dem Gewehr einer Frau gefallen.« Heute scheint die Richtigkeit dieser Feststellung anfechtbarer
geworden zu sein, denn heute werden in den Vereinigten Staaten und
anderswo Frauen als Soldatinnen zum Kampf mit der Waffe ausgebildet. Inwieweit diese Entwicklung von amerikanischen Feministinnen
begrüßt wird, weiß ich nicht, aber die Autorin von *Ein Zimmer für sich
allein* hätte sie bestimmt nicht gutgeheißen. Es stellt sich daher für
mich die Frage, ob unseren Cousinen auf der anderen Seite des Atlan-
tiks heute eine Suffragette nicht lieber ist als eine Suffragistin.

Diese Bezeichnungen erfordern ein paar erklärende Worte. Die National Union of Women's Suffrage Societies, die 1897 unter der Führung von Millicent Fawcett ins Leben gerufen wurde und für die sich
der Name »Suffragistinnen« eingebürgert hat, kämpften für die gleichen Reformen wie die Women's Social and Political Union – die
»Suffragetten« –, die 1903 entstand und von Emmeline Pankhurst und
ihrer Tochter Christabel beherrscht wurde. Die Suffragistinnen glaubten an den Wert vernünftiger Argumentation, und jede Art von
Gewalt war ihnen zuwider, was für die Suffragetten nicht zutraf.
Natürlich zogen vor allem die Suffragetten die Aufmerksamkeit der
Öffentlichkeit auf sich, und an sie erinnert man sich heute noch. Sie
marschierten nicht bloß zu den Klängen von splitterndem Glas und

wilder Empörung, sondern entfalteten militärische Tugenden ersten Ranges: meisterhafte taktische Phantasie, gute Stabsarbeit, überlegten Wagemut, heroischen Gleichmut und unerschütterliche Disziplin; in all dem zeichneten sie sich aus. Und als 1914 ihr Kampf immer noch nicht gewonnen war und sie auf internationaler Ebene zu kämpfen begannen, war es jammerschade, daß nicht die Pankhursts den Oberbefehl über die Truppen der Alliierten hatten und sich damit begnügen mußten, ihre Landsleute auf die Schlachtfelder zu drängen, wo ihre fähigen Brüder das Kommando hatten.

Als der Krieg vorbei war, waren Mrs Pankhurst und Christabel plötzlich ohne Beschäftigung: die englischen Frauen über dreißig hatten das Wahlrecht erhalten, ein Geschenk, das nicht mehr ganz so kostbar erschien wie zu Zeiten, als man noch darum kämpfte. Und als zehn Jahre später die vollständige Gleichheit erreicht war (ohne großen Wirbel oder Gewalt in irgendeiner Form), hatte Mrs Pankhurst nur noch einen Monat zu leben, und die Suffragetten gehörten der Geschichte an. Aber der Kampf war keineswegs vorüber, denn eine andere Suffragette schien ihn auf ihre Art fortzuführen.

Im Oktober 1928 hielt Virginia Woolf an den Frauencolleges in Cambridge zwei Vorträge. Sie wurden ein Jahr später in überarbeiteter Fassung als *A Room of One's Own* veröffentlicht. Es muß viele Veteraninnen aus der heroischen Vergangenheit gegeben haben, die diese überzeugenden Argumente und vernichtenden Spötteleien mit dem freudigen Gefühl gelesen haben, eine Verbündete gefunden zu haben. Eine bedeutende Suffragette verliebte sich nach der Lektüre des Buches in die Autorin und eilte zum Tavistock Square 52 hinüber. Es war Ethel Smyth.

Eine alte Frau von einundsiebzig hat sich in mich verliebt. Es ist scheußlich und entsetzlich und melancholisch-traurig zugleich. Es ist, wie wenn man von einer Riesenkrabbe gefangen wird.

So Virginia im Mai 1930 in einem Brief an mich. Ich lebte im Ausland und mußte den Klagen meiner Tante Glauben schenken, aber selbst damals glaubte ich nicht, daß Dame Ethel Smyth so scheußlich und entsetzlich war, wie Virginia unterstellte. Das war sie auch nicht. Sie

Ethel Smyth. Skizze von Quentin Bell
nach einer undatierten Photographie

war ein militantes Mitglied der Bewegung gewesen und hatte sich zwei Jahre lang dem Kampf für die Sache gewidmet; sie hatte Fensterscheiben eingeschlagen, war ins Gefängnis geworfen worden, und eine Zeitlang war sie sehr in Mrs Pankhurst verliebt. Ethel Smyth war tatsächlich eine geborene Suffragette: Sie war ungeheuer tapfer und energisch, jagte direkt mit der Meute und forderte lautstark die Anerkennung ihrer Rechte als Musikerin – spottend, schimpfend und klagend. Wie Mrs Pankhurst war sie eine überzeugte Konservative und im Unterschied zur Suffragettenführerin die Tochter eines Generals, die Gefährtin einer Kaiserin und eine Freundin von Kaiser Wilhelm II.

Ich weiß nicht mehr, unter welchen Umständen ich ihr zum ersten Mal begegnete. Es war in Charleston. Ich glaube, sie kam zufällig, denn ich weiß nicht, warum ich ihr sonst die Taschen über die Felder zu den Swingates hätte tragen sollen, wo sie einen Bus nehmen konnte. Jedenfalls war sie liebenswürdig und dankbar für meine Dienste. Ich mochte sie und hätte sie furchtbar gerne gebeten, sich von mir porträtieren zu lassen. Mir fehlte der Mut dazu, und für die angemessene Darstellung von Ethel als alter Frau bedurfte es in Wahrheit eines Rembrandt. Dieses ungeheuer ausgeprägte Gesicht, das von einer wilden Haarmähne gekrönt war, auf der ein noch wilderer, unwahrscheinlicher Hut saß, war fast zu malerisch, um gemalt zu werden. Ich habe trotzdem versucht, eine Skizze von ihr nach einer Photographie anzufertigen.

Was Ethel von mir hielt, weiß ich nicht genau. Virginia, eine Meisterin des Liebesromans, berichtete: »sie vergöttert dich … und würde dich heiraten, wenn sie auch nur eine Hundechance bekäme.« Sie sagte auch, ich sei wie ein Hund. Sie differenzierte es noch, indem sie »Hütehund« sagte. Das war nicht so ganz der Eindruck, den ich als junger Mann zu erwecken versuchte. Doch man konnte ihren Mut und ihre Stärke, ihren Elan und ihre Späße nur bewundern. Zu ihrer Musik kann ich nichts sagen, aber ihre autobiographischen Schriften haben etwas ungeheuer Einnehmendes; manchmal sind sie vielleicht absurd, doch oft sehr unterhaltsam, und immer höchst lesenswert.

Warum also hat Virginia gesagt, Ethel sei wie eine Riesenkrabbe? Ich glaube, weil sie *wirklich* so war. Virginia genoß Ethels Qualitäten, sie wollte aber frei über ihre eigene Seele verfügen, und wenn man an einer Riesenkrabbe hängt, einer Krabbe, die zwickt und nicht losläßt, einer Krabbe, die Liebe fordert, Szenen macht und einen ständig mit Fragen und Behauptungen bombardiert, so stellt sich allmählich das Gefühl ein, nicht mehr Herrin der eigenen Seele zu sein. Und doch hatte Ethel das Gefühl, die Gekränkte zu sein. Sie war viel verliebter in Virginia als Virginia in sie, und sie litt. Sie trennten sich und versöhnten sich dann wieder, weil Virginia sie wirklich gern hatte – bis zum nächsten Streit.

Ich habe von dieser schmerzlichen Angelegenheit nicht viel mitbekommen, aber ich erinnere mich an ein Treffen, das mir eine Kostprobe davon gab. Es begann in einer Ausstellung bei Agnew, in der ich zufällig die Woolfs traf. Ethel war bei ihnen und beklagte sich laut darüber, wie wer weiß welcher Dirigent sie behandelt hatte. Es war eine lange, verwickelte Geschichte, die Leonard und Virginia offensichtlich schon kannten. Ich war eigentlich gekommen, um mir die Bilder anzusehen, aber Leonard überredete mich, im Taxi mit ihnen nach Hause zu fahren, und, auf die Taubheit der armen Ethel vertrauend, sagte Leonard dann im Taxi zu mir: »Kannst du ihr nicht den Mund stopfen, Quentin?« Leider hatte er nicht bedacht, daß das Innere eines Taxis als eine Art Schallkasten dienen kann, in dem möglicherweise sogar Taube hören. Ethel hörte; und die vorher ermüdende Situation wurde unangenehm. Als wir zum Tavistock Square kamen, hatte Ethel die Richtung geändert. Ich fürchte, in dem Versuch, Leonard zu ärgern, hatte sie angefangen die Sozialisten zu beschimpfen. Sie äußerte sich sehr grob über sie, und ich brachte dummerweise Argumente, auf die sie kaum hörte (und die sie vielleicht kaum hören konnte), aber ich fürchte, sie hörte genug, um mich vom Hütehund zur Promenadenmischung zu degradieren.

Bernard Shaw hatte kürzlich ein Buch mit dem Titel *The Intelligent Woman's Guide to Socialism and Capitalism* (*Wegweiser für die intelligente Frau zum Sozialismus und Kapitalismus*) veröffentlicht, und dieses Buch erregte bei Ethel Verachtung und Wut. Virginia, die all das zutiefst langweilte, versuchte das Thema zu wechseln, aber ohne Erfolg. Ethel machte mit wirklich fürchterlicher Hartnäckigkeit weiter, bis

Leonard schließlich der Versuchung nicht länger widerstehen konnte und die naheliegende scharfe Bemerkung machte: »Vielleicht richtet sich das Buch nicht an dich, Ethel.«

Mitten im Galopp unterbrochen, fragte sie, was er gesagt habe. Er mußte es zweimal sehr laut wiederholen, bis sie ihn verstanden hatte.

Als ich später hörte, Ethel komme nach Charleston, beunruhigte mich die Aussicht auf ein Wiedersehen ein wenig. Das war dumm von mir. Wenn sie sich an meine Querköpfigkeit erinnerte, hatte sie sie mir bestimmt verziehen; wahrscheinlich dachte sie nicht mehr daran.

Aber ich muß erklären, warum Ethel in Charleston war. Sie hatte sich jetzt wahrhaftig in Vanessa verliebt. Das war ein bißchen inkonsequent von ihr, denn Ethel verabscheute Bloomsbury. Sie hatte eine Ausnahme gemacht, als sie sich in Virginia verliebte, und eine weitere, fragwürdigere Ausnahme in Leonards Fall; aber daß sie von da aus weitermachte und ihre Leidenschaft für Virginias Schwester entdeckte, hieß, daß sie es mit der Inkonsequenz ziemlich weit trieb. Und damit nicht genug: Sie war auch aufs engste mit Duncan Grant befreundet. Sie gehörte zu dem ziemlich großen Kreis von Leuten, die Bloomsbury haßten, ihre Feindseligkeit aber nicht so weit trieben, daß sie wirklich ungern mit Mitgliedern der Gruppe zusammengewesen wären, die sie zufällig trafen. Man kann auch nicht sagen, daß diejenigen, die Ethel mochte, sich riesige Mühe gaben, ihr zu gefallen. Vanessa, die ja ihre Schwester als Beispiel vor Augen hatte und selbst vorsichtiger veranlagt war – und der auch, muß man sagen, die Rechte und Ungerechtigkeiten ihres Geschlechts ziemlich gleichgültig waren –, hatte keine Eile, Ethels Avancen nachzukommen. »Du bist ein bißchen wie deine heilige Schwester«, stellte Ethel fest.

Trotzdem war sie also in Charleston und aß mit Vanessa, Duncan, meiner Schwester und mir zu Mittag. Ethel hatte irgendwann die Musik zu einem Ballett mit dem Titel *Fête Galante* geschrieben. Ich weiß nicht, ob die Musik öffentlich gespielt wurde, aber das Ballett war nicht aufgeführt worden. Nun hatte wohl irgendein einflußreicher Mensch erkannt, daß die Komposition ihren Wert hatte. Außerdem hatte Ethel einen Schatz, eine Summe Geldes namens »Fonds für die letzte Krankheit«. Sie beschloß, daß sie lieber ein Ballett wollte als eine letzte Krankheit, und war bereit, den Fonds zu verbrauchen – ein beherzter Entschluß, der typisch für sie war. Das Bühnenbild und die Kostüme mußten entworfen werden, und das war etwas für Vanessa. Ethel kam zum Mittagessen, um uns alles zu erzählen.

Wenn ich mich richtig erinnere, begann Ethel mit einem anderen Thema, einem Roman von Maurice Baring. Mit einiger Ausführlichkeit erzählte sie uns die Handlung und legte dar, warum das Buch ihrer Meinung nach ein Meisterwerk war. Da Virginia nicht dabei war, gab es zum Glück niemanden, der ihr widersprach. Die Maler waren durchaus bereit, Maurice Baring vorbehaltlos hinzunehmen. Als wir fast zu Ende gegessen hatten, kam sie dann auf ihr eigentliches Thema zu sprechen. Sie schilderte unaufhörlich die Handlung von *Fête Galante*, merkte dann, daß sich hinter ihr ein Klavier befand, drehte sich um und fing an, was sie sagen wollte, mit ihrer Musik zu veranschaulichen. Es war eine ungewöhnliche, phantastische Vorstellung; ich erinnere mich noch deutlich daran. Daß meine Schwester und ich uns leider blamierten, hatte ich vergessen, bis ich von ihr daran erinnert wurde.

Ich muß versuchen, mildernde Umstände für unser Vergehen anzuführen, auch wenn das nicht leicht wird. Ethel war in ihrer vollen Montur: Obwohl es ein warmer Sommertag war, aß sie in einem äußerst klassischen Tweedkostüm zu Mittag und trug zur Krönung einen ihrer erstaunlichen Dreispitze. Sie attackierte das Klavier, als sei es ein Musikkritiker, und das Klavier zog dabei offensichtlich den kürzeren; sie sang aus voller Kehle, auf eine Art, die uns merkwürdig vorkam, und brach nur ab, um mit einer Stimme, kraftvoll wie die eines Jagdreiters, der den Fuchs aus der Deckung hervorbrechen sieht, auszurufen: »Eine einfache Melodie, eine einfache Melodie, so einfach wie Beethoven!« Das war es, glaube ich, was mich dazu brachte, Blicke mit Angelica zu tauschen – nicht, wie ich hoffe, daß wir tatsächlich gekichert hätten, aber wir verloren die Haltung, die sich für ein Mitglied der Heimmannschaft gehört, wenn es der Musik eines Gastes lauscht. Leider wurden wir beobachtet und merkten unsere Blamage – doch Ethel ließ sich keinen Augenblick beirren.

Als wir nach dem Mittagessen in den ummauerten Garten gingen, in der Hoffnung, dort wehe ein kühlendes Lüftchen, war Ethel jedoch immer noch glänzender Laune. Lüftchen hin oder her, sie redete wie ein Buch und redete und redete... Sie redete von sich selbst, glaube ich, und sie redete in erster Linie mit Vanessa. Bald waren wir an der nordöstlichen Ecke des ummauerten Gartens angelangt, wo man heute ein paar Mosaike und einen Teich sieht. An dieser Stelle blieben wir, die ungezogenen Jugendlichen, hinter den anderen zurück. Ethel ging weiter und redete weiter mit Vanessa und Duncan; sie bogen in den Weg zum Haus ein, und nach ein, zwei Schritten blieb Duncan zurück und kam zu uns. »Ich glaube, ich werde gleich ohnmächtig«, sagte er, »mir ist so langweilig, daß ich nicht mehr stehen kann.« Wir fanden einen Stuhl für ihn und ließen Vanessa allein weiterkämpfen. Ich stelle mir gern vor, ich sei ihr zu Hilfe gekommen, aber das ist leider ganz unwahrscheinlich. Auch wäre es schön, sagen zu können, daß *Fête Galante* in jeder Hinsicht ein Riesenerfolg war; in Wirklichkeit ist es, soweit ich weiß, niemals getanzt worden.

Niemand kommt bei dieser Geschichte schlecht weg, abgesehen von meiner Schwester und mir natürlich, und Angelica war fast noch ein Kind. Vanessa und Duncan waren echte Opfer, aber nicht Opfer eines bösen Willens. Ethel hatte offensichtlich keine Ahnung, welche Qualen sie ihnen – oder eigentlich Virginia – bereitete; sie empfand einfach das Bedürfnis, die hervorragende Qualität ihrer Kunst, die Richtigkeit ihrer Ansichten, ihr enormes und unerschütterliches Selbstvertrauen zu bezeugen und unter Beweis zu stellen. Dazu mußte sie nur ihre Seele ausschütten, und sie hatte so viel davon, daß der arme Duncan diese Menge an gewichtigen Aussagen nicht fassen konnte.

Wäre Ethel eine Suffragistin gewesen, wäre sie vielleicht vorsichtiger gewesen und hätte sich ihren Zuhörern auf einer Basis genähert, die alle teilten, sie hätte ihre Argumente mit Witz gewürzt und ihre Glaubenspille taktvoll gesüßt. Doch Ethel war eine Suffragette; sie verachtete solche Listen, sie verkündete die Wahrheit, wie sie sie sah, mit dem Schwert in der Hand, und war folglich sterbenslangweilig. Vielleicht war Jeanne d'Arc das auch. Es ist die Berufskrankheit der Helden und Heldinnen, und Ethel war sicherlich heldenhaft; deshalb gefällt sie vielleicht in einem Land, das von einem Amazonenkorps verteidigt wird, vielen besser als eine Suffragistin wie Virginia.

Claude Rogers *und*
Lawrence Gowing

As ich achtzehn war, ging ich nach Paris. Ich hatte Glück, daß ich dazu in der Lage war und einen Großteil meiner Jugend in dieser schönen Stadt verbringen konnte. In einer wichtigen Hinsicht war Paris trotzdem eine Enttäuschung. Im langen Konflikt um die moderne Malerei war es der Kriegsschauplatz gewesen – und diesen Krieg könnte man als einen betrachten, der seit Ingres' und Delacroix' Zeiten mehr oder weniger Dauerzustand war. Ich kam daher mit dem Gefühl an, als Rekrut in der Schlacht um die »moderne« Kunst dienen zu können. Ich hatte bald herausgefunden, daß die Schlacht vorbei war. Vor den »Modernen«, über die man in London immer noch debattierte, hatten die Franzosen seit Jahren kapituliert; die Überlegenheit der Sieger, von denen Picasso und Matisse die berühmtesten waren, wurde von der Öffentlichkeit anerkannt. Sosehr man sich auch bemühte – und ich bemühte mich ziemlich –, es war unmöglich, in den Surrealisten eine neue Macht zu finden, die den Konflikt wiederaufnehmen würde, den unsere Vorgänger zu einer Zeit, da ich zu jung war, um eine Waffe zu tragen, so brillant durchgefochten hatten.

Wenn man weiterhin malen wollte, schien die logische Lösung für dieses Problem darin zu liegen, daß man etwas in der Natur fand, was interessant wirkte, und es so genau wie möglich darstellte. Das erscheint heute wie eine Selbstverständlichkeit, aber ich habe sehr lange gebraucht, um zu diesem Schluß zu kommen, und als ich soweit war, hatte eine Gruppe junger Maler anscheinend bereits denselben Gedanken gehabt. Und sie wohnten nicht in Paris, sondern in London. Ein Zitat mag an dieser Stelle hilfreich sein:

Das ist also meine Behauptung. Daß die Dekadenz der modernen Malerei darauf zurückzuführen ist, daß es den Künstlern nicht gelingt, ihre eigene Natur zu ergründen, eine Leistung, die man nur vollbringen kann, wenn man ein Maß an Ernsthaftigkeit hat, das ich religiös nenne. Und daß daran die allgemeine Dekadenz der kapitalistischen Gesellschaft schuld ist, die die Ernsthaftigkeit der Kunst verabscheut und fürchtet und die mit ihrer gräßlichen Unterhaltung nur vor sich selbst zu fliehen versucht.

Graham Bell, der diese Worte 1939 schrieb, war der einzige aus der »Euston Road«-Gruppe, der Talent zum Schreiben besaß; er und seine Freunde William Coldstream, Claude Rogers und Victor Pasmore waren begabte Maler, die sich in den späten Dreißiger Jahren gegen die Ecole de Paris wandten oder vielleicht auch gegen diejenige englische Malerei, die den Pariser Moden folgte. Sie beschlossen, eine Zeichen- und Malschule zu gründen – eine Schule, die bald eine feste Bleibe in der Euston Road fand, die ihr auch den Namen gab.

Über den früheren Werdegang dieser Maler und über die Schule, die sie später erwarben, sowie über eine sogenannte Doktrin weiß ich sehr wenig und nur vom Hörensagen. Über Duncan und Vanessa bekam ich zum ersten Mal etwas von diesem bemerkenswerten Unternehmen mit. Damals bestellten sie und Helen Anrep gerade Staffeleien, Zeichenbretter und anderes Zubehör für den Kunstunterricht und überredeten gleichzeitig Virginia – die vor kurzem durch *The Years* (*Die Jahre*) zu Reichtum gekommen war –, für sie zu bürgen. Wenn man dies bedenkt, und darüber hinaus, daß sowohl Duncan als auch Vanessa sich bereit erklärt hatten, an der neuen Schule zu unterrichten, könnte man leicht folgern, daß die sogenannte Euston Road School, die man für eine Bildungsstätte hielt, eigentlich ein Geschöpf von Bloomsbury war.

Das war keineswegs der Fall. Vanessa und Duncan halfen diesen jungen Männern, weil sie ernsthafte Künstler und nette Leute waren, aber die Lehrer an der Euston Road School hatten ihre eigenen Vorstellungen von Malerei. Die jüngere Generation richtete sich gegen die Älteren, was normal ist; die Älteren gewährten ihnen materielle Unterstützung, was nicht normal ist. Aus unbekannter Quelle stammt die Geschichte, daß jemand – vermutlich jemand mit einem Sinn für

Claude Rogers (Selbstporträt, 1975)

Historisches – an die Wände der Euston Road School geschrieben hat: »Malen wie Cézanne, zeichnen wie Degas«. Mit Sicherheit wurde Cézanne von der Gruppe sehr bewundert, aber der stärkere und sichtbarere Einfluß war Degas, und die Einladung, an der Schule Vorlesungen zu halten, ging an den Degas-Jünger Sickert. (Ich könnte mir denken, daß seine Gastgeber nicht wußten, wie dieser große Maler über Cézanne dachte.) Eine passendere Wandinschrift jedoch wäre ein Satz von Ingres gewesen: *Le dessin c'est la probité de l'art* (Die Zeichnung ist die Redlichkeit der Kunst). Wenn man Coldstreams sensible, aber brutal ehrliche Zeichnungen betrachtet – oder seine Gemälde –, spürt man, daß der Satz auf ihn zutraf.

Leider traf er auf mich nie richtig zu. Als ich irgendwann im Sommer 1939 in meiner neuen Töpferei in Charleston einen Brennofen installierte und das Bedürfnis nach einem Modell verspürte – in Sussex gab es keine Modelle –, begab ich mich in die Euston Road. In gewisser Hinsicht wagte ich mich auf feindliches Gebiet – nicht, daß man mich das irgendwie hätte spüren lassen; alle waren sogar sehr nett zu mir. Selbst als ich mein »Porträt« malte, waren alle – und in dieser Schule bekam man so ungeheuer viel Kritik von Rogers, Pasmore und Coldstream, daß dieses Übermaß an Aufmerksamkeit zwar sehr erfreulich war, man aber ob der Fülle fast schon verlegen wurde –, alle also waren äußerst höflich.

Über mein Bild muß ich ein paar Worte sagen, denn es war fast so etwas wie eine Trotzhandlung. Das Modell war alt und häßlich, sie hatte ein Kamelgesicht. Ich malte sie, wobei ich nur ganz leicht mit Kohle vorskizzierte und mit einem Spachtel üppig reine Farbe auftrug, und wie es mir entgegen meinen Absichten leicht passiert, schmeichelte ich der armen Frau maßlos. Wie Duncan bemerkte, als er das Produkt sah: »Na, du hast wirklich eine verträumte Schönheit aus ihr gemacht!« Es war vermutlich ein sehr schlechtes Bild.

In den Pausen sah ich die Hauptfiguren der Schule kaum, weil sie in einen anderen Teil des Gebäudes gingen, wo sie mit einem Ball aus Zeitungspapier heftige und mir unverständliche Kricketpartien veranstalteten. Doch ich bekam ein wenig Kontakt zu dem großen, seltsam aussehenden Mann, der neben mir arbeitete. Ich sage Kontakt, weil

234

man kaum sagen kann, daß wir uns unterhielten; er stotterte stark und gab dabei eine derartige Spuckefontäne von sich, daß aus der Unterhaltung kaum ein Meinungsaustausch wurde. Die Begegnung war kurz und unbefriedigend, aber in späteren Jahren sollte ich noch sehr viel von Lawrence Gowing hören.

Von Claude Rogers hatte ich viel mehr und fühlte von Anfang an eine Art Verbundenheit mit diesem liebenswürdigen und sensiblen Mann. Der Krieg, der der Schule ein vorzeitiges Ende bereitete, die Mitglieder der Gruppe zerstreute und Graham Bell leider tötete, trennte mich nicht völlig von Claude.

Zwei bemerkenswerte Schwestern (die beide in Duncan verliebt waren) waren zu der Überzeugung gekommen, daß sie dazu berufen seien – da London durch den Krieg sein Kulturleben verloren hatte –, in Millers, ihrem Haus in Lewes, ein Kunstzentrum einzurichten. Sie organisierten Vorträge und Ausstellungen und zeigten Claude Rogers' Werk. Es gefiel mir ausgezeichnet, und zum ersten Mal in meinem Leben schrieb ich einen Verehrerbrief. Claude schrieb zurück und kam bald mit Elsie Rogers nach Charleston. Zu jener Zeit reiste man nur zu bedeutenden Anlässen mit dem Auto; Claude und Elsie kamen mit dem Bus. Ich traf sie am Ende unserer Straße, da, wo einmal ein Cézanne in der Hecke gewesen war und wo ich im Wald einen Wiedehopf gesehen hatte. Claude und Elsie erschienen mir nicht weniger bemerkenswert; sie wirkten beinah kugelrund, und obwohl sie schwer gebaut waren, hatte man die Befürchtung, daß sie bei dem gräßlichen regnerischen und stürmischen Wetter fortgeweht werden könnten. Vor meinem geistigen Auge sah ich, wie sich unsere armen Gäste hilflos im Sturm kugelten, unseren Pfad hinab und über die Hauptstraße in die offene Landschaft. Diese Ängste verschwanden nicht, als sie sich die Auffahrt hochkämpften, die aussah wie die Oberfläche des Mondes, denn sie war von gewaltigen Kratern durchlöchert, die jetzt mit tobendem, vom Sturm heftig aufgepeitschtem Wasser gefüllt waren. Claude ging zwar mit gesenktem Kopf, aber energisch voran, und Elsie ging hinter ihm her und rief: »Claude! Claude!« – ein Vokativ, den sie aussprach, als hieße er mit Nachnamen Lorrain. Zehn Jahre später sah ich sie auf dieselbe Weise reisen, und dieselben mitleiderregenden Schreie erklangen, als sie sich die Stufen zu Mark Aurel aufs Kapitol hochschleppten.

Doch in der Zwischenzeit lernte ich sie besser kennen und mochte sie immer lieber. Wie viele Maler hatte Claude begonnen, sich für Kunstgeschichte zu interessieren, als er schon längst kein Student mehr war. Und nicht nur das, aus Wut über ein paar dumme Bemerkungen im *Daily Mirror* hatte er einen Essay über *Die Tradition in der Kunst* begonnen. Das Schreiben fiel ihm schwer, und er bat mich um Hilfe. Ich war so eitel zu glauben, ich sei dazu imstande. Claudes Essay wurde nie fertig, aber ich glaube, wir haben beide den so entstandenen Briefwechsel genossen, und als ich 1941 nach London kam, freute ich mich darauf, ihn zu sehen. Aber ich wurde enttäuscht. Ich traf nur Elsie an; Claude war bei der Armee.

Es sprach irgendwie für die Armee, daß sie Claude am Ende entließ, und zwar auf sehr freundliche Art. Er kam mit einer Sammlung schöner Geschichten wieder, von denen mir ein, zwei im Gedächtnis geblieben sind.

Fast ganz zu Beginn seiner militärischen Laufbahn befand sich Claude auf einem Rekrutenmarsch. Diesmal war er, glaube ich, auf der linken Seite der Aufstellung; vor ihm lag eine wunderschöne Landschaft; sie fesselte seine Aufmerksamkeit und verzauberte ihn immer mehr, je weiter er ging. Plötzlich stellte er fest, daß er allein war; während er vorrückte, waren seine Gefährten nach rechts geschwenkt und verschwunden.

Ein andermal befand er sich allein am Rand einer Straße, die durch ein Tal führte. Er hatte die Aufgabe, einen Deckungsgraben auszuheben; ein General würde in einem Geländewagen vorbeifahren, und Claude sollte sofort in diesem Unterstand Deckung suchen. Da Claude Clausewitz' *Vom Kriege* bei sich trug, muß ihm bewußt gewesen sein, wie wichtig die Bodenbeschaffenheit ist, aber sein befehlshabender Offizier war weniger gut informiert. Als der Deckungsgraben fertig war, füllte er sich sofort mit Wasser, und da Claude sich nicht in ein kaltes Bad werfen wollte, suchte er sich eine trockenere Stelle für den Graben und machte sich erneut an die Arbeit. Das Resultat war nicht besser, und bald gab es am Straßenrand eine ganze Reihe kleiner

Teiche. Auf der Suche nach einem »besseren Loch« war Claude immer noch bei der Arbeit, als der General auftauchte. Claude ließ den Spaten fallen und salutierte; dabei gab der zuletzt ausgehobene Graben an der einen Seite nach, und er plumpste ins Wasser hinunter, während er noch salutierte.

Als Junge und vielleicht auch noch als junger Mann war Claude schüchtern und hatte Angst vor öffentlichen Auftritten. Das machte den Synagogenbesuch für ihn zu einer peinlichen Angelegenheit. Durch einen unglücklichen Zufall war er, so hieß es zumindest, ein direkter Nachkomme von Aaron (glaube ich), und diese Auszeichnung bedeutete, daß er die Gemüter der Gemeinde ungeheuer stark bewegen konnte, wenn er eine führende Rolle im Ablauf des Gottesdienstes übernahm. Er selbst litt und war in größter Verlegenheit. Der Samstag wurde für ihn zum reinsten Höllentag, bis ein freundlicher junger Rabbiner seine Gefühle erahnte und es fertigbrachte, ihn zu verschonen. Woran er eigentlich glaubte, sagte er mir nicht, aber ich bilde mir ein, daß später Cézanne sein einziger Gott war.

Ich weiß nicht mehr, ab wann man Claude nicht mehr schüchtern nennen konnte, aber als wir 1951 nach Italien fuhren, hatte er mit Sicherheit jegliche Schüchternheit abgelegt. »Wir nehmen einen Laib Brot, einen Krug Wein und duzen uns«, schrieb er mir. Claude brachte auch einen breitkrempigen Strohhut mit – oder kaufte ihn vielleicht auch erst dort. Der Hut war wichtig; er diente ihm nicht nur als Sonnenschutz, sondern konnte schwungvoll gezogen, in der Luft geschwenkt, als Redehilfe oder sogar als Redeersatz benutzt werden. Zu sehen, wie Claude mit überschwenglicher Höflichkeit den Hut zog und dann einen fremden Menschen in einer Sprache anredete, die er für Französisch hielt, war eine wahre Freude. Die Einheimischen reagierten manchmal mit Erstaunen, aber immer verständnisvoll und gutgelaunt. Sie merkten – und man sah das wirklich deutlich –, daß Claude sich in Italien verliebt hatte. Er spürte, daß seine Liebe erwidert wurde.

Obwohl der Hut ein unerläßliches Requisit war, kam er in einer seiner schönsten Vorstellungen nicht vor. Wir gingen zusammen zum Friseur, und ich bot mich als Übersetzer an, aber er brauchte mich nicht, und ich ließ ihn allein. Als ich nach einer Weile wiederkam und an den großen

Spiegelglasfenstern des Friseurladens vorbeiging, schaute ich über die Köpfe des sich dort drängenden Völkchens, das das Schauspiel hinter der Scheibe verfolgte. Claude, der ruhig und zufrieden wirkte, malte ein Selbstporträt; auf diese Weise konnte er zeigen, wie er Haare und Bart haben wollte. Hinter ihm stand ein faszinierter Friseur, außerdem ein paar andere Friseure und eine Anzahl halbgeschorener, halbrasierter Kunden, die vom sie frisierenden Personal sitzengelassen worden waren und jetzt ebenfalls zuschauten. Alle wirkten überaus vergnügt.

Es war eine schöne Zeit. Wir sahen nicht nur alles, was man in Italien sehen muß, wir saßen auch in Cafés und zeichneten Stadtansichten oder manchmal die vielen Gassenjungen, die sich um uns scharten, wobei meine Zeichnungen beliebter waren als die von Claude – vielleicht, weil sie schmeichelhafter ausfielen. Wir gingen in unzählige Kirchen, wo man gebeten wurde, etwas *»per la fabbrica«* (*»für das Gebäude«*) beizusteuern, und Claude und Elsie erklärten dann, auch sie bräuchten etwas *»per la fabbrica«,* was gewöhnlich Cremetörtchen bedeutete.

Es war traurig, als sie abreisen mußten. Wir nahmen unser letztes gemeinsames Nachtmahl in einem Restaurant ein, dessen Tische sich über die Piazza S. Ignazio in Rom verteilten. Das Essen war gut, aber der letzte Gang war die Krönung des Ganzen. Eine Riesenauswahl an Törtchen wurde auf einem Wagen herausgerollt, bei dessen Anblick Claude seine Begeisterung nicht länger zügeln konnte und aufsprang, in die Hände klatschte und ausrief:»Oh dolce, dolce! Mmmhhhh, köstlich!«»Ach *Clode*«, seufzte Elsie; es gab Augenblicke, wo sie ihn ein bißchen zu unbefangen fand. Trotzdem aß auch sie die römischen Leckereien mit Genuß.

»Es ist wirklich schockierend, wie die beiden losziehen und Sahnetörtchen verschlingen.« So schilderte Coldstream das Verhalten seiner Freunde in einem unserer seltenen Gespräche. Damals fand ich, daß er ein bißchen zu streng mit einem Laster war, das mir relativ harmlos erschien, aber es sollte sich erweisen, daß er recht hatte.

Der freudige Ausruf »dolce! dolce!« war gewissermaßen Claudes Schwanengesang. Als wir aus Italien zurückkamen, stellte sich heraus,

238

daß Claude mit Diabetes im Krankenhaus lag, Angst hatte, weil er Blut pißte, und sich selbst überaus leid tat. Er erholte sich wieder und war imstande, ein normales, wenn auch genügsameres Leben zu führen.

Obwohl ich jetzt in Nordengland lebte, kam ich in den Süden, um mir Kunstwerke anzusehen und über sie zu schreiben. In Claude sah ich einen der wenigen Künstler, der seiner Vision treu blieb und sich keine Mühe gab, seinen Stil den Moden der Zeit anzupassen.

Als ich dazu in der Lage war, holte ich ihn nach Leeds, wo er einen Vortrag halten sollte; meine Kinder waren damals alt genug, um Gefallen an ihm zu finden, und als er zu uns nach Hause kam, empfing ihn am oberen Ende unserer Auffahrt ein von ihnen angefertigtes Spruchband mit der Aufschrift »Herzlich willkommen Claude Rogers«. Später entdeckte ich, daß er es mit nach Hause genommen hatte.

Claude beklagte sich, daß er in ein Alter gekommen sei, wo er sich wohler fühlen würde, wenn er einen Lehrstuhl hätte. Erfreulicherweise erhielt er 1963 einen an der Universität von Reading. Das hatte zur Folge, daß wir auf neue Weise zusammenkamen. Man hatte ein Komitee gegründet, das die Verteilung der Studienplätze regeln sollte. Dabei ergaben sich bei den Studenten, die Bilder malen wollten, besondere Probleme. Die betroffenen Universitäten gründeten einen Unterausschuß, dessen offizieller Name mir entfallen ist, den Claude jedoch »Die drei alten Professorenärsche« nannte – Kenneth Rowntree (für Newcastle), Claude (für Reading) und ich für Leeds. Wir trafen uns zum Abendessen, und normalerweise gelang es uns, vor dem ersten Gang ein paar brauchbare Sachen zustande zu bringen, doch danach begannen Kenneth und Claude sich fröhlich zu beschimpfen, laut zu werden und sich in brüllendes Gelächter aufzulösen. Wenn die beiden anderen alten Professorenärsche schließlich in entgegengesetzte Richtungen davontorkelten, waren sie sich einig, daß alles, was noch anstand, von mir erledigt werden sollte. Einer von den effizienten, ernsthaften Leuten, die in dem effizienten, ernsten Komitee arbeiteten, sagte mir, daß die Aktivitäten unseres Unterausschusses das einzige seien, was ihre Arbeit interessant mache.

In seinem Atelier in der Nähe von Haverstock Hill traf ich Claude zum letzten Mal. Das Treffen kam wie beim ersten Mal zustande, weil ich für meine Arbeit ein Modell brauchte. Wir hatten vereinbart, daß er für alles sorgen würde, wenn ich das Mädchen bezahlte. Es machte großen Spaß; bis zum vorletzten Tag arbeiteten wir schweigend, dann begann Claude mit unserem Modell zu sprechen. Er sagte ihr, was er tat, und schilderte, wie er mit den interessantesten Teilen ihrer Anatomie verfuhr. Das schien ihr nicht das geringste auszumachen, und ich könnte mir denken, daß sie seine Überspanntheiten gewohnt war. Früher, als er noch in der Euston Road unterrichtete, hatte er eine ganz andere Art.

Von Lawrence Gowing, der beeindruckend war, sich aber schlecht artikulieren konnte, verabschiedete ich mich an der Euston Road School. Während des Krieges traf ich ihn nur einmal, und da konnte er immer noch nicht sprechen. Frances Partridge hatte ein Stilleben von ihm erworben, das beredt und eindrucksvoll war. Bei größerer Aufmerksamkeit hätte man erraten können, daß die Larve sich langsam verpuppte; bald würde sie glorreich die Hülle sprengen und zum Himmel steigen, nicht als Schmetterling, sondern als Käfer, mit Flügeln, die in einem Panzer stecken, und mit einem Stachel am hinteren Ende.

Julia Strachey war für Lawrence eine wichtige Hilfe. In welcher Form sie ihm half, weiß ich nicht; andere können kompetenter über diese bemerkenswerte Frau schreiben, doch scheint es mir der Mühe wert, etwas eigenes zur allgemeinen Darstellung beizusteuern.

Als Marjorie Strachey mir beibrachte, Musik zu verstehen, begegnete ich vor ihrer Tür einer Gestalt, die einen bleibenden Eindruck bei mir hinterließ. Ich hatte noch nicht geklingelt, da öffnete mir eine junge, elegante Dame die Tür. Sie wirkte fremdländisch; in meinen Augen hatte sie etwas Chinesisches an sich. (Ob das irgendwie mit dem *Sohn des Himmels* zusammenhing, der damals gerade im Theater gezeigt wurde?) Ich fand sie aufregend, merkwürdig und überwältigend elegant. Sie war ganz anders als die anderen Strachey-Damen, und doch wußte ich, daß sie eine Strachey war. Ich glaube, wir wechselten kein Wort, und doch war ihr Auftritt so unvergeßlich, daß ich drei oder vier Jahre später, als ich ein Schuljunge war und damit beschäftigt, mit anderen Schuljungen in Sonning ein Boot zu mieten, auf eine Dame und einen Herrn aufmerksam wurde, die eindeutig zu einer Welt gehörten, die ich nur von kurzen Ferienbegegnungen kannte. Ich starrte sie an. Sie starrte einen Moment zurück, und dann erkannten wir uns. Es war Julia Strachey – beziehungsweise die ehemalige Julia Strachey, denn genau an dem Tag hatte sie den Herrn geheiratet, der neben ihr stand – den adeligen Stephen Tomlin. Die Umstände ließen nicht mehr zu als ein paar fröhliche Worte, aber wieder war die Begegnung unvergeßlich. Julia und »Tommy« gehörten bald zum Gelegenheitsinventar meines Lebens, und ich lernte ihn um einiges besser kennen als sie.

Tommy starb 1937. Ich sah Julia weiterhin von Zeit zu Zeit, meistens in Ham Spray, dem Haus von Ralph und Frances Partridge. Nach der Euston Road School sah ich Lawrence Gowing nur einmal, und dann erst wieder 1952, als er mit Julia zu unserem Hochzeitsfest kam – beide wurden davon so sehr angesteckt, daß sie ebenfalls heirateten. Ich suchte Arbeit und fand eine Stelle am damaligen King's College in Newcastle-upon-Tyne, wo ich zuerst Gastdozent war und dann eine befristete Festanstellung bekam. Mittlerweile hatte ich den dortigen Kunstprofessor ausfindig gemacht – es war Lawrence; er hatte gelernt, deutlicher zu sprechen, auch wenn sein Reden immer noch von qualvollen Unterbrechungen durchsetzt war. Sein Stottern war jetzt keine Behinderung mehr, sondern eher der Explosionsdonner, der ein Geschoß ankündigt. Ich lernte bald, daß er jede Hilfe strikt ablehnte. Ich entsinne mich, wie er in einer Diskussion über eine holländische Landschaftsmalerei beim Buchstaben ›r‹ steckenblieb. In der Meinung, ihm eine Hilfe zu sein, nannte ich den Namen, nach dem er meines Erachtens suchte: »Jacob van Ruysdael?« Er machte Laute wie ein wütender Elefant, der Schmerzen hat, und brachte schließlich heraus: »Nnnnein, Salomon van Ruysdael.« Dieser ehrenwerte Name klang bei ihm wie eine Verwünschung. Aber wir waren in den Flitterwochen, und als er begriff, daß ich eine Stelle suchte, bot er mir zwei zur Auswahl an: Ich konnte als Kunsthistoriker arbeiten oder Lehrer lehren, wie man Kunst lehrt. Ich war so klug und entschied mich für die Kunsterziehung, denn auch wenn ich darüber noch weniger Bescheid wußte als über Kunstgeschichte, war mir klar, daß meine Kollegen noch weniger als ich davon verstanden. Als ich dann zu einem Vorstellungsgespräch wieder nach Newcastle kam, war ich trotzdem darüber beunruhigt, daß es noch fünf andere Kandidaten gab, alles Lehrer mit viel mehr Erfahrung als ich, und obwohl ich wußte, daß Lawrence den Boden sorgfältig vorbereitet hatte, hegte ich während der Vorstellungsgespräche dieser eindrucksvollen Leute Zweifel, ob meine eigenen Unzulänglichkeiten nicht zu klar auf der Hand liegen würden. Abends ging ich dann mit Lawrence zu seinem Haus zurück, und er sagte: »Quentin, das war ein f-f-f«. Er kämpfte beherzt um die Vollendung des Wortes. »Das war ein f-f-f.« Während wir weitergingen, versuchte er vergeblich, über den F-Laut hinauszukommen. Wollte er sagen, daß es ein Fehler war oder ein famoser Auftritt oder einfach ein Fiasko? Erst nachdem wir mindestens hundert Meter gegangen waren, bekam er das Wort heraus: – »Voller Erfolg«.

Meine Aufgabe in Newcastle verteilte sich auf zwei Fachbereiche. Meine Studenten gehörten zum Fachbereich Pädagogik und ich zum Fachbereich Bildende Kunst. Die Pädagogik war in der Obhut von Professor Tuck, einem klugen und liebenswürdigen Mann. Sein Fachbereich war demokratisch; bei den Fachbereichsversammlungen hatten alle Mitspracherecht, und ein paar meiner Kollegen sagten sehr viel. Die Versammlungen dauerten bis zum späten Nachmittag, und ich freute mich nicht auf sie.

Die Versammlungen des Fachbereichs Bildende Kunst waren etwas anders. Wenn Lawrence nicht fort war, wurden sie jeden Vormittag abgehalten. Wir gingen mit einer Tasse Fachbereichskaffee in sein Zimmer und plauderten über so ziemlich alles. Diese »Kaffeevormittage« waren oft ausgelassen, sogar frivol, aber durchaus würdevoll. Als Lawrence den Lehrstuhl übernahm, kaufte er zuallererst ein schönes silbernes Tintenfaß, um den Protokollen eine besondere Note zu verleihen. Der Fachbereich war das älteste Universitätsinstitut; es reicht hinter die Zeit zurück, da William Bell Scott dort unterrichtete und Rossetti seine Zeit in Newcastle verschwendete, und es war, wie der Rektor einmal bemerkte »der strahlendste Juwel in unserer Krone«.

242

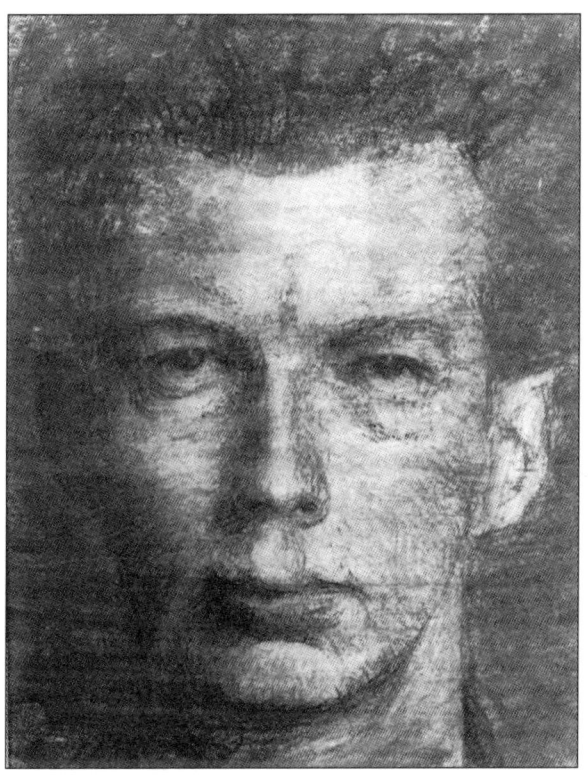

Lawrence Gowing (undatiertes Selbstporträt)

Die Studenten spürten etwas davon; sie waren stolz – »sie ist ein nettes Mädchen, aber sie geht mit einem Architekten«, sagten sie. Durch die Einführung eines seriösen Kunstgeschichtskurses und die Veranstaltung historisch interessanter Ausstellungen in einer eigenen Galerie, gewann der Fachbereich unter Lawrence – vielleicht bereits unter seinem Vorgänger – an akademischem Ansehen. Damit – und auch in vielerlei anderer Hinsicht – unterschied er sich damals stark von einer städtischen Kunstschule.

So bekam der »Kaffeevormittag« etwas vom Charakter eines kleinen Hofes, über den Lawrence herrschte. Er verabschiedete sich 1975 von uns und bedauerte, daß es nun keine Kaffeevormittage mehr geben würde: »Wir hatten viel Spaß miteinander«, sagte er und fügte hinzu: »Auch wenn es manchmal eher die Art Spaß war, die eine Katze mit einer Maus hat.« Richard Hamilton, der dabei war, erinnerte uns bei einem Gedenktreffen an diese Bemerkung, was mich auf den Gedanken brachte, daß er möglicherweise ein Opfer von Lawrence war, der sehr scharf sein konnte. Zwar kann ich mich nicht entsinnen, daß er oder sonst jemand bei den Kaffeevormittagen unter Lawrence gelitten hätte; aber ich hatte an weit entfernten Schulen zu tun, so daß mir einiges entgangen sein mag. Ich muß auch gestehen, daß ich meine externe Prüferin Mary Hoad zu einem solchen Treffen mitnahm und daß sie danach sagte: »Bis auf Sie hatten alle fürchterliche Angst.« (Mary war eine taktvolle Frau.)

Es stimmte, ich hatte keine Angst; besser wäre gewesen, wenn ich Angst gehabt hätte. Mein Fehler war, daß ich Lawrence zu sehr bewunderte und ihn daher imitierte, was irritierend gewesen sein muß. Wir bekamen dann wegen einer Lappalie Streit: Ich fehlte bei einer Party, zu der ich seiner Meinung nach unbedingt hätte kommen müssen. Es war jedoch ein Streit, der nicht weh tat; ich hatte kaum am Institut zu tun und sehr viel außerhalb; also verschwand ich eine Zeitlang. Lawrence beendete den Streit dann mit den Worten: »Ich hatte die fixe Idee, daß Sie mich verfolgen, aber dann wurde mir klar, daß ich Sie verfolge, und damit soll jetzt Schluß sein«, und er hörte tatsächlich auf, und von da an hatten wir ein gutes Verhältnis.

Die denkwürdigsten Treffen waren die, bei denen Lawrences Einbildungskraft Höhenflüge unternahm und wir in eine reine Phantasiewelt gelangten. Ein solcher Höhenflug war die Sache mit dem »Schehrenkran«. Ich weiß bis heute nicht, was ein Schehrenkran ist, aber man brauchte ihn, um eine Skulptur zu transportieren. Ein Magnat aus der Gegend war um eine Büste gebeten worden und hatte sich mit der Leihgabe einverstanden erklärt, dabei jedoch nachdrücklich betont, daß man sehr vorsichtig mit ihr umgehen müsse. Lawrence las uns seinen Brief vor und begann, sein Antwortschreiben zu diktieren; dann hatte er plötzlich eine Idee. Zwei seiner Lehrkräfte hatten bei der Marine gedient: Der Maler Eric Dobson war Vollmatrose gewesen und der Kunsthistoriker George Knox Kapitän eines Minensuchboots.

»Zwei von unseren Dozenten sind erfahrene Marineoffiziere; sie werden den Transport übernehmen und die dafür nötige Ausrüstung samt Schehrenkran mitbringen.«

»Was«, fragte jemand, »ist ein Schehrenkran?«

»Ich habe nicht die leiseste Ahnung«, sagte Lawrence und diktierte den Brief weiter. Für diese heikle Aufgabe sollte anscheinend ein Gespann aus der British Navy sowie eine Expedition geschickt werden, die Seile, Bretter, Winden, und, jawohl, einen Schehrenkran mitführte. Und tatsächlich machte sich ein gewaltiger Trupp mit einem großen Lastwagen und einem Riesentroß auf den Weg zum Haus des Leihgebers. Dort angelangt, wurden sie von einem Kustos in eine Kunstgalerie geführt, in der auf einem Regal die Büste stand; er holte sie mit einer Hand herunter und reichte sie einem der Matrosen.

Außerdem erinnere ich mich an eine Mission ernst gesonnener, intelligenter Menschen, die das Gefühl hatten, die Bedeutung der Religion würde an der Universität nicht ausreichend verstanden. Es war eine beeindruckende Gruppe, die noch beeindruckender wurde, weil ausgerechnet die charmante Tochter des geschäftsführenden Rektors der Universität, ein Mädchen, das zufällig bei uns Bildende Kunst studierte, zu Lawrence ging und darum bat, daß man die Mission zum Kaffee einlud. Lawrence sagte, das würde er sehr gerne tun.*

---

* Ich stütze mich hier auf Eric Dobson und versuche, seine Worte wiederzugeben. Man hat mir gesagt, die Mission habe »Ehrlich vor Gott« geheißen und sei von Pfarrer Mick Stacey geleitet worden.

Die anderen Studenten bekamen Wind von der Sache; Plakate tauchten auf: »Gott kommt«, »Dieser Platz ist für Gott reserviert« etc. Die Fakultät fragte sich allmählich, ob Lawrence seinen Meister gefunden hatte.

Die Gruppe traf ein; Lawrence empfing sie begeistert und erklärte dann, bevor noch irgend jemand ein Wort sagen oder stottern konnte, seine Besucher hätten sich einen günstigen Zeitpunkt ausgesucht. Er habe nämlich ein Problem, das er ihnen unterbreiten wolle. An den Studententoiletten würden gerade gewisse bauliche Veränderungen vorgenommen, und dabei habe sich eine moralische Frage ergeben. Der in vielerlei Hinsicht bewundernswerte Bauplan situiere die Herrentoilette so, daß man unter bestimmten unwahrscheinlichen, aber keinesfalls unmöglichen Umständen genau in die Damentoilette blikken könne.

Leicht verblüfft brachten die Besucher vor, daß sie vielleicht nicht die richtigen...

»Aber«, wandte Lawrence ein, »es handelt sich um ein moralisches Problem. Gewiß, unter praktischen Gesichtspunkten wäre es äußerst zweckmäßig, das Risiko einzugehen und in den Entwurf des Architekten einzuwilligen, aber...«

Die Mission versuchte, das Gespräch in eine andere Richtung zu lenken, aber wenn Lawrence einmal in Fahrt war, war es nicht leicht, ihn vom Thema abzubringen. Seine Besucher hatten sich eher vorgestellt, sie könnten mit ihm über die Atombombe diskutieren; das schien viel einfacher als die Frage nach den Herrentoiletten. Aber es hatte keinen Sinn; und als die Sitzung zu Ende ging, waren sie immer noch in in das Problem der sanitären Anlagen verstrickt.

Als ich nach Newcastle kam, wurde am Fachbereich für Bildende Kunst Malerei fast auf dieselbe Art gelehrt wie an der Euston Road School: Die Erforschung der Natur und die dafür erforderlichen Disziplinen waren allgemein anerkannt. Aber innerhalb weniger Jahre änderte sich die »Parteilinie«. Roger de Grey ging weg, und Victor Pasmore und Richard Hamilton wurden seine Nachfolger. Mit diesen Berufungen schuf Lawrence praktisch eine Opposition. Anscheinend stand für ihn außer Zweifel, daß er nach seinen eigenen Vorstellungen würde regieren können, aber in diesem Punkt täuschte er sich.

Kunstmoden verlangen, wie alle Moden, nach Abwechslung, und auch wenn ihre Mode mir in keiner Weise neu vorkam – weil sie kaum mehr zu sein schien als eine aufpolierte Version von Stilen, die in meiner Kindheit florierten und wieder verschwanden –, kam sie meinen Kollegen äußerst schick vor. Lawrence selbst war bei diesem Umschwung bald führend. Er ging in die Vereinigten Staaten und begeisterte sich nach seiner Rückkehr für die »abstrakten Expressionisten«. Mir erschien das als tragische Verschwendung seines ungeheuren Talents, und ich bedauerte dies, wie mir schien, schreckliche Beispiel moderner Leidenschaft für Veränderungen. In einer anderen Epoche hätte er als Maler, der einen großartigen eigenen Stil geschaffen hat, so wie Claude Lorrain oder Chardin, weiterhin die Bilder gemalt, die so ausgezeichnet zu ihm paßten. Statt dessen mußte er mit kleinen Gebilden aus buntem Papier herumspielen oder sich auf ein Brett schnallen und von seinen Studenten mit Farbe übergießen lassen. Ich bin froh, daß er vor Ende seines Lebens zu der Arbeitsweise zurückgefunden hat, für die er so hervorragend geeignet war.

Mit diesen zweifellos reaktionären Überlegungen habe ich mich von Newcastle entfernt. 1958 ging Lawrence von uns fort und übernahm die Leitung der Chelsea School of Art. Unbesonnen versuchte ich, seinen Lehrstuhl zu bekommen. Zum Glück gelang mir das nicht, und etwa ein Jahr später wurde ich Leiter des Fachbereichs für Bildende Kunst in Leeds.

Auf die Stelle, die in Leeds frei geworden war, weil Maurice de Saumarez ging, hatte ich mich nicht beworben. Man hatte mich gebeten, einen Ausschuß zu beraten, der wissen wollte, wie die – rein kunsthistorisch ausgerichtete – Arbeit von Maurice fortgeführt werden sollte. Bevor ich den Ausschuß traf, zeigte mir Maurice das Gebäude für den neuen Fachbereich, das damals gerade errichtet wurde. Es sollte unter anderem ein sehr schönes Atelier enthalten, das eine ganze Anzahl Studenten aufnehmen konnte. Ich nahm an, daß es bereitgestellt worden war, weil Unterricht in Malerei erteilt werden sollte, und unter dieser Voraussetzung sprach ich mit dem Ausschuß. Wie sich später herausstellte, war der Ausschuß von nichts dergleichen ausgegangen, bot mir aber den Fachbereich an, und ich akzeptierte unter falschen Voraussetzungen.

Schon bald machte ich ein paar Entdeckungen. Erstens, daß ich mit einem Assistenten zusammenarbeiten mußte, der Himmel und Hölle in Bewegung gesetzt hatte, oder zumindest eine Unmenge Leute für sich zu gewinnen versucht hatte, weil er selber auf die Stelle gehofft hatte. Er war wütend und unglücklich, und seine Wut muß noch größer geworden sein, als er herausfand, daß die Stelle mit einem Kunsterzieher besetzt worden war, der kein Kunsthistoriker war und noch dazu keinerlei akademische Abschlüsse hatte.

Ich lud ihn zum Abendessen in den Reform Club ein und hörte ihm geduldig zu, als er mir erzählte, wie gut er sich in Kunstgeschichte auskenne – er wußte wirklich eine Menge über Architektur und die holländische Malerei des siebzehnten Jahrhunderts. Als wir uns trennten, hatten wir wahrscheinlich beide das Gefühl, daß wir ein schweres, aber kein unerträglich schweres Kreuz zu tragen hatten.

Ich fand auch heraus, daß sehr viele meiner Kollegen, ganz zu schweigen von ein paar städtischen Angestellten, dagegen waren, daß die Universität praktischen Unterricht im Atelier anbot; schließlich gebe es in Leeds bereits eine große, hervorragende Kunstschule.

Unter diesen Umständen schien es mir am besten, anfangs bescheiden zu sein, mich mit einflußreichen Leuten in der Stadt anzufreunden, in Frieden mit meinem Assistenten Dr. Noach zu leben und einen Künstler zu finden, der integer und vernünftig war und mir helfen konnte. Ich hatte ausgesprochenes Glück und fand John Jones. Ich hatte zwar bei der Auswahl von Kollegen oft eine glückliche Hand, aber es war ein absoluter Glücksfall, daß ich ihn gewinnen konnte. Mit seiner Hilfe wurden wir eine kleine, feine Schule. Der Vorteil von einer Universität mit Fachbereichen wie in Leeds ist: Es ist zwar ein schweres Stück Arbeit, die eigenen Vorhaben von der Fakultät und vom Senat genehmigt zu bekommen, aber wenn man das einmal geschafft hat, wird man von den anderen Fachbereichen in Ruhe gelassen; eine Krähe hackt der anderen kein Auge aus.

Schließlich kam die Zeit, da ich dachte, daß ich alles gut in die Wege geleitet hatte und nun mein Schiff zu Wasser lassen und zurück nach Sussex gehen konnte. Doch wer sollte mein Nachfolger werden? Ich spürte, daß der Augenblick für bisher unterlassene, wagemutigere Unternehmungen gekommen war. Lawrence wäre genau der Richtige. Er hatte die Chelsea School of Art neu aufgebaut und arbeitete jetzt bei der Tate Gallery, aber vielleicht konnte man ihn an ein Universitätsinstitut für Bildende Kunst zurücklocken.

Natürlich »ging es mich nichts an«; der scheidende Professor soll seinen Nachfolger eigentlich nicht auswählen oder diese Wahl in irgendeiner Weise bestimmen. Aber ein Kurs, in dem Malerei gelehrt wird, ist problematisch. Wenn man einen anderen Maler dazu bringen könnte, Mitglied des Auswahlausschusses zu werden, und wenn er die Physiker, Philosophen und Chemiker daran hindern könnte, außer Kontrolle zu geraten, könnte alles gutgehen. Doch wie die Dinge lagen, hatte ich zwar in der Fakultät ein paar sehr nette Freunde, vertraute aber nicht ganz darauf, daß sie verstehen würden, warum es gerade Lawrence sein sollte.

Jedenfalls konnte es nichts schaden, wenn man Lawrence bat, nach Leeds zu kommen und einen Vortrag zu halten. Daß er es trotz seines Stotterns lernte, nicht nur mit Leichtigkeit, sondern sogar mit Schwung Vorträge zu halten, grenzte, wie so vieles bei ihm, an ein Wunder. Gleichzeitig luden wir den Rektor zum Abendessen ein.

Roger Stevens war mein Lieblingsrektor, ein zugänglicher Mensch, der vielleicht verstand, daß Lawrence ein amüsanter und wertvoller Kandidat war. Das Problem war, daß Lawrence, der genau begriff, was ich mit diesem Manöver bezweckte, sich nicht gern manövrieren ließ. Er hatte keine Lust, den Rektor zu treffen; er hatte schlechte Laune, und das Essen nahm einen schlechten Anfang. Nach einer Weile begann Lawrence über seine Arbeit an der Chelsea School of Art zu reden. Das versprach langweilig zu werden: Er sprach über die Kantinenpläne und das Problem der »Portionierung«, worunter, wie ich annahm, die Aufteilung von Dingen wie Biskuitkuchen und Butterportionen zu verstehen war, und in jenem Augenblick stieg die Muse der Komödie herab. Daß die Schilderung der peinlich genauen Aufteilung von Nahrungsmitteln für einen üppigen Quell der Heiterkeit sorgte, mag unmöglich klingen. Ich kann nur sagen, daß wir uns bei dieser Gelegenheit vor Lachen kaum halten konnten. Als ich Sir Roger Tränen lachen sah, wußte ich, daß Lawrence den Lehrstuhl bekommen würde, wenn er ihn wollte, und ich nahm an, daß er vielleicht wollte.

Bevor ich meine Stelle aufgab, schrieb ich Lawrence einen persönlichen Brief, in dem ich versuchte, ihm die Geschichte des Fachbereichs zu vermitteln; ich wollte, Maurice de Saumarez hätte das gleiche für mich getan. In dem Brief schrieb ich, wie problematisch Arnold Noach sei, mit dem ich jedoch recht gut ausgekommen war. In vieler Hinsicht war er ein sympathischer Mann; er konnte witzig sein, er war freundlich, er wußte wirklich viel auf seinem Gebiet, und ich hatte es fertiggebracht, zu ein paar seiner Vorlesungen zu gehen, die klar und lehrreich waren. Aber er war problematisch.

Er kam mit der Bitte um eine Referenz zu mir, die er für irgendeinen Posten brauchte. Ich sagte zu und bat ihn um seinen Lebenslauf. Es war ein bemerkenswertes Dokument. Er war genauso alt wie ich und war an einer holländischen Universität mit einer Dissertation über die Amsterdamer Oude Kerk promoviert worden. Wenn man berücksichtigt, daß er als Jude während der deutschen Okkupation wahrscheinlich nicht arbeiten konnte, hatte er danach immerhin etwa fünfundzwanzig Jahre Zeit gehabt, um noch etwas zu produzieren. Das einzige, was er in der Zeit fertiggebracht hat, ist ein Text für das dritte Programm irgendeines Rundfunksenders, an den ich mich nicht mehr entsinne.

Ich mußte ihm sagen, daß ich zwar guten Gewissens schreiben könnte, daß er ein großer Gelehrter sei, der sehr gute Vorlesungen halten könne, daß ich seine Chancen aber doch für gering hielt, auch wenn ich nichts für die Wissenschaftler übrig hatte, deren erste und einzige Frage an den Bewerber lautet: »Was haben Sie veröffentlicht?« Beim Aussortieren der Bewerbungen sahen sich die Akademiker zuallererst an, was an Publikationen vorlag; wenn sie seine Vorlesungen miterleben könnten, hätte er vielleicht eine bessere Chance. Aber wie sollte das gehen?

Der arme Kerl stöhnte. Er hatte immer gerade vor, ein Buch zu schreiben, aber irgendwie wurde nie etwas daraus. »Ich einige mich mit anderen Gelehrten auf ein Buch, das wir gemeinsam verfassen. Sie schreiben, aber ich kann nicht. Ich bin unten durch.«

Es war eine Bestätigung dessen, was ich bereits wahrgenommen hatte. Wenn man in Arnolds Zimmer kam, las er gewöhnlich ein Buch, tratschte mit einer Sekretärin oder schlief fest. Wenn er gerade keine Vorlesung gab, war er für das Institut unbrauchbar. Ihn zu entlassen würde nicht leicht sein, aber ich fand langsam, daß ein Weg in dieser Richtung gefunden werden mußte.

Dann änderte sich die Situation ganz unerwartet. Eine amerikanische Universität berief ihn für ein Semester. Er nahm an und war dort sehr beliebt. Möglicherweise konnte er dorthin zurück und würde dann bekommen, wonach er sich sehnte – einen Lehrstuhl. Amerikanische Lehrstühle sind leichter zu bekommen als britische, und sie sind vielleicht auch nicht ganz das gleiche, aber zumindest wäre er dann Professor Noach. Das schien die beste Lösung zu sein.

So war die Lage, als Lawrence ankam. Als der arme Arnold hörte, daß ich bald weggehen würde, begann er wieder, an der Universität um die Gunst seiner Freunde zu werben. Ich war überrascht; ob er bedacht hatte, daß er keine Ahnung hatte, wie man eine Schule für Malerei leitete, und ob er bemerkt hatte, daß ein Fachbereichsleiter einige Arbeit hatte? Natürlich spielte das eigentlich keine Rolle, wenn es auch traurig war, daß er wieder eine Enttäuschung erleben würde.

In meinem Brief an Lawrence konnte ich nicht verheimlichen, das Arnold Noach ein Problem darstellte. Vielleicht war es unklug von mir, ihm eine Politik meisterhafter Untätigkeit vorzuschlagen. Die Neuberufung würde Arnold bestimmt davon überzeugen, daß es sinnlos war, in Leeds zu bleiben, wenn er in Amerika erwünscht war. Wenn man ihn in Ruhe ließe, würde er von selbst gehen.

Vermutlich war es dumm, Lawrence zur Untätigkeit zu ermuntern, und vielleicht war es falsch, Arnold zu sagen, daß König Baumstamm zwar ginge, daß er aber mit König Storch* zu rechnen habe.

---

* Im Englischen ein Bild für den passiven und den aktiven Typus des Herrschers, das auf die von Phaedrus überlieferte Fabel *Die Frösche und ihr König* zurückgeht. [Anm. d. Ü.]

Lawrence wurde in sein Amt eingeführt und erwirkte fast sofort einen Sonderlehrstuhl für Arnold. Warum tat er das? Da es sich um Lawrence handelte, war es möglich, daß er irgend etwas Unglaubliches im Sinn hatte; es konnte natürlich auch sein – und ich bin mir fast sicher, daß es so war –, daß er nicht im Traum daran dachte, von mir einen Rat anzunehmen. (Ich war in der Zwickmühle; hätte ich ihn nicht gewarnt, hätte er mir zu Recht Vorwürfe gemacht.)

Von dem Augenblick an, da er an die Universität kam, war es, als hätte der Lehrstuhl für Bildende Kunst einen Zirkus mit drei Manegen bekommen. Im Handumdrehen hatten wir eine hervorragende Bibliothek, mehr als doppelt so viele Studenten, doppelt so viele Dozenten und Mitarbeiter, eine Häuserreihe mit Ateliers, eine eigene Kunstgalerie... ein paar Beförderungen und täglich zehn paradoxe Bemerkungen, die zu denken gaben. In seiner doppelten Eigenschaft als Künstler und Gelehrter verkörperte er das Ideal des Fachbereichs.[*]

Lawrence gefiel es ausgezeichnet; in der Euphorie des Augenblicks schien es ganz natürlich und angemessen, daß er seinen zweiten Befehlshaber beförderte.

Arnold muß sich sehr gefreut haben, aber die Freude währte nicht lange. Tatsächlich provozierte der Sonderlehrstuhl den ersten Zwischenfall. Arnold feierte das Ereignis, indem er neues Briefpapier in Auftrag gab. Der Briefkopf lautete: »Arnold Noach, Professor für Bildende Kunst«. Lawrence zeigte zum erstenmal die Krallen und erinnerte ihn daran, daß er nichts dergleichen sei, und das Briefpapier mußte eingestampft werden.

Als ich etwa zwei Jahre später zu Besuch nach Leeds kam, mußte ich feststellen, daß im Fachbereich offener Krieg herrschte; vielleicht handelte es sich eher um eine Hetzjagd als um einen Krieg, obwohl ich glaube, daß Arnold aus seiner Meinung über Lawrences Vermeer-Buch keinen Hehl gemacht hätte, wenn man ihn provoziert hätte. Er muß jedoch ziemlich unglücklich gewesen sein. Es ging ihm gesundheitlich schlecht, und wenn Lawrence verletzend sein wollte, konnte er wirklich grausam sein; selbst John Jones, den er schätzte, und der ihn

---

[*] Aus einem Brief von John Jones an mich, 1994.

252

äußerst amüsant fand, hatte manchmal unter ihm zu leiden. Als ich Lawrence fragte, warum er Noach den Lehrstuhl verschafft hatte, erwiderte er: »Der größte Fehler meines Lebens.« Das war keine Erklärung, aber es war eine schöne und keinesfalls typische Bemerkung.

Lawrence blieb ein paar Jahre in Leeds und ging dann an die Slade School of Art. Er brachte sich in phantastische Situationen und begab sich in eine Welt, in der kein Platz für mich war. Er machte ein paar ausgezeichnete Fernsehsendungen, die hoffentlich aufgezeichnet worden sind. Er war zum dritten Mal verheiratet und hatte eine reizende Frau und eine wunderbare Familie. Doch die Schilderung seiner letzten Lebensjahre muß ich einem anderen Beobachter überlassen.

Robert Medley und
Mary Butts

Robert Medley starb am 20. Oktober 1994. Es ist jetzt möglich, Dinge zu sagen, die er nicht gerne gehört hätte, obwohl sie ihm durchaus zur Ehre gereichen. Er war fünf Jahre älter als ich. Als er zum ersten Mal nach Charleston kam, war ich ein Schuljunge und Angelica ein Kind, oder zumindest so jung, daß sie Vanessa glaubte, als sie ihr sagte, Mr Medley sei ein alter Herr mit einem rosafarbenen Bart und erwarte, daß sie ihn mit einem Knicks begrüßte.

Als ich ihn wiedertraf, war ich gerade mit Duncan am Boulevard St. Germain, und wir suchten nach einem Raum, in dem ich vor einem Modell arbeiten konnte. Robert wußte eine Lösung. Er selbst arbeitete in einer kleinen Schule, an der Marchand lehrte und wo auch Léger und Ozenfant lehren sollten; sie nannte sich Académie Moderne. Dorthin ging ich täglich zum Arbeiten und begegnete gewöhnlich Robert. Wir waren, glaube ich, die einzigen männlichen Studenten.

Wir lernten einander recht gut kennen; er war sympathisch und liebenswürdig. Er war ein sehr ernsthafter junger Maler, das heißt ernsthaft, was seine Arbeit anging; in anderen Bereichen war er gut informiert und amüsant. Manchmal aßen wir gemeinsam in einem preiswerten Restaurant zu Mittag, wo man es verstand, Pferdefleisch eßbar zu machen. Wir sahen uns die avantgardistischen Filme an, die damals in Paris herauskamen, und er machte mich mit seinem Freund Rupert Doone bekannt. Rupert war damals ein junger Ballettänzer und, soweit ich das beurteilen konnte, ein vollendeter Künstler. In seiner Jugend war er sehr hübsch gewesen, doch er fing gerade an, etwas an Schönheit zu verlieren. Er gehörte zur Truppe von Ida Rubinstein. Robert und ich gingen zur Premiere von Mademoiselle Rubinsteins Produktion; zu hören war Ravels *Bolero*, eine neue Komposition, die meinen ungeschulten Ohren langweilig vorkam; möglicherweise nahm mich der groteske Anblick der Rubinstein, die schwungvoll auf einem Tisch tanzte, dagegen ein. Eine andere Nummer, bei der Rupert mit zwei weiteren Tänzen auftrat, war mehr nach meinem und Roberts Geschmack.

Aber Rupert begnügte sich nicht damit, *Ballerino* zu sein. Er schrieb einen Roman. Er glaubte, der Roman würde zu einem literarischen Meisterwerk des zwanzigsten Jahrhunderts, und las uns ein paar Kapitel daraus vor. Ich war beeindruckt. (Ich frage mich, ob das Manuskript noch existiert und was man heute davon halten würde.)

Anfangs sah ich Rupert nur selten; tagsüber hatte er Proben, und abends trat er auf. Als ich ihn und Robert öfter gemeinsam traf, führten sie mich in die Werke von Laurence Sterne ein, eine schöne Entdeckung und eine willkommene Ablenkung von meiner lehrreichen, aber mühseligen Beschäftigung mit *Du côté de chez Swann*.

Aber wenn ich Robert und Rupert gemeinsam traf, war das auch in anderer Hinsicht lehrreich. Daß Robert sehr in Rupert verliebt war, sah man deutlich, aber daß Rupert in Robert verliebt war, schien nicht so sicher. Vermutlich war er gewissermaßen verliebt, aber es handelte sich um eine Liebe besonderer Art, beziehungsweise, wie man sagen könnte, besonderer Unart. Sie lebten wie ein Ehepaar zusammen, wobei Robert die Ehefrau war und Rupert der tyrannische Ehemann. Es mag sein, daß Ehemänner ihre Ehefrauen schlagen (oder umgekehrt) und daß dies, wenn es privat geschieht, eine Sache gegenseitigen Einverständnisses ist; aber den Partner in der Öffentlichkeit zu züchtigen und zu demütigen ist, wie mir scheint, etwas ganz anderes.

Ich wurde wider Willen Zeuge dieser Bestrafung *coram publico*. Ruperts Grausamkeit war gnadenlos und raffiniert. Er wußte, wie er seinen liebenswerten Freund fast zum Weinen bringen konnte. Er begriff ganz genau, daß Robert es haßte, in meiner Gegenwart zerfleischt zu werden, und wie schrecklich es für mich war, das mit ansehen zu müssen. Er wußte auch, daß Robert sich ergeben und wie ein geprügelter Hund angekrochen kommen würde und daß ich nicht nur seine, Ruperts, Freundschaft, sondern auch die von Robert verlieren würde, wenn ich protestierte.

Es mag so aussehen, als sei Robert ein schwacher Charakter gewesen, aber vielleicht war die Sache zum Teil deshalb so schrecklich, weil er in den Dingen des täglichen Lebens nicht schwach war. Außerhalb der »Ehe« war er selbstbewußt und manchmal von ruhiger Hartnäckigkeit. Die »Liebe«, falls das das richtige Wort ist, machte ihn schwach. Sie war der Grund dafür, daß wir uns trennten, ohne daß es je offen zum Bruch gekommen wäre. Selbst nachdem Rupert krank geworden und gestorben war, war Robert so in seine Erinnerung verliebt, daß man ihm nicht sagen konnte, was man von Rupert hielt, weil man ihn damit gekränkt hätte.

Robert und Rupert nahmen mich auch zu Mary Butts mit, in die Rue Montessuy. Wir waren uns schon einmal begegnet, als Mary Roger Fry tröstete, der gerade Vanessa verloren hatte, aber das war so lange her, daß ich mich nicht mehr an sie erinnerte. Trotzdem begrüßte sie mich bei dieser zweiten Begegnung, bei der ich etwa neunzehn Jahre alt war, voller Begeisterung, schwor, daß wir einander glichen wie ein Ei dem anderen, daß Clive wahrscheinlich ihr Vater sei, und schlug vor, daß wir die Kleider tauschen und uns in die Pariser Gesellschaft aufmachen sollten, ich als Mary und sie als Quentin. Der Plan wurde nie in die Tat umgesetzt, aber wir verstanden uns sehr gut. Mary hatte auch Robert und Rupert sehr gern; den Beweis dafür bekam ich bald.

Einer von Ruperts zahlreichen ärgerlichen Charakterzügen war seine Überzeugung, daß er weitaus gebildeter sei als ich, was bestenfalls halb stimmte, und daß er viel gebildeter sei als beinahe alle anderen, was nicht stimmte. Ich entsinne mich an einen Abend, an dem er mir, Mary und Robert etwas über Plato erzählte. Er hatte die Dialoge gelesen; er empfahl uns, das auch zu tun, sie seien nicht zu schwierig, besonders das *Gastmahl* könne er empfehlen. Er erzählte uns viel davon und meinte, wir sollten uns unbedingt damit befassen. Ich war halb irritiert, halb amüsiert, aber derjenige, der litt, und zwar akut, war wie üblich Robert. Robert flehte Mary, wie sie sagte, mit mitleiderregenden, gequälten Blicken an, weil er wußte, daß es in ihrer Macht

Robert Medley (Selbstporträt, 1977)

lag, Rupert zu vernichten. Rupert hatte vergessen – falls er es je gewußt hatte –, daß Mary Altphilologin war und, wie es heißt, als solche einen guten Ruf hatte. Sie war in großer Versuchung gewesen, Rupert zu sagen, daß er ein angeberischer Idiot war, hatte sich aber zurückgehalten. Sie verhielt sich wunderbar und ließ Rupert in dem glücklichen Bewußtsein seiner geistigen Überlegenheit.

Wenn wir allein waren, war Mary sehr versöhnlich. Man dürfe nicht vergessen, daß Rupert benachteiligt sei. »Während wir zur Schule gegangen sind, hat er die Milch ausgetragen« – anscheinend wußte sie mehr über die Verhältnisse, aus denen Rupert kam, als ich je erfuhr. Ich stammte aus einem sehr armen Elternhaus und mußte sich alles selbst beibringen. Weil er das auch getan hat, muß man ihm verzeihen, daß er sich für großartig hielt, denn schließlich war er großartig, auf seine Art. Warum Mary dann der Geduldsfaden riß, werden wir nie erfahren. Aber als ich Robert Jahre später fragte, ob er etwas von Mary gehört hätte, antwortete er: »Ich spreche schon jahrelang nicht mehr mit ihr. Sie hat etwas Unverzeihliches zu Rupert gesagt.« Ich frage mich immer noch, was das gewesen sein kann; sie konnte sehr vieles gesagt haben.

Vermutlich Anfang 1929, als Robert und ich wieder in London lebten, bat er darum, mich porträtieren zu dürfen. Ich hatte schon oft Modell gesessen und hoffe daher, daß es nicht an mir lag, daß Robert sich vergeblich abmühte. Schließlich gab er verzweifelt auf und ging zurück nach Paris. Danach sahen wir uns ziemlich lange nicht mehr. Später erzählte er mir von der Katastrophe, zu der es ein Jahr später kam.

Rupert hatte immer den Ehrgeiz gehabt, in Diaghilevs Tanztruppe aufgenommen zu werden. In jenem Jahr traf er den berühmten Mann in Paris, und nach einem guten Gespräch gab er Rupert zum Schluß das Versprechen, ihn zu engagieren. Im August waren Robert und Rupert in Cassis und warteten auf eine Aufforderung von Diaghilev, der sich in Venedig befand, aber die Aufforderung kam nie. Am 19. August starb Diaghilev. Es muß eine furchtbare Enttäuschung gewesen sein.

Im Sommer 1929 ging ich nach Paris zurück und in die Rue Montessuy. In dieser Zeit traf ich mich oft mit Mary; ich fand sie bemerkenswert. Ich las mit Genuß ihre Bücher – ich würde mich heute äußerst ungern über sie prüfen lassen –, doch am unterhaltsamsten waren ihre Gespräche; ihre Gesellschaft war außerordentlich angenehm, und sie trug zu meiner Bildung bei. Sie erzählte Geschichten über ihre uralte Familie; die Butts waren unter Henry VIII. wichtige Leute, und sie waren im Besitz eines Familienporträts, das Holbein zugeschrieben wird; ein anderer Butts war der Freund und Mäzen von William Blake; Marys Mutter hatte unbeschreibliche Verbrechen verübt, und was Marys Bruder Tony anbelangte – seine Verbrechen waren noch schlimmer. Diese reichhaltige, starke Mixtur aus Tatsachen und Erfindungen konnte in herrlicher Fülle aus Mary hervorquellen, wenn sie ein oder zwei Pfeifen geraucht hatte. Man muß dazusagen, daß Marys Pfeifen mit Opium gefüllt waren.

Obwohl Mary fest an die inspirierende Wirkung dieser Droge glaubte und behauptete, daß es kaum ein gutes Gedicht in englischer Sprache gebe, das nicht unter Opiumeinfluß entstanden sei, versuchte sie nie, mich zu »bekehren« – und das ist bei den mir bekannten Süchtigen eine Seltenheit. Schließlich hatte ich nicht vor, Gedichte zu schreiben, und war, was man in anderem Zusammenhang »unschlagbar unwissend« nennt.

Mary liebte genau wie Roger Fry das Wunderbare, doch während seine Phantasieflüge von den Wundern der Naturwissenschaft inspiriert waren, waren die ihren traditionell, bei ihr gab es Geister und das Zweite Gesicht, Hexen und Vampire; wenn sie sprach, beschwor sie sie alle herauf, und obwohl ich normalerweise kein Bedürfnis verspüre, die Geister aus den tiefsten Tiefen zu rufen, erzählte sie so gut davon, daß ich für einen Augenblick meine Skepsis aufgab und ihre Phantasien genoß.

Im Sommer 1929 sah ich sie oft, und dann wieder, als ich im Herbst nach Paris zurückkam. Sie hatte inzwischen einen Liebhaber, Gabriel Atkins, der Maynard Keynes' Lustknabe gewesen war und der gefeierte Star der englischen Homosexuellenszene. Der arme Gabriel war in einem traurigen Zustand; seine Schönheit war verblüht, und viel mehr hatte er wirklich nicht zu bieten. Was Mary an ihm fand, weiß ich nicht, sofern es nicht vielleicht sein Elend war. Wie Rupert war er unglücklich, und sie hatte Mitleid mit ihm; im Unterschied zu Rupert war er auf eine mitleiderregende Art pathetisch liebenswürdig. Er suchte nicht nur in Marys Freundlichkeit Trost, sondern auch in der Religion. Man hatte ihn in die katholische Kirche aufgenommen, aber er war dort nicht glücklich; er gestand mir, daß er sehr beunruhigt sei, ja, daß er schreckliche Angst habe, weil sein geistlicher Führer beharrlich behaupte, Päderastie sei – ich glaube, ich zitiere richtig – »Sünde gegen Christus«. Der reuelose Päderast komme in die Hölle. Daraus schloß ich, daß Mary zu der Zeit nicht seine einzige Liebe war.

Das war schrecklich für ihn, armer Bursche, doch muß ich gestehen, daß mir seine hartnäckige Angewohnheit, sich bei jedem Treffen Geld von mir zu »borgen«, mehr Kummer machte. Ich hatte nicht besonders viel Geld und konnte nicht zulassen, daß Gabriel an meine Nächstenliebe appellierte, aber ich war schwach und gab ihm eine Kleinigkeit. Es war dumm von mir, und schließlich mußte ich Mary sagen, daß ich nicht in die Rue Montessuy kommen könne, wenn Gabriel dort sei. All das war der Auftakt zur verhängnisvollsten Teegesellschaft meines Lebens.

Ich arbeitete damals weiterhin in dem Atelier, in das Robert mich eingeführt hatte. Es bot viele Vorteile und war ein angenehmer Ort, wo man Freundschaften schließen konnte. Dort traf ich dann auch eine junge Frau, die ich Monica nennen möchte. Monica war in jeglicher Hinsicht ein braves Mädchen. Sie war aus Eastbourne und die Tochter ehrenwerter Leute. Man hatte sie zu einer französischen Familie nach Paris geschickt, wo sie Kunst studieren sollte. Warum sie das tat, weiß ich nicht, denn sie interessierte sich kein bißchen für Kunst und war nicht künstlerisch begabt. Statt dessen wollte sie in Paris »das Leben kennenlernen«. Ich glaube nicht, daß sie wußte, was das sein könnte, aber offensichtlich hatte sie das Gefühl, daß der Schwarm netter amerikanischer Mädchen im Atelier nicht »das Leben« war, und damit hatte sie vielleicht recht. Sie hatte auch recht mit ihrer Annahme, daß ich es ihr ein wenig zeigen konnte; tatsächlich lag sie damit richtiger, als wir beide wissen konnten.

Da Monica liebenswürdig, amüsant, außerordentlich schön und bereit für ein kleines unschuldiges Techtelmechtel war, nahm ich es gerne auf mich, ihr eine kleine Kostprobe vom »Leben« zu geben. Ich muß zugeben, daß ich darin auch nicht allzu bewandert war, aber ich dachte, etwas, was so wenig wie möglich mit dem erstickenden Eastbourner Anstand oder dem emsigen Streben nach Schönheit am Atelier Moderne zu tun hatte, wäre das Richtige. Daher schrieb ich an Mary und fragte sie, ob ich eine nette junge Frau zu ihr mitbringen könne. Das war mein erster Fauxpas: Ich hätte Monica detaillierter beschreiben sollen, auch wenn das im Endeffekt nichts geändert hätte.

Zuerst gab es Schwierigkeiten an Marys Tür; wir konnten hören, daß es bei ihr laut zuging, aber niemand reagierte auf unser Klopfen, und erst nach dem dritten oder vierten Mal erschien Gabriel. Seine Stimme zitterte, und ich hatte den Verdacht, daß er betrunken war oder Drogen genommen hatte. Es muß ziemlich spät am Nachmittag gewesen sein; das Vorzimmer lag ganz im Dunkeln.

Marys Person und ihre Wohnungen waren immer von einer gewissen bohemehaften Ungeniertheit, die mir durchaus sympathisch war, aber diesmal hatte sie sich selbst übertroffen. In Flaschen, auf Regalen, auf Bücherschränken und auf dem Boden, der von der Unterwäsche beider Geschlechter übersät war, standen eine Menge Kerzen, die das Zimmer strahlend hell und unangenehm warm machten. Das große quadratische Bett ähnelte dem Diwan des Sardanapal auf dem Gemälde von Delacroix. Dort saß Mary, in einen Bettüberwurf gewickelt, der, wie man leicht sah, ihre einzige Bekleidung war; neben ihr lag eine große, bis zum Boden reichende Schriftrolle mit den durch Ruhmestaten erworbenen Wappenbildern zahlreicher wappenführender Familien. Ich sah, daß es der Stammbaum der Butts war.

Mary sprach als erste und wandte sich dabei an ein recht offenkundiges Versteck, einen Kleiderschrank, aus dem ein ziemlich schmutziger kleiner Mann kam. »Alexandre, tu peux sortir, ce sont des amis, ce n'est pas la police.« Sie erklärte, Alexandre sei von der Polizei ausgewiesen worden, hätte es aber fertiggebracht, zurückzukommen. »Meine Lieben«, sagte Mary, »habt ihr schon Tee getrunken? Gabriel, mach uns Tee.«

Während Gabriel versuchte, Tee zu machen, stand Alexandre im Mittelpunkt. Anscheinend hatte er einen Freund, einen Monsieur Drieu de la Rochelle, der ihm nützlich sein konnte, aber er hatte kein

Geld. Schließlich gab Mary ihm eine kleine Summe und schickte ihn fort. Gabriel hatte immer noch keinen Tee gemacht.

Mary erklärte uns später, weil Alexandre gekommen sei, hätte sie unsere Verabredung ganz vergessen. Sie sagte, Alexandre sei charmant, aber manchmal schwierig. Ich glaube, er handelte mit Drogen. Tee gab es immer noch nicht. Ich bat Mary um eine Erklärung für die Kerzen. Man habe ihr den Strom abgestellt, aber die Kerzen sähen doch wunderschön aus. Die Unterhaltung verlief ziemlich zäh. Ich merkte, daß die beiden Damen sich nicht sehr füreinander interessierten. Mary sagte mir später, meine kleine Freundin sei eine farblose Person und sie habe das Mobiliar angeschaut, »als sei sie eine Gerichtsvollzieherin«. Außerdem sei sie nicht sehr gut gekleidet.

Wenn Mary dazu gebracht werden könnte, eine von ihren Vorstellungen zu geben, würde Monica sich vielleicht bezaubern lassen und sich doch noch amüsieren. Mary tat mir den Gefallen: Sie begann von ihrem Vater beim Kriegsdienst als Trommler auf der Krim zu erzählen (obwohl ihre Datierung unmöglich klingt, glaube ich, daß sie stimmt). Sie sprach von der Not jenes schrecklichen Winters 1854/55; die Türken hätten alle Delikatessen gestohlen, die man den Jungen aus England geschickt hatte. »Und was fanden die armen Jungen, als sie den Geschenkkorb aufmachten? Nicht Orangenmarmelade, Käse und Brandy, sondern nur Sand und Scheiße, nichts als Sand und Scheiße.«

Im Jahr 1929 war es durchaus möglich, daß ein wohlerzogenes Mädchen nicht wußte, was das Wort »Scheiße« bedeutete. Monica wußte Bescheid und wurde rot. Ich war böse auf Mary, stand auf und sagte, wir müßten gehen (wir hatten immer noch keinen Tee). Wir brachen dann trotz Marys Bitten auf. Als wir uns schon verabschiedet hatten, setzte sich Mary auf, hielt etwas zwischen Daumen und Zeigefinger und brüllte beinah.

»Wanzen!« schrie sie, und ich glaube, ihr Entsetzen war nicht gespielt. »Wanzen! Ich wußte, daß es falsch war, Alexandre in die Wohnung zu lassen. Er schläft bei allen möglichen Leuten an allen möglichen Orten, aber ich hätte nicht gedacht, daß er mir Wanzen ins Bett bringen würde.« Mary schaute mich ärgerlich an, als wir die Flucht ergriffen. Als ich ihr später wegen ihres Betragens Vorwürfe machte, gab sie vor, sich ihrer Überspanntheiten nicht bewußt gewesen zu sein, und vielleicht war es wirklich so. Monica beschwerte sich ebenfalls. Natürlich hatte sie »das Leben« kennenlernen wollen, und das Programm jenes Nachmittags war ja lebendig genug; aber für eine Anfängerin war es wahrhaftig eine recht starke Dosis Leben.

Ich verstand mich weiterhin gut mit beiden Damen und war sehr gerne mit ihnen zusammen, nur durften wir nicht zu dritt sein. Das ging ohne Schwierigkeiten, und als ich nach England zurückging, war der Vorteil, daß ich Monica treffen konnte, ohne die Rue Montessuy in der Nähe zu haben, denn von Charleston war es nicht weit nach Eastbourne, wo Monica lebte. Sie lernte in Charleston Vanessa kennen, die ihre Augen sehr schön fand. Ich fuhr mit dem Bus nach Eastbourne und lernte Monicas Mutter kennen, bei der ich zwar keinen großen Anklang fand, die aber nicht unfreundlich war; die beiden nahmen mich zu einer Aufführung von *Lilac Time* (*Zeit des Flieders*) mit, was gut gemeint war, und später bekam ich eine Einladung zum Tee.

Die Einladung war eine Enttäuschung; ich hatte gehofft, wir würden zu zweit sein, aber ich traf Monica mit drei anderen Freunden an; sie spielten Tennis. Selbst wenn ich ein guter Tennisspieler gewesen wäre: zu fünft kann man weder richtig Tennis spielen noch sonst irgendein Spiel, wie ich feststellen mußte, als das Wetter schlecht wurde und wir zum Bridgespielen ins Haus gingen. Bridge konnte ich noch weniger als Tennis. Alle waren sehr höflich, aber das Gespräch verlagerte sich sofort auf den neuesten Klatsch, der mir nichts sagte. Kurz, ich war isoliert und kam mir lächerlich vor. Schließlich wollte ich mich lieber dem Regen aussetzen als diesen Leuten und ging. Zu Hause fand ich ein Telegramm vor, in dem stand, ich solle nicht nach Eastbourne kommen – es war zu spät aufgegeben worden.

Es gibt die Fabel von einem Fuchs, der einen Kranich zum Abendessen einlädt. Er serviert ihm das Essen auf einem Teller, der so flach ist, daß der Kranich nichts zu sich nehmen kann; der Kranich lädt darauf den Fuchs ein und serviert das Essen in einer Vase, die so tief ist, daß der Fuchs es nicht erreichen kann. Hatte Monica mich so behandelt wie der Kranich den Fuchs? Wenn ja, dann war sie sehr raffiniert. Monica konnte schwerlich das Wetter bestimmen, das mich in eine unerträgliche Lage gebracht hatte, aber ebensowenig konnte ich wissen, daß Mary ihre Einladung vergessen würde.

Diese verheerenden Vorfälle hatten ihr Gutes: Sie zeigten uns, daß jeder von uns in einer Welt lebte, in der es Gebiete gab, wo ein Fremder zugrunde gehen konnte. Monica verheiratete sich gut und hoffentlich glücklich und verschwand aus meinem Leben. Mary war unterdessen in Schwierigkeiten. Als wir beide in London waren, erhielt ich eine Einladung zum Abendessen mit ihr und ihrer Mutter, Mrs Colville Hyde, die irgendwo beim Buckingham Palace wohnte. Mary wirkte jünger und schöner auf mich als je zuvor (ich glaube, sie nahm kein Opium mehr). Bei dieser Gelegenheit sah ich auch den Holbein der Butts: Er war sicher echt; und nach der Entfernung von viel schwarzer Farbe und jahrhundertealtem Schmutz sah er wunderbar aus. Ich weiß mit einiger Sicherheit, daß er heute in der National Gallery in Washington hängt.

Jetzt, da ihr Äußeres und ihre Gesundheit wiederhergestellt waren und auch ihre finanzielle Lage vielversprechend war, hätte Mary eigentlich glücklich sein müssen, aber sie war es nicht. Gabriel war weggetragen worden, stibitzt wie Ganymed, und der Adler war eine ältere amerikanische Dame. Ich wurde gebeten, ihn zu erretten. Ich sollte an Maynard herantreten, der, wie man mir zu verstehen gab, Gabriel auf irgendeine Weise umdirigieren konnte. Ich übernahm diesen Auftrag ungern, trat aber an Maynard heran; er schien genauso verblüfft wie ich und konnte nichts ausrichten. In diesem Punkt irrte ich mich sicher, denn am Ende wurde Angus Wilson mit derselben Aufgabe betraut und brachte es fertig, den Flüchtling zurückzuholen.

Ob Mary Gabriel ganz zurückgewann, weiß ich nicht, aber ich habe meine Zweifel, weil ich 1934, als ich mit Yvonne Kapp in Cornwall war und mit ihr kurz nach Sennen Cove bei St Ives fuhr, auf Mary traf, die sich um einen Garten voller Mohnblumen kümmerte; ganz die alte, aber von Gabriel keine Spur. Meine Erinnerungen an diesen Besuch sind jedoch spärlich.

Über zwei Informanten hörte ich weiterhin von Mary: über Angus und meine Tante Virginia. Virginia hatte Kontakt mit Tony Butts, dem Bruder von Mary. Er und Mary hatten kein gutes Verhältnis, und seine Berichte waren unfreundlich: Mary trinke sich zu Tode. Angus hatte sensationellere Neuigkeiten. Mary und ihre Freunde bauten nicht nur Mohn an, sondern beschworen den Teufel, und damit meine ich, daß sie wirklich versuchten, mit Apollyon in Kontakt zu treten. Das ist mir immer eher wie etwas erschienen, was zuviel des Guten ist. Aber für Mary und ihre Freunde war es etwas Schlimmeres, oder zumindest Gefährlicheres. Laut Angus nahm sie die Sache sehr ernst und ängstigte sich schließlich buchstäblich zu Tode. Gabriel kam zu ihrem Begräbnis, erkältete sich und starb ebenfalls.

In den Dreißiger Jahren sah ich Robert Medley oder seine Arbeiten nicht sehr häufig, und während des Krieges sah ich ihn überhaupt nicht. Doch sein Ansehen wuchs, und nach dem Krieg unterrichtete er an den Kunstschulen Chelsea und Slade. Er wurde später Direktor der Schule für Malerei in Camberwell, die zu einer der hervorragendsten im Land wurde. Es war nur natürlich, daß Lawrence Gowing ihn einlud, seine Arbeiten in Newcastle auszustellen, sich mit den Studenten zu unterhalten, und es war auch selbstverständlich, daß er bei Olivier und mir wohnen sollte. Ich fürchte, er fand die Gastfreundschaft dürftig; in einer jungen Ehe mit Kindern war das Leben notgedrungen frugal, und wir tranken fast nichts, was stärker als Cider war. Natürlich wurde Robert zu Ehren eine Flasche Wein bereitgestellt, aber ich hatte nicht daran gedacht, daß ein Gast auch vor dem Abendessen etwas Alkoholisches erwartet. Der Drink tauchte nicht auf, und der arme Robert wurde schließlich so verzweifelt, daß er sich auf die Suche nach dem nächsten Pub machte und äußerst gutgelaunt zum Essen zurückkam. Als wir wieder in Sussex (und besser vorbereitet) waren, kam er zu uns und las uns aus seiner Autobiographie vor, an der er gerade schrieb. Rupert litt inzwischen an einer unheilbaren Krankheit, bei der der Geist vor dem Körper zerstört wird; in seinem Buch *Drawn from the Life* (*Nach dem Leben gezeichnet*) hat er Ruperts traurige letzte Lebensjahre geschildert.

Charleston hatte gehofft, eine Ausstellung für ihn arrangieren zu können; er wurde nach Charleston eingeladen und sollte mit uns zu Mittag essen. Am Tag vorher hörten wir, daß es ihm nicht gutgehe und er den Besuch verschieben müsse. Zwei Tage später war er tot.

Anthony Blunt

*I*ch lernte ihn in Julians Zimmer in Cambridge kennen. Am Vormittag war ich im Fitzwilliam-Museum gewesen und hatte unter anderem ein Gemälde gesehen, das mich verblüffte. Zuerst dachte ich, es sei eine Landschaft von Constable; bei näherer Betrachtung sah es nach einer äußerst schlechten, ja üblen, aber genauen Imitation aus. Ich wußte, daß Anthony praktisch der einzige in Cambridge war, der sich für Malerei interessierte, und ich fragte ihn nach dem Bild. Er war tatsächlich gut informiert: Es stammte von einem gewissen Müller, »genau wie Constable, aber ohne dessen Seele«. Julian machte sich über Anthony lustig, weil er das Wort »Seele« gebrauchte, und dann wurde über andere Themen gesprochen.

Julian war damals zu dem Schluß gekommen, daß er Dichter war. Er hatte sich jedoch immer für Malerei interessiert, oder jedenfalls für Clives und Rogers Spekulationen über Ästhetik, und es machte ihm Spaß, die abstrakte Kunst zu verteidigen. Anthony war ebenfalls ein Verfechter der »modernen Kunst«: Wie Roger war er ein großer Bewunderer von Cézanne und Poussin. Julian und Anthony hatten also einen ähnlichen Geschmack, der wohl der Anknüpfungspunkt für ihre Freundschaft war.

Um 1929 interessierten sich die Cambridger Studenten mehr für Ethik als für Politik. Ich glaube nicht, daß Julian versucht hat, Anthony zum Sozialismus zu bekehren. Anthony allerdings versuchte, Julian zur Homosexualität zu bekehren, scheiterte aber gründlich.

Das Wiederaufleben der Linken an den Universitäten war in Oxford aufsehenerregender als in Cambridge; ich weiß noch, wie aufregend ich es damals fand, als ich als Patient in einem Schweizer Sanatorium davon hörte, daß die Oxforder Jugend dafür gestimmt hatte, nicht »für König und Vaterland« zu kämpfen. Das war eher eine pazifistische als eine kommunistische Geste, und als Pazifist – als »heftiger Pazifist« tat sich auch Julian in Cambridge hervor. Der Kommunismus kam später in Mode, was ich erst bemerkte, als ich nach Julians Tod (1937) in seinen »Notizen für eine kurze Autobiographie« las: »Das Bitterste an der kommunistischen Hysterie in Cambridge ist wohl, daß die Gesellschaft [d. h. die Apostel] praktisch tot ist; ich habe die Hoffnung, daß es sich nur um ein vorübergehendes Koma handelt.«

Aus diesem Grund, glaube ich, war Julian ein so erbitterter und beständiger Feind des Kommunismus. Er nennt keine Namen, aber es ist anzunehmen, daß er deshalb auch mit Anthony gebrochen hat, der, soweit ich weiß, nicht unter den Freunden war, die er nach seiner Rückkehr aus China traf.

Ich selbst kannte Anthonys politische Ansichten nur aus seinen Büchern. Ich habe vergessen, wann ich sein Buch *Artistic Theory in Italy, 1450–1600 (Die Theorie der Künstler in Italien 1450–1600)* gelesen habe. Ich finde es nach wie vor klar, gut lesbar und ungeheuer kenntnisreich. Aber 1930 schrieb Anthony auf eine für mich beunruhigende Art; gemeinsam mit vielen linken Kritikern der damaligen Zeit hatte er die formalistischen Lehren von Clive und Roger zurückgewiesen (insofern als Roger immer noch Formalist war, als er starb) und bestand auf einer politischen und »literarischen« Kunsttheorie, bei der der Wert eines Kunstwerks an seinen Wert als revolutionäre Propaganda gebunden war. Darin folgte Anthony der »Parteilinie«, wie sie zu Jahrhundertbeginn von Plechanow festgelegt worden war. Letzterer lehnte die Fauvisten und die abstrakte Malerei ab. Stalin und den sowjetischen Künstlern fiel es nicht schwer, Plechanow zu folgen, doch Anthony konnte nicht auf den Geschmack seiner Zeit verzichten und zählte einen Großteil der Ecole de Paris mit zu den »Progressiven«. Trotzdem erschien mir diese Theorie unhaltbar, weil sie sehr viele Kunstwerke, die die meisten von uns heute bewundern, ebenso ignorierte wie die Kunst ferner Kulturen, die der Naturvölker und den größten Teil der angewandten Kunst. Und doch wirkte sie weniger absurd als die entgegengesetzte Lehre der Surrealisten, die es fertigbrachten, im Schutt des Unbewußten einen starken Motor zur Verbesserung der Gesellschaft zu entdecken.

Anthony und Herbert Read bewirkten auf je unterschiedliche Weise, daß ich zu der Auffassung kam, es sei falsch, von einer Theorie auszugehen, die auf dem ästhetischen Gefühl basierte. Ein Materialist sollte damit beginnen, sich die gesellschaftlichen und ökonomischen Kräfte anzusehen, die die Veränderungen in der Kunst und ihrer Bewertung bestimmen. Ohne Plechanow ganz aus den Augen zu verlieren, sollte er sich mit Veblen befassen; beide reden eine Menge Unsinn, aber bei beiden steht auch Wertvolles und Wahres.

An dieser Stelle bin ich versucht, viele Seiten zu schreiben, deren Gehalt ich der Welt bereits mitgeteilt habe, ohne daß die Welt das leiseste Interesse daran gezeigt hat. Ich möchte deshalb davon Abstand nehmen und nur wiederholen, daß Anthony mir ein erstklassiger Kunsthistoriker zu sein schien, mich als Theoretiker jedoch enttäuscht hat.

Wenn man über Anthony schreibt, muß man auch seine Freunde – oder besser Komplizen – erwähnen, die keine unwesentliche Rolle spielen. Donald Maclean und Kim Philby kannte ich nicht, Guy Burgess hingegen durchaus. Ich muß ihn kennengelernt haben, als ich Anthony in Cambridge begegnete; ich glaube, ich habe ihn erst während des Zweiten Weltkriegs wiedergesehen. Das war im Reform Club, und er begrüßte mich, als seien wir schon jahrelang enge Freunde. Er sprach nicht von Anthony, dafür aber viel von Julian.

Guy war ein Geschichtenerzähler. Ich würde nicht sagen, daß seine Geschichten immer wahr waren, aber sie waren stets interessant – wie beispielsweise die folgende Geschichte über den berühmten Lord Salisbury, einen Staatsmann, für den Guy große Bewunderung hegte. Lord Salisbury nahm gerne den Frühzug nach Hause; ausländische Diplomaten wurden aufgefordert, im Lauf des Tages nach Hatfield zu kommen. Wenn sie eintrafen, wurden sie in ein kleines Zimmer mit vielen Bücherregalen geführt; dort bemerkten sie unweigerlich ein Buch, dessen Titel auf einen »sehr sonderbaren Inhalt« hindeutete; keiner der Diplomaten konnte dem Impuls widerstehen, das Buch her-

Anthony Blunt (Peter Foldes, 1947)

auszunehmen und zu lesen. Das glückte ihm nicht, das Buch ließ sich nicht aus dem Regal nehmen, weil es eine zwischen zwei anderen Büchern festgeleimte Attrappe war. Während der unglückselige Diplomat sich mit dem unbeweglichen Buch abmühte, trat Lord Salisbury ins Zimmer und konnte die Verhandlung mit einem deutlichen Vorteil eröffnen.

Guy erzählte diese Geschichte so gut, daß man sich beinah gezwungen sah, ihm vorübergehend Glauben zu schenken. Ich muß zugeben, daß er, als er mir einmal fast ebenso unwahrscheinliche Geschichten über J. M. Barrie erzählte, meiner Skepsis entgegentreten konnte, indem er ein Buch aus den Regalen unseres Clubs nahm.

Ein andermal traf ich ihn vor dem Mittagessen im Reform Club, und wir tranken ein Glas zusammen, genauer gesagt tranken wir beide Gin mit Ginger Ale, und während ich mein Glas trank, ließ er sich seines sechsmal nachfüllen. Ich wunderte mich, daß er noch stehen und zusammenhängend reden konnte, oder zumindest ziemlich zusammenhängend. Er war gerade aus Washington zurückgekommen. Mit großer Leidenschaft brachte er seinen Haß auf die Amerikaner zum Ausdruck, und obwohl auch ich ihre Politik nicht billigte, erstaunte es mich, daß er so heftig und bitter war. Ich fand ihn nicht mehr überzeugend oder amüsant und ergriff so bald wie möglich die Flucht. Ich sah ihn nie wieder und erfuhr ein paar Tage später, daß er mit Donald Maclean aus dem Land geflohen war.

Als bekannt wurde, daß sie nach Moskau gegangen waren, war ich erstaunt, daß unsere Regierung oder die sowjetische Staatsgewalt Burgess eingestellt hatten. Es erscheint mir bis zum heutigen Tag unglaublich, daß man ihm überhaupt wichtige Geheimnisse anvertraut hat.

Erst 1959, als ich für den Fachbereich Bildende Kunst an der Universität Leeds verantwortlich war, lernte ich Anthony wirklich gut kennen. Es war eine angenehme, aber in mancher Hinsicht nicht leicht zu handhabende Stelle. »Lehrer«, heißt es, »sind die, die nicht arbeiten können und deshalb anderen beibringen, wie man's macht.« Das war mein Standpunkt im akademischen Leben, und ich konnte diejenigen verteidigen, die ihren Studenten etwas beibringen, indem sie mit

ihnen lernen. Aber man muß zugeben, daß die Position eines Fachbe-
reichsleiters, der sehr wenig von seinem Fach versteht, aber Kollegen
rekrutieren und einstellen muß, die besser unterrichtet sind als er,
etwas delikat ist. Die wirklich großen Gelehrten betrachten die Gelehrsamkeit natürlich gerne als notwendige Qualifikation für die Lehre
und sind gewöhnlich strenge Richter. Sie um Hilfe zu ersuchen, ohne
dieser Hilfe, wie sie natürlich glauben mochten, voll und ganz würdig
zu sein, schien gefährlich.

Ich hatte Anthony jahrelang nicht gesehen; er wußte mit großer
Wahrscheinlichkeit, daß es zwischen uns intellektuelle Unterschiede
gab. Er und Julian waren nicht mehr befreundet; für mich sprach eigentlich nur, daß mein Schwiegervater, A. E. Popham, ein höchst an-
gesehener Gelehrter war und daß meine Frau Anthonys Studentin am
Courtauld Institute gewesen war. Welche Bedeutung er diesen fami-
liären Beziehungen beimaß, weiß ich nicht; er sagte nie etwas, was mir
Anlaß gab zu glauben, er bräuchte Gründe für seine Großzügigkeit. Er
tat ganz einfach, was er konnte, um mir zu helfen, daß ich bei meiner
Arbeit Erfolg hatte. Er half mir, einen wirklich kompetenten und ar-
beitsamen Assistenten zu finden – Eric Cameron; zwar kannte ich ihn
bereits, aber daß er so gut war, konnte ich nicht wissen, und ich erfuhr
es erst von Anthony. Obwohl er es nie erwähnte, habe ich guten Grund
zu der Annahme, daß ich meine spätere Slade-Professur in Oxford
ihm zu verdanken habe. Ich bekam sehr viel Unterstützung von ihm,
als ich zu meiner Arbeit über Degas forschte. Er wohnte bei uns, als er
in Leeds einen Vortrag über Poussin hielt, und lud mich ein, am Courtauld Institute einen Vortrag über Ruskin zu halten. Ich muß sagen,
daß das ein eher zweifelhaftes Privileg war; wie viele andere hatte ich
beträchtliche Bedenken bei der Vorstellung, daß ich vor einer so gelehrten Zuhörerschaft sprechen sollte, und er, der wußte, wie ich mich
fühlte, reichte mir ein ziemlich großes Glas Brandy, bevor ich zum
Hörsaal hinunterging. Kurz, er behandelte mich als Freund, und ich
war ihm dankbar.

1964 kam Sarah Whitfield, eine Courtauld-Studentin, nach
Charleston, um Zeichnungen zu katalogisieren, und bemerkte eine
Landschaft aus dem siebzehnten Jahrhundert, die ihr Interesse weckte.

Duncan hatte das Bild für etwa 40 £ in einem Laden in der Rue des Saints-Pères gekauft, und es hatte zuerst am Gordon Square gehangen und war später nach Charleston gebracht worden. Es sah wie ein Poussin aus, und, wie Clive einmal zu einem Gast sagte, »wir glauben, daß es von einem der vielen Künstler namens Millet ist«. Miss Whitfield glaubte, daß es von Poussin selbst sein könnte, und als sie wieder in London war, erzählte sie Anthony davon. Er und John Sherman kamen sofort nach Charleston, sahen sich das Bild an und identifizierten es augenblicklich als ein Auftragswerk von Poussin aus einer Serie von drei Landschaften.

Anthony gestand mir, daß er ein wenig schockiert war. Er nahm an, daß sich das Bild schon immer in Charleston befunden hatte und daß er es sich damals, als er Julian dort häufiger besuchte, wiederholt angesehen haben mußte, ohne zu erkennen, was es in Wirklichkeit war. In Wirklichkeit hing es aber damals am Gordon Square, wo er es mit ziemlicher Sicherheit nie gesehen haben konnte.

Anthony wollte es unbedingt kaufen, und Duncan, der das Geld brauchte, willigte ein; der Preis wurde extern (von Agnew) festgesetzt. Er war so hoch, daß Anthony gezwungen war, ratenweise zu bezahlen, eine Regelung, die Duncan damals sehr recht war. Später wurde Anthony von Montreal ein höherer Betrag dafür geboten, und er verkaufte es. In seinem Bericht über die Transaktion stellt Richard Shone fest: »dies war ein Akt, von dem Duncan mit philosophischer Nachsicht sprach.« Gewiß wäre es für Duncan erfreulich gewesen, wenn die erste Schätzung so hoch ausgefallen wäre wie die zweite, obwohl Anthony sich das Bild dann wahrscheinlich nicht hätte leisten können. Aber weder Duncan, der in keiner Weise habgierig war, und wohl auch sonst fast niemand, hätte damit gerechnet, bei der zweiten Transaktion einen Teil des Gewinns zu bekommen.

Hier endet mein äußerst knapper Bericht über Anthony, wie ich ihn in den Jahren erlebte, die der öffentlichen Schädigung seines Rufes vorangingen. Wenn seine subversiven Aktivitäten nie öffentlich geworden wären, hätte man ihn vermutlich als großen Gelehrten in Erinnerung behalten, als guten Organisator und als anständigen Menschen, der gelegentlich boshaft sein konnte wie alle Kunsthistoriker, der aber ein amüsanter und großzügiger Freund war. Doch jetzt müssen wir der Tatsache ins Auge sehen, daß er ein Verräter und Spion war.

Wenn ich die Anklage wegen Verrats neu bewerte, muß ich gestehen, daß mein eigenes Moralempfinden sehr unorthodox ist. »Verrat gedeiht nie: und was ist der Grund? Würd' er gedeihen, könnt' keiner Verrat dazu sagen.« Der Elisabethaner Sir John Harington drückt die Sache sehr klar aus; das ausgehende siebzehnte Jahrhundert ist eine gute Illustration seines Epigramms. Monmouth zettelte eine Revolte gegen James II. an, sie gedieh nicht, und er wurde enthauptet. William und Mary taten dasselbe, ihr Werk gedieh, und sie wurden König und Königin. Später erhoben sich die Jakobiten gegen das Herrscherhaus, auch sie scheiterten und wurden geköpft. Die Mehrheit der Engländer hält treu zu den Siegern, selbst wenn die Sieger auf der Gegenseite stehen; man hält George Washington heutzutage nicht für einen Verräter. Doch darüber hinaus verzeiht man Verrätern möglicherweise, wenn sie für eine gute Sache Verrat üben wie die deutschen Generäle, die sich gegen Hitler verschworen hatten.

Politischer Verrat wird eher entschuldigt als persönlicher Verrat: Judas Iskarioth hat etwas an sich, was wir nicht mögen.* Wer im Privatleben lügt und betrügt, kann zu Recht des Verrats bezichtigt werden, und wenn wir das Wort verwenden, wissen wir alle, was gemeint ist. Die Definition erscheint mir sehr viel weniger klar, wenn jemand wie Sir Roger Casement des Verrats bezichtigt wird, denn er hatte politische Motive. Ich würde Anthony und seine Komplizen nicht wegen Landesverrats, sondern eher wegen Selbstverrats anklagen: Sie konvertierten zu einer Religion, und es war eine schlechte Religion. Man mag sie mit der Begründung entschuldigen, daß sie, jedenfalls zu Beginn, gegen etwas kämpften, was so verlogen war wie alle Religionen. Die britische Regierung war nicht vor Lügen zurückgeschreckt, so zum Beispiel als die Sowjets beschuldigt wurden, Frauen zu verstaatlichen. Diejenigen von uns, die in jenen Jahren um Stimmen für

---

* »Wir« d.h. die Agnostiker. Gläubige Christen müssen Judas natürlich lieben, weil ohne ihn das Christentum, wie wir es kennen, kaum möglich gewesen wäre.

die Labour-Partei warben, gewöhnten sich an die Anschuldigung, wir würden mit »rotem Gold« bezahlt, aber solche Anschuldigungen zu beantworten, indem man sie nachahmte, war gleichzeitig falsch und dumm.

Wenn ich den Kommunismus als Religion bezeichne, meine ich, daß er zwar wie andere Glaubensrichtungen zu wirkungsvollen und manchmal heroischen Unternehmungen inspirierte, daß er aber von denen, die an ihn glaubten, auch verlangte, daß sie bestimmte Behauptungen fraglos akzeptierten und bei bestimmten Sachverhalten ein Auge zudrückten. In fast allen Religionen gibt es die Anordnung, ein paar Dinge vertrauensvoll hinzunehmen und zu glauben, »weil es unmöglich ist«.* Folglich mußten die Gläubigen irgendwie blind und taub sein, während alle Welt wußte, daß Stalin seine Genossen umbrachte. In ihrer Begeisterung für die Sache und ihrer Unduldsamkeit gegenüber der Sozialdemokratie vergaßen die jungen Cambridger Studenten die Tradition ihrer Universität und übernahmen ein dogmatisches Credo.

Graham Greene vergleicht Kim Philby mit den »vielen Katholiken, die unter der Regierung von Elizabeth I. für den Sieg Spaniens arbeiteten. Philby ist von einer eisigen Gewißheit, daß sein Urteil korrekt ist, und besitzt den konsequenten Fanatismus eines Mannes, der seinen Glauben gefunden hat und ihn nicht aufzugeben bereit ist, nur weil fehlgeleitete menschliche Werkzeuge Ungerechtigkeiten oder Grausamkeiten begehen.«**

Aber die Kommunistische Internationale verlangte letztendlich zu viel von ihren Gläubigen. Die meisten britischen Genossen konnten aus der Partei austreten und taten dies am Ende auch, fallengelassen durch die gewaltsamen Führungswechsel in Moskau, doch für diejenigen, die sich von der Idee der Spionage hatten verführen lassen, war es schwieriger.

* »Certum est quia impossibile est«, Tertullian, *De Carne Christi*, Teil II, 5.
** Graham Greene, Vorwort zu Kim Philby, *My Silent War (Mein stiller Krieg)*, McGibbon & Kee 1968, cit. in: Andrew Boyle, *The Climate of Treason (Das Klima des Verrats)*, Hutchinson 1982, S. 503.

Ob Spionage an sich etwas Unmoralisches ist, weiß ich nicht. König Alfred der Große soll sich als Spielmann verkleidet militärische Informationen im dänischen Lager angeeignet haben, und meines Wissens wird ihm das nicht zur Last gelegt.* Der Spion riskiert sein Leben für sein Land, aber die Regierungen behandeln Spione schonungslos, was nur normal ist. Ich glaube, wir vergeben unseren eigenen Spionen und vielleicht sogar denjenigen, die für unsere Feinde arbeiten und sie verraten.

Wenn man Andrew Boyles *The Climate of Treason* liest, empfindet man unweigerlich eine gewisse Sympathie für die Männer, die sich auf ein beschwerliches und gefährliches Doppelleben einlassen. Man kann sehen, wie zwei dieser Kommunisten – Philby und Burgess – versucht haben, den Verdacht von sich abzulenken, Philby, indem er sich als Journalist den spanischen Faschisten anschloß, Burgess, indem er mit jenen rechten Politikern verkehrte, die mit Hitler auf äußerst freundschaftlichem Fuß standen. Derartige Freundschaften zu pflegen muß eine Art Folter gewesen sein und außerdem, wie mir schien, eine ernsthafte Disqualifizierung, wenn man eine Anstellung in einem Land suchte, das Krieg mit den faschistischen Mächten führte. In diesem Punkt irrte ich mich ganz und gar; als Beinahe-Faschisten waren Burgess und Philby unseren Geheimdiensten anscheinend ganz willkommen.

Anthony trieb es nie zu derartigen Hilfsmitteln, und er hat, soweit ich weiß, nie versucht, seine Sympathien für die Linke zu verheimlichen, die er in seinen Büchern über Kunst zum Ausdruck gebracht hatte. Für den Geheimdienst arbeitete er erst ab 1940; wenn man bedenkt, wofür er sonst noch alles Zeit fand, während er diesen Posten hatte, dann sieht es so aus, als hätte er nicht ausschließlich dafür gearbeitet und die meiste Zeit Informationen an einen Verbündeten geschickt, nicht an den Feind.

Margaret Thatcher, die keine Freundin von Anthony war, sagte, »es sei unwahrscheinlich, daß britische Militäreinsätze oder Briten einem Risiko ausgesetzt würden«.** Man hat unterstellt, Anthony sei für den

<hr>

* Vgl. *Dictionary of National Biography.*
** Vgl. Andrew Boyle, *The Climate of Treason*, S. 215.

Tod von anderen verantwortlich, die keine Briten waren – doch das würde nach reiner Spekulation aussehen.

Als Burgess und Maclean bei Nacht und Nebel verschwanden, half Anthony ihnen, und ich zum Beispiel mache ihm das nicht zum Vorwurf. Philby ging nach ihnen, und daraufhin geriet Anthony unter Verdacht. Er wurde in einer Reihe von Verhören vernommen und akzeptierte schließlich das Angebot, daß von einer Strafverfolgung und öffentlichen Bekanntmachung abgesehen würde, wenn er alles gestehe. Das war 1964. 1979 jedoch beschloß die damalige Premierministerin Margaret Thatcher, diese Zusicherung zu vergessen. Ihn aufgrund eines freiwilligen Geständnisses strafrechtlich zu verfolgen war rechtlich nicht möglich, aber er konnte vor dem Parlament entehrt und gerügt werden. Ihr Verhalten wurde von allen Mächtigen gutgeheißen, aber als Verurteilung von Verrat ist es vielleicht kein Vorbild.

Anthonys Zugehörigkeit zum Ritterstand wurde annulliert; es gab einen lauten Aufschrei der Empörung und vielleicht auch Ressentiments, weil er straffrei davongekommen war. Es war ziemlich erniedrigend, daß erst Burgess und Maclean und dann Philby entwischen konnten und daß der vierte der Cambridger Spione zwar in England blieb, aber immer noch frei herumlief. Und damit nicht genug; Anthony war imstande, in der Redaktion der *Times* ein neues Geständnis abzulegen, aber unter Ausschluß der Boulevardblätter; man war weder über ihn hergefallen, noch hatte man ihn beschimpft, man hatte ihm – so schrecklich es klingt – ein Mittagessen serviert.

Ich weiß nicht, ob er die komische Seite dieser Transaktionen zu schätzen wußte, aber ein bißchen Amüsement konnte er sicher gebrauchen. Freunde berichteten, daß er stark gealtert sei; er hatte nämlich Krebs, der zwar nicht tödlich war, aber trotzdem unerträglich gewesen sein muß. Ein paar von seinen alten Freunden und Studenten hatten das Gefühl, ihn nicht im Stich lassen zu können, doch muß er damals der unbeliebteste Mann Englands gewesen sein. Er hatte zumindest verhängnisvoll und irrsinnig gehandelt und vielleicht auch Dinge getan, die weit weniger verzeihlich waren. Wir hatten daher sehr gemischte Gefühle, als wir eine Einladung zum Mittagessen von alten Freunden in Lewes annahmen, die Anthony zu Gast hatten.

Er war alt und erschöpft, sah aber nicht so erledigt aus, wie ich erwartet hatte. Ich staunte sogar über seine Unverwüstlichkeit. Er konnte neben uns sitzen und Witze darüber reißen, daß er in Ungnade gefallen war, ohne daß er jemals auch nur einen Augenblick bitter oder böse gewirkt oder sich selbst leid getan hätte. Es war eine sehr gelungene Einladung. Falls er besorgt und niedergedrückt war, ließ er sich das nicht anmerken; Anthony mag es an vielem gefehlt haben, jedoch niemals an Mut.

Anhang I

Ein Zimmer für sich allein und *Drei Guineen*

War Virginia, wie Leonard unterstellte, »das unpolitischste Wesen, das je existierte, seit Aristoteles diese Definition erdacht hat«? Wenn ich *Drei Guineen* wiederlese, bin ich manchmal seiner Meinung. In *Ein Zimmer für sich allein* spürt man das jedoch nicht so stark. Virginia befaßt sich dort nicht mit Politik im üblichen Sinne. Ihr Thema ist die Literatur, der sie sich auf höchst kompetente Weise zuwendet; das Werk wird uns zudem als Literatur präsentiert, so daß man über die verschiedenen kleinen Flunkereien – beispielsweise hinsichtlich der Universitätsvorschriften – nicht beunruhigt sein muß, weil sie uns bereits gesagt hat, daß es sich um eine Mischung aus Wirklichem und Erfundenem handelt. Aber auch wenn dieses Werk der Parteipolitik aus dem Weg geht, so ist es doch politisch.

Alex Zwerdling schreibt in seinem ausgezeichneten Buch *Virginia Woolf and the Real World* (*Virginia Woolf und die Wirklichkeit*), Virginia Woolf sei wütend gewesen, habe diese Wut aber unterdrückt: »Statt Wut findet man Ironie und statt Sarkasmus Charme.« *Ein Zimmer für sich allein* ist in der Tat eine Verurteilung der Wut. »Die Wut hatte mir den Stift aus der Hand gerissen, während ich träumte. Aber was hatte die Wut dort zu suchen?« Ja, was? Denn gleich danach weist sie darauf hin, daß eine Schriftstellerin, die wütend ist, »ihre Schöpferkraft nie voll und ganz zum Ausdruck bringen wird. Ihre Bücher werden verunstaltet und verdreht. Sie wird im Zorn schreiben, wo sie gelassen schreiben sollte. Ihr Schreiben wird dumm, wo es klug sein sollte.«

Talleyrand hat gesagt, Politik sei »die Kunst des Möglichen«.

Wenn man will, daß der eigene Bruder sich vernünftig benimmt – und das ist grob gesagt der Kern von Virginias Feminismus –, kann man versuchen, ihn dazu zu zwingen, aber wahrscheinlich wird man es einfacher finden, ihn zu überreden. Das war jedenfalls die Politik derer, die man »Suffragistinnen« nennen kann. Doch es war nicht die Politik der Suffragetten. In Amerika gibt es immer noch eine ganze Reihe feministischer Literaturwissenschaftlerinnen, die es für einen Fehler halten, daß Virginia in ihren Büchern nicht die Beherrschung verlor. Sie lächelt und spottet, wo sie eigentlich schreien und spucken sollte. Mit beneidenswerter Selbstsicherheit nehmen sie an, sie wüßten besser als Virginia, wie sie ihre Bücher hätte schreiben sollen; sie hätte begreifen müssen, daß »Wut eine Hauptquelle kreativer Kraft ist«. Diesen Literaturwissenschaftlerinnen scheint es nicht um Politik zu gehen, sie denken eher in ästhetischen Kategorien, und da kann ich nicht mitreden. Aber es lohnt sich, die politischen Auswirkungen einer Literatur zu betrachten, die auf die Kultivierung unbändigen Hasses abzielt. Es läßt sich nicht leugnen, daß derartige Bücher beeindruckende Folgen haben können: Das Denunzieren von Ländern, Minderheiten, Klassen, und vielleicht vor allem von Rassen, hatte unbestreitbar bedeutende Auswirkungen auf die Welt, und vielleicht lassen sich ähnliche Wirkungen erzielen, wenn man Zwietracht zwischen den Geschlechtern sät. Ich glaube nicht, daß Virginia diesen Ehrgeiz hatte.

Meine bescheidene Meinung ist, daß *Ein Zimmer für sich allein* ein Meisterwerk ist, dessen Argumentation überzeugt und durch Haßschreie nur geschwächt worden wäre. Die gesellschaftlichen Auswirkungen dieses Buches abzuschätzen ist jedoch schwierig. Es hatte enormen Erfolg und trug möglicherweise politische Früchte, aber die wichtigsten Ziele waren bereits erreicht. Die Frauen hatten 1918 das Wahlrecht bekommen, das jedoch an eine bestimmte Altersgrenze gebunden war* (es ist bemerkenswert, daß dies nicht die Folge von eingeschlagenen Fensterscheiben war, auch wenn die Erinnerung an Militanz hilfreich gewesen sein mag; im Prinzip wurde den Frauen das Stimmrecht gegeben, weil sie im Ersten Weltkrieg Arbeit fürs Vater-

---

* Es galt nur für Frauen, die über dreißig Jahre alt waren. [Anm. d. Ü.]

land geleistet hatten). Virginia interessierte sich nicht besonders dafür und schenkte auch dem Reformgesetz von 1928 keine große Beachtung, das Männer und Frauen politisch völlig gleichstellte. Ich halte es sogar für möglich, daß Virginia vergaß, daß dieses wichtige Ereignis stattgefunden hatte. Für sie waren die Jahre 1928 und 1929 glückliche Jahre. Sie wurde immer berühmter, und Europa hatte einigen Grund zu der Hoffnung, daß die Feindschaften der Vergangenheit vergessen und die noch bestehenden Unstimmigkeiten beigelegt würden. Doch die Jahre, die dann kamen, waren verhängnisvoll. Überall siegte die Reaktion: im Fernen Osten, in Abessinien, in Deutschland und schließlich in Spanien, überall erzeugte sie Krieg oder Kriegsgefahr. Unterdessen war Virginia mit ihrem Roman *Die Jahre* beschäftigt, der zwar ein kommerzieller Erfolg war, sie aber nicht ganz zufriedenstellte. Auch war er schrecklich schwer zu schreiben und brachte sie an den Rand eines Nervenzusammenbruchs. 1937 schließlich mischten sich öffentliches und privates Unglück: ihr Neffe Julian wurde in Spanien getötet. Virginia arbeitete inzwischen an *Drei Guineen*. Ich glaube, die Verschlechterung des politischen Klimas bekam dem Werk nicht.

Drei Guineen ist längst nicht so heiter wie *Ein Zimmer für sich allein,* aber ich würde es nicht als zorniges Buch bezeichnen. Es enthält eine Menge Vergnügliches, man denke nur an die komischen Bilder der als Denkmäler verkleideten Herren. Es gibt uns auch fesselnde und bewegende Informationen über die Errungenschaften und die Sorgen von Frauen. Das Buch besteht aus drei Briefen, von denen der erste an einen imaginären Mann gerichtet ist, der hinsichtlich seiner Bildung, aber auch ansonsten sehr viele Vorteile genoß, immer auf Kosten seiner Schwestern. Das galt unbestreitbar für viele berühmte Männer, auch wenn Reichtum und Macht im Jahr 1938 weniger extrem und weniger ungerecht verteilt waren als zuvor. Aber Virginia Woolf fügt hinzu, daß Männer im Gegensatz zu Frauen sich eindeutig über Kriege freuen. »Offensichtlich«, schreibt sie, »hat für sie der Kampf etwas Herrliches, Notwendiges, Befriedigendes, was wir nie empfunden oder genossen haben.« Das ist, wie mir scheint, das Hauptargument von *Drei Guineen*, die Behauptung, die dem Buch seine Stoßkraft und seinen Charakter verleiht.

Um zu erklären, was sie meint, gibt Virginia Beispiele für männlichen Militarismus und, der Fairness halber, eines für männlichen Pazifismus. Sie zitiert einen jungen Aristokraten, der schreibt:»Gott sei Dank gehen wir in einer Stunde. Welch ein herrliches Regiment! Was für Männer, was für Pferde! In zehn Tagen werden Francis und ich hoffentlich nebeneinander geradewegs auf die Germanen zureiten.« Es handelt sich zweifellos um ein zeitgenössisches Stück; und es ist klar, daß dieser unkluge junge Mann sehr wenig über den modernen Krieg weiß – das heißt über den Krieg, der 1914 modern war –, und man errät, daß sein »herrliches Regiment« nicht lange herrlich bleibt, wenn es »geradewegs auf die Germanen zureitet«. Das Zitat ist sicherlich typisch für viele junge Soldaten der damaligen Zeit und ungefähr das, was man von einem jungen Soldaten erwarten mochte, der in einem Land geboren wurde, das eine nur sehr begrenzte Vorstellung davon hatte, was Krieg bedeutete. Mit dieser romantischen Sicht des Krieges hatte es lange vor 1918 ein Ende. Wenn ein junger Soldat solche Worte 1939 benutzt hätte, hätte man ihn wahrscheinlich in eine Nervenheilanstalt geschickt.

Das zweite Beispiel handelt von einem anderen jungen Aristokraten, der die Befürchtung hatte, daß »es, wenn jemals ein dauerhafter Friede erreicht würde... kein Ventil mehr für die männlichen Eigenschaften gäbe, die sich im Kampf entfalten«. Und doch sind in der langen Zeit, als England in keinen großen Krieg verwickelt war, durchaus jene »männlichen Eigenschaften« hervorgetreten, die im Mut, in der Begeisterung und in der Ignoranz der ersten Exemplare unserer Gattung so deutlich zu Tage treten.

Diese beiden reichlich begriffsstutzigen Soldaten sind kaum typisch für die Menschheit im allgemeinen. Das läßt sich auch von Virginias nonkonformistischem Beispiel Wilfred Owen sagen, der den Krieg wirklich erlebt und aus religiösen Gründen ablehnt. Daß sich im Lauf der letzten circa 1500 Jahre nur ein kleiner Teil der Christen dem Krieg widersetzt hat, ist bemerkenswert; diejenigen, die sich widersetzt *haben*, gehörten beiden Geschlechtern an. Doch die große Mehrheit ist anscheinend der Meinung, daß unser Heiland bei der Bergpredigt lauter Heiligenschein geredet hat. Ein ziemlich sonderbares

Beispiel also, und ein Hinweis darauf, daß der männliche Pazifist eine Seltenheit ist. Und doch war in den vorangegangenen circa fünfzehn Jahren, wie sich Virginia hätte erinnern müssen, kein Mangel an Männern, die wie General Sherman zu sagen gewillt waren: »Krieg ist die Hölle.« Robert Graves, Richard Aldington, Edmund Blunden, Ernest Hemingway, Ford Madox Ford, Erich Maria Remarque und viele andere hatten ihren Abscheu vor dem Krieg zum Ausdruck gebracht.

Die Kriegsliteratur in der Zeit von 1918 bis 1938 unterscheidet sich stark von derjenigen der Patrioten und der Pazifisten, die Virginia zitiert; in ihr werden die Schrecken, die Scheußlichkeit und Langeweile der Schützengräben geschildert. Die einzige bemerkenswerte Ausnahme ist T. E. Lawrence, und er hat die Schützengräben nicht erlebt, ja, sein Krieg scheint beinahe einem anderen Zeitalter anzugehören. Das erinnert uns daran, daß die gemeinen Soldaten in früheren Jahrhunderten zwar manchmal brutalisierte Barbaren waren, daß ihre Offiziere jedoch geschickte Profis sein konnten, die den Krieg tatsächlich genossen. Aber sie waren eine winzige Minderheit im Volk; nur wenige Gentlemen wurden je Soldaten, und das wurde auch nicht von ihnen erwartet. Im furchtbaren Kampf gegen Napoleon schlug nie jemand vor, Frank Churchill solle »seinen Teil beitragen«; es gab keine weißen Federn für Mr Knightley und, wie man dazusagen muß, auch keine Armee stimmgewaltiger Frauen, die Blut sehen wollten.

Aber wenn die unter Waffen stehende Nation in Europa ein neuer Gedanke ist und in Großbritannien ein sehr neuer Gedanke, kann Virginia immer noch behaupten, daß 1937 die Männer in der großen Mehrheit »heute für den Krieg sind. Die Scarborough-Konferenz der Gebildeten und die Bournemouth-Konferenz der Arbeiter einigten sich beide darauf, daß es notwendig sei, jährlich £ 300 000 000 für Waffen auszugeben.* Sie sind der Meinung, daß Wilfred Owen unrecht hatte; daß Töten besser ist, als getötet zu werden.« Man darf annehmen, daß »Gebildete« und »Arbeiter« eigentlich Decknamen

---

* Man beachte, daß der Verteidigungsetat, der 1935 £ 122 Millionen betrug, 1936 auf £ 158 Millionen erhöht wurde – was etwa die Hälfte der von Virginia Woolf genannten Summe ist. Vgl. Neville William, *Chronology of the Modern World*, 1966, S. 552.

282

für Konservative und Labour-Anhänger sind, und die »Kriegstreiber« die große Masse der Bevölkerung mit politischem Bewußtsein repräsentieren. Aber gibt es keine Arbeiterinnen und auch keine konservativen Damen mit politischem Bewußtsein? Offensichtlich schon; die Anwesenheit weiblicher Abgeordneter bei der Labour-Partei-Konferenz von 1935 war auch Virginia aufgefallen. Was die Damen der Konservativen anbelangt, so kann keiner, der einmal an Parlamentswahlen teilgenommen hat, sie übersehen haben, und eine pazifistische Konservative muß man mir erst noch zeigen; sie wirken mitunter kriegerischer in ihren Ansichten als ihre männlichen Kollegen, und es dürstet sie mehr nach dem Blut von Fremden und Verbrechern; das Gewehr, der Strang und die Rute sind für sie der Rosenpfad zur ewigen Glückseligkeit.

Virginia vergaß gerne, daß sie stimmberechtigt war; und nicht nur sie, sondern alle erwachsenen Frauen im Land waren stimmberechtigt. Wenn die Frauen Frieden und Abrüstung gewollt hätten, dann hätten sie gemeinsam mit jenem durchaus beachtlichen Teil der männlichen Bevölkerung, der dieselbe Meinung vertrat, jede Regierung hinauswerfen können, die das Land wiederbewaffnen wollte.

Ich glaube, Virginia konnte nicht zugeben, daß die große Mehrheit der Frauen, die eine politische Meinung haben, gewöhnlich die Meinung ihrer Brüder und Ehemänner teilen. Sie neigt eher zu der Ansicht, daß die schlechte Behandlung, unter der Frauen seit Jahrhunderten leiden, sie von der anderen Hälfte der Gesellschaft entfremdet und in gewisser Hinsicht zu staatenlosen Wesen gemacht hat, deren Patriotismus relativiert werden muß: »Immer noch gilt, daß unser Land nicht mehr mein Land ist, wenn ich einen Ausländer heirate… in Wirklichkeit habe ich als Frau kein Land. Als Frau will ich kein Land. Als Frau ist mein Land die ganze Welt.« Aber könnte ein Mann nicht das gleiche sagen? Zwar kann ein Mann sich nicht aus seinem Land herausheiraten, aber er hat andere Fluchtmöglichkeiten. Virginias Freunde T. S. Eliot und Henry James haben das Land gewechselt, und ein paar Millionen andere taten das gleiche, indem sie den Atlantik überquerten. Ich bezweifle, daß diese Abwanderungen den Patriotismus der Herren geschmälert haben.

Doch Virginia glaubte eindeutig, daß ihr Geschlecht sie in gewisser Hinsicht davon ausschloß, ihr Grundrecht der freien Persönlichkeitsentfaltung voll zu genießen. Früher hatte es bedauerliche Mißstände gegeben; ein paar existierten nach wie vor; das Wahlrecht war nutzlos; um zu überzeugen, bedurfte es großen Reichtums und großer Schlagkraft. Was also war zu tun? Wie sollten die Frauen den Krieg verhindern? Sie sollten eine Gesellschaft gründen, eine eigentümlich anormale Gesellschaft, in der es keine Organisation, keine Offiziere und keine Gelder gibt. Wenn sie einen Namen tragen müßte, könnte sie sich »Gesellschaft der Außenseiterinnen« nennen, und sie wäre nicht nur pazifistisch, sondern passiv. Ihre Mitglieder würden ihre Brüder nicht zum Kampf aufhetzen, ihnen den Kampf aber auch nicht ausreden. Sie würden eine vollkommen indifferente Haltung einnehmen. Die Aufgabe, der sie sich verschreiben würden, sei, wie Virginia sagt, »äußerst schwierig«. Das ist sie in der Tat. Einem klugen Mädchen zu gebieten, zu verstummen, wenn ihr Bruder Unsinn redet, steht der Brutalität eines männlichen Tyrannen in nichts nach. Sie bekommt natürlich eine ganze Anzahl von Themen, über die sie nachdenken soll, sie soll ihren Lebensunterhalt verdienen und sich für die Subventionierung der Mutterschaft stark machen: für »ein Gehalt aus der Staatskasse, das den Müttern gebildeter Männer gesetzlich zustünde«. Mutterschaftsgeld allein für die Reichen wäre wohl ein politisch riskantes Unternehmen, aber sich für irgendeine Art Mutterschaftsgeld stark zu machen wird in einer nichtorganisierten Gesellschaft mit Sicherheit schwierig sein.

Virginia glaubte, die »Gesellschaft der Außenseiterinnen« existiere bereits, und stützte diese Behauptung mit folgenden Beispielen: Die Bürgermeisterin von Woolwich hatte erklärt, sie »weigere sich, auch nur einen Socken zu stopfen, um im Krieg zu helfen«. Miss E. R. Clarke vom Board of Education »wandte sich an die Frauenverbände für Hockey, Lacrosse, Korbball und Kricket und wies darauf hin, daß ein erfolgreiches Team laut Satzung keinerlei Pokal oder Preis bekommen könne«. Canon F. R. Barry, der Pfarrer von St Mary the Virgin (der Universitätskirche) in Oxford, habe festgestellt, daß die Töchter gebildeter Männer nicht in die Kirche gingen.

Daß Virginia in diesen Berichten den Beweis für eine lautlose femi-

284

nistische und pazifistische Revolte sah, zwingt uns, mit Interesse und Respekt über sie nachzudenken. Trotzdem muß ich unweigerlich an die Mütter von Madrid denken, die in den Trümmern ihrer zerbombten Häuser nach den zerschmetterten Gliedern ihrer Babys suchten und die, wenn sie diese Passage aus *Drei Guineen* gekannt hätten, vermutlich gesagt hätten: »Was um alles in der Welt wird hier vorgeschlagen, um uns vor dem Zorn unserer faschistischen Feinde zu bewahren?« Ich werde auf die ermordeten Kinder zurückkommen, aber erst muß ich über Virginias Pazifismus sprechen.

Es gibt, würde ich sagen, zwei Arten von Pazifismus, den eingeschränkten und den totalen Pazifismus. Der eingeschränkte Pazifismus verurteilt jede Art von Aggression, er verurteilt auch militärische oder imperiale Herrschaft, die die Zustimmung der Regierten nicht besitzt, würde aber bewaffneten Widerstand gegen die Aggression, bewaffnete Revolte gegen die Tyrannei, Beibehaltung der Streitkräfte zu Verteidigungszwecken oder Waffenlieferungen an die Opfer der Aggression nicht verurteilen.

Der totale Pazifismus verbietet einfach jeglichen Einsatz von militärischer Macht, ganz gleich zu welchem Zweck. Der totale Pazifist, das sei ihm zugestanden, vertritt den Standpunkt, daß alle Aggressoren Gründe finden können, die ihre Aggression rechtfertigen. Trotzdem ist da wohl ein definierbarer Unterschied.

Jetzt kann ich auf die ermordeten Kinder zurückkommen: »Hier vor uns auf dem Tisch liegen Photos... es sind keine Photos, die man gerne anschaut. Es sind zum größten Teil Photos von Leichen. Die Kollektion von heute morgen enthält das Photo von etwas, was ein Männerkörper sein könnte, oder ein Frauenkörper; er ist so verstümmelt, daß es andererseits auch der Körper eines Schweins sein könnte. Aber das hier sind zweifellos tote Kinder...« – »Der Krieg... ist etwas Abscheuliches; etwas Barbarisches; der Krieg muß aufhören« – so reagiert Virginia; so reagiert auch der Mann, der ihr schreibt. Was also soll man tun? Man kann agitieren, Leserbriefe schreiben und so weiter, seine Unterschrift unter einen Brief setzen, einer Gesellschaft beitreten. Aber das von den Photos ausgelöste Gefühl, »jenes Gefühl, jenes sehr eindeutige Gefühl, verlangt nach etwas Eindeutigerem, als nur seinen Namen auf ein Blatt Papier zu schreiben; eine Stunde lang Reden zuzuhören oder einen Scheck über einen Betrag auszustellen, den wir uns leisten können – sagen wir über eine Guinee… Sie könnten natürlich wieder zu den Waffen greifen – in Spanien, so wie davor in Frankreich –, um den Frieden zu verteidigen. Aber das ist vermutlich eine Methode, die Sie ausprobiert und verworfen haben.« Aber wenn die Antwort auf diese Barbarei nicht »ein Name auf einem Blatt Papier« sein soll und auch kein Krieg zur Verteidigung des Friedens, welche Alternative gibt es dann? Virginias Antwort ist nicht ganz klar, aber ich glaube, sie läßt sich auf recht faire Weise folgendermaßen zusammenfassen: Wenn man eine Frau ist und daher keine politische Macht hat, kann man nichts tun, oder praktisch nichts. Deshalb müssen wir zuerst unsere Voraussetzungen verändern, und dazu müssen wir die »Gesellschaft der Außenseiterinnen« ins Leben rufen.

Wie wir aber gesehen haben, haben die Errungenschaften dieser Gesellschaft für die Menschen in Madrid nicht viel bewirkt. Wenn wir uns tatsächlich die Prinzipien des totalen Pazifismus zu eigen machen, können wir praktisch nichts tun. Aber war Virginia eine totale Pazifistin? Wenn man *Drei Guineen* liest, würde man sicher mit Ja antworten. Ich kann nicht glauben, auch nicht glauben, daß sie glauben konnte, daß die britische Regierung, oder sogar das Volk der Briten, in den Dreißiger Jahren einen Angriffskrieg auf sich nehmen wollte. Indem sie zu bedenken gibt, daß für Waffen über einen Betrag in Höhe von £ 300 Millionen gestimmt wurde, macht Virginia jedoch deutlich, daß die für sie ein Votum für den Krieg war. Diese Argumentation entspricht ganz der Ansicht des totalen Pazifisten; der würde sogar den Schweizern sagen, sie sollten abrüsten. Aber auch wenn die Autorin von *Drei Guineen* anscheinend eine völlig kompromißlose Pazifistin war, gilt das nicht für die Virginia Woolf der Tagebücher.

Angenommen, sie hätte zugelassen, daß ihr fiktiver Briefschreiber sagt: »Ich glaube nicht, daß wir für die spanische Republik Krieg führen müssen; wir brauchen nur zu tun, was Spaniens Feinde bereits tun, das heißt, wir müssen den Madridern Flugzeuge und Flakgeschütze geben, und alles, was sie sonst noch zur Verteidigung brauchen. Dadurch könnten zumindest ein paar unschuldige Menschen gerettet werden.«

Man betrachte nun Virginias Tagebuch von 1937, als sie *Drei Guineen* schrieb. Ihr Neffe Julian Bell war im Juli desselben Jahres bei Madrid getötet worden. Am 13. Oktober bekam sie Besuch von Philip Hart, einem Arzt, der bei Julian war, als er starb; er schilderte ihr, wie es dazu gekommen war: »Ein netter, sensibler, dünner Mann, ein Enthusiast. Wenn wir Waffenlieferungen erlauben würden, würden wir Tausenden das Leben retten. Und dann gehe ich nach oben und begegne Leonard, der auf die Labour-Partei wütend ist, die eine Delegation zum Auswärtigen Amt geschickt hat und von Vansittart übers Ohr gehauen wurde. Wir werden also keine Waffen durchlassen: wir werden neutral bleiben: und es wird weiterhin gekämpft werden – aber ich bin keine Politikerin: soviel ist klar, kann Politik nur sehr langsam in mein Idiom überdenken.« Nein, eine Politikerin war sie ganz sicher *nicht*, und man muß die schrecklich leidvollen Verhältnisse jener fürchterlichen Zeit berücksichtigen. Man mag Verständnis für die offenkundige Widersprüchlichkeit von jemanden haben, der den Wunsch zu kämpfen unbegreiflich findet und gleichzeitig verlangt, daß den Opfern der Aggression Waffen geliefert werden. Hier spricht eine »eingeschränkte Pazifistin«; wenn man genauer verstünde, was mit dem »Überdenken von Politik« gemeint ist, würde man vielleicht auch die harten Äußerungen in *Drei Guineen* richtig begreifen, die ich so schwer zu akzeptieren finde.

Den Versuch, einige Argumente aus *Drei Guineen* zu überprüfen, sollte ich vielleicht an dieser Stelle abschließen. Man kann nicht bestreiten, daß die Argumente dieses Buches schwächer sind als die von *Ein Zimmer für sich allein*, das so großen Erfolg hatte. Beide Geschlechter verdienen Gerechtigkeit, und ich glaube, es wäre ganz ungerecht, wenn man unterstellen würde, daß das eine Geschlecht in England 1938 tatsächlich Krieg *wollte*.

Zum Schluß möchte ich dem Schicksal danken, das entschieden hat, daß Virginia nicht mehr erleben mußte, wie eine Premierministerin ihr Land fröhlich in einen kurzen, aber blutigen Krieg führte wegen »einem bißchen Land, das keinerlei Gewinn bringt, nur den Namen«.

Anhang II
Maynard Keynes und sein Glaube von einst

In meinem Buch über Bloomsbury, das 1968 erschien, habe ich schon einmal versucht, Maynard Keynes' *My Early Beliefs* (*Mein Glaube von einst*) zu erörtern.* Ich komme noch einmal darauf zu sprechen, zum Teil, weil das, was ich damals schrieb, der Modifizierung bedarf, zum Teil, weil ich jetzt über bestimmte bedenkenswerte Passagen sprechen will, die unbeachtet geblieben sind.

Da außer mir niemand mehr am Leben ist, der Maynards Lesung im Sommer 1938 miterlebt hat, möchte ich mit deren Schilderung beginnen. Wir trafen uns in Tilton – Maynards Landhaus. Mit »wir« meine ich den Memoir Club, das heißt Bloomsbury und zwei neue Mitglieder – Janie Bussy und mich. Maynard war wie immer charmant, brillant, beeindruckend und sehr überzeugend.

Der Essay hat, wie ich in Erinnerung rufen möchte, drei Hauptthemen. Maynard schilderte zuerst, wie er 1914 (in Wirklichkeit 1915) Bertrand Russell und D. H. Lawrence in Cambridge traf. Nach diesem Treffen war Lawrence deprimiert und wütend und voller Haß gegen Maynard. Auslöser für diese heftigen Gefühle waren auch Duncan Grant und Francis Birrell, die ihm wie schwarze Käfer vorkamen, abstoßend und obszön. Maynard weist darauf hin, daß Lawrence erklärt habe, wir – womit er Bloomsbury meinte – seien »erledigt«, und am Ende seines Vortrags kommt er unter gewissen Vorbehalten zu dem Schluß, daß Lawrence recht hatte. (»Erledigt« waren eigentlich nur Duncan, Francis Birrell und vielleicht Maynard selbst.)

* Quentin Bell, *Bloomsbury.* London: Weidenfeld & Nicolson, 1968.

288

Der Vortrag ist in großen Teilen eine Beschreibung von Cambridge in Maynards Jugendtagen, von den Reizen und Mängeln dieser Universität. Diese Beschreibung mündet in einen vorletzten Abschnitt über politische Moralvorstellungen, die aus Maynards Auseinandersetzung mit Bloomsbury resultierten.

Natürlich erregte das Kernstück seiner Erinnerungen, die Beschäftigung mit der Cambridger Jugend um 1903, bei seinen Zuhörern die meiste Aufmerksamkeit, da ja viele von ihnen die gleichen Erfahrungen gemacht hatten. Es gab ein paar kritische Kommentare. Desmond MacCarthy meinte, Maynard hätte ein zu düsteres Bild gezeichnet. Clive hatte einzuwenden, die besten Jahre seien bereits vorüber gewesen, als Maynard 1903 nach Cambridge kam und er, Clive, die Universität verließ. Insgesamt jedoch wurde der Essay gut aufgenommen; er hatte nostalgischen Charme.

Janie und ich waren deprimiert. Janie sagte, sie sei erstaunt, daß die Menschen, die für uns »Respektspersonen« waren, so besessen von G. E. Moore gewesen waren. Wir waren uns darüber einig, daß Maynard sehr reaktionär geworden war; beide waren wir mehr mit der unmittelbaren Zukunft befaßt als mit dem Cambridge der Vorkriegszeit: Die Krise von München stand kurz bevor.

Elf Jahre vergingen. 1949 veröffentlichte David Garnett *My Early Beliefs* unter Hinzufügung einiger Auszüge aus Briefen, die Lawrence ihm geschrieben hatte.* 1952 benutzte F. R. Leavis Maynards Text in dem Bestreben, Lawrences Größe hervorzuheben und Bloomsbury herabzusetzen. In meinem eigenen Buch habe ich darauf hingewiesen, daß Lawrence niemals Bloomsbury an sich attackierte, auch wenn er Maynard, Duncan und Francis Birrell eindeutig nicht mochte. Der Fehler dieser Leute bestand nicht in ihrer Geisteshaltung, sondern in etwas anderem – sie waren attraktiv, und Bunny (David Garnett) fühlte sich von ihnen angezogen.

Lawrence betrachtete Bunny als seinen Jünger; er war ein eifersüchtiger Prophet, der nicht ertragen konnte, daß seine Anhänger vom rechten Weg abgebracht wurden. Francis Birrell verdammte er ebenfalls:

* In: David Garnett (Hg.), *Two Memoirs*. London: Hart-Davis, 1949.

»Keynes, Grant, Birrell… sie alle waren ganz wunderbare Leute. Wenn erst einmal der Eifersuchtsdämon das Kommando führte, konnte man sie sich auch als Rivalen vorstellen, nicht als Rivalen, die geistigen Einfluß ausübten, sondern als sexuelle Rivalen… Lawrences Alptraumkäfer waren in Wirklichkeit… ein erotisches Phänomen.«*

Als ich das schrieb, hatte ich das Richtige im Blick, aber ich sah nicht weit genug. Ich lieferte einen Beleg, dessen Auswirkungen ich hätte bedenken müssen; er findet sich in einem Brief von Lawrence an Bunny.

In Worthing gestern waren viele Soldaten. Ich kann dir überhaupt nicht sagen, wie häßlich sie waren. »Sinneslust – für Insekten.« Ich mag die Sinneslust – aber nicht nach Insektenart – das ist obszön. Ich mag es, wenn Männer Tiere sind – aber Insekten – ein Insekt, das ein anderes besteigt – um Gottes willen! Die Soldaten in Worthing sind so – sie erinnern mich an Läuse oder Wanzen…

Niemand, nicht einmal F. R. Leavis, konnte annehmen, daß Lawrence hier über Bloomsbury sprach, aber es ist auch ganz klar, daß er keineswegs eifersüchtig ist; er ist einfach schockiert.

Seit der Veröffentlichung meines Buches ist sehr viel neue Information erschienen. Professor S. P. Rosenbaum hat das Beweismaterial autoritativ zusammengefaßt.** Klar ist jetzt, daß Lawrence nicht deshalb Einwände hatte, weil sein Freund Bunny von Duncan und Francis verführt wurde, sondern eher, weil er deren sexuelle Aktivitäten als obszön empfand. Lawrence hatte selbst homoerotische Anwandlungen, doch, wie Rosenbaum es formuliert, »fühlte sich Lawrence ohne Zweifel in erster Linie von Keynes' Homosexualität abgestoßen«.

Plötzlich ging eine Tür auf, und K[eynes] stand verschlafen blinzelnd im Schlafanzug da. Und während er so dastand, ahnte ich nach und nach etwas, was mir seither immer ein bißchen wahnsinnig vorkommt.

Bunny war das brennende Holzscheit, das Lawrence vor dem Verbrennen bewahren mußte; das von ihm erlassene Gebot war eindeutig:

---

* *Bloomsbury*, S. 75 f.
** Vgl. *Cambridge Quarterly*, Vol. XI, No. 1, 1982.

»Geh fort, David, und versuche, eine Frau zu lieben«. David hielt sich am Ende daran. All das habe ich 1968 zu sagen versucht. Ich glaube, daß es eine kritische Durchsicht verdient, aber mir ist inzwischen klar geworden, daß der Schlußteil von Maynards Vortrag am interessantesten und am fragwürdigsten ist.

»Wir«, das heißt die jungen Cambridger Studenten von 1902, »gehörten zu den letzten Utopisten, oder Melioristen, wie man sie manchmal genannt hat, die an einen stetigen moralischen Fortschritt glaubten, kraft dessen das *Menschengeschlecht* [meine Hervorhebung] bereits aus verläßlichen, vernünftigen, anständigen Menschen besteht, die sich von der Wahrheit und objektiven Maßstäben beeinflussen lassen und ohne Gefahr von den äußeren Zwängen der Konvention, von traditionellen Wertmaßstäben und starren Verhaltensregeln befreit werden können und von nun an den eigenen vernünftigen Neigungen, lauteren Motiven und zuverlässigen Eingebungen des Guten überlassen werden können.«*

So sprach Maynard, wenn er besonders unbekümmert war und ausprobierte, wieviel er sich leisten konnte, und man muß sagen, daß es einiges war. Natürlich meinte er nicht, daß die Cambridger Studenten zu seiner Zeit schlechter informiert waren als Nonnen in einem Kloster. Aber man kann zumindest annehmen, daß seine Kommilitonen sich sehr wenig für Politik interessierten und daß ihnen der Zorn der Massen und die Niederträchtigkeit und Grausamkeit der herrschenden Klassen unbekannt war.

Aber führten sie wirklich ein so behütetes Leben? In *Sowing* (*Säen*), dem ersten Band von Leonard Woolfs Autobiographie, heißt es:

Natürlich waren wir naiv. Doch im Alter und im nachhinein übertreibt und verzerrt man unfairerweise die jugendliche Naivität. Als wir 1900 die Gegenwart erlebten, ohne die Zukunft zu kennen, hatten wir einigen Grund, erregt und in Hochstimmung zu sein. Die in die Länge gezogene entscheidende Prüfung für Gesellschaft und Politik im Fall Dreyfus hatte noch nicht zur entscheidenden Niederlage des alten Regimes geführt, aber Dreyfus' »Begnadigung« ließ deren letztendliche Niederlage ahnen.

* *Two Memoirs*, S. 99.

Keinem, der sich für die Dreyfus-Affäre interessierte, konnte der Zorn des Mobs entgehen, der durch die Niederträchtigkeit und Grausamkeit der herrschenden Klassen getäuscht worden war.

Die Fehler und Torheiten, die zu dem Justizverbrechen von Hauptmann Dreyfus' Verfolgung führten, beschränkten sich nur auf Frankreich, doch konnte ein intelligenter junger Mensch ohne weiteres erraten, daß andere Länder – Südafrika oder China – noch ganz andere Verbrechen begingen. Wie sollten sie also ihre Regierenden ehren?

Nun lautete die Anklage, die Maynard gegen sich in jungen Jahren und damit implizit auch gegen Janie und mich erhob, daß es uns an Ehrfurcht fehlte. »Wir hatten keine Achtung vor der überlieferten Weisheit oder den Bräuchen, die Einschränkungen mit sich brachten. Es fehlte uns an Ehrfurcht (*reverence*)* – für alles und jeden, wie Lawrence feststellte, und wie auch Ludwig [Wittgenstein] zu Recht immer sagte.«

Leonard untersucht diese Anklage in seinem oben zitierten Buch. Im Lexikon findet er zwei Bedeutungen für das Wort »reverence«: erstens »als heilig oder erhaben betrachten«, und in dieser Bedeutung scheinen Maynard, Wittgenstein und vermutlich D. H. Lawrence das Wort zu verwenden; zweitens »tiefe Achtung und herzliche Zustimmung« – das, was Leonard für G. E. Moore empfand. Das Problematische an dieser Definition ist ihre Dehnbarkeit. Wenn beispielsweise Roger Fry, der nie sehr große Achtung für Moore empfand, etwas an dessen Philosophie auszusetzen gehabt hätte, hätte Leonard mit ihm diskutiert, ihm jedoch nicht mangelnde Ehrfurcht vorgeworfen.

Für D. H. Lawrence, für Maynard und vielleicht auch für Wittgenstein ist diese Wortbedeutung bei weitem nicht stark genug; Ehrfurcht übersteigt jede Argumentation, sie entsteht nicht im Kopf, sondern im Solarplexus. Man muß sich im Tempel Rimmons verneigen und darf keine Fragen stellen, denn das wäre für alle guten Rimmoniten beleidigend.

Es sieht aus, als seien alle Cambridger Studenten in diesem Sinne

---

* Dieser Begriff bedeutet im Englischen sowohl »Ehrfurcht« als auch »Verehrung«. [Anm. d. Ü.]

ohne Ehrfurcht gewesen: Sie glaubten an Dreyfus' Unschuld, wohingegen sie ihn hätten für schuldig halten müssen, wenn sie der Autorität von Kirche und Staat die angemessene Ehrfurcht entgegengebracht hätten.

Maynard fährt fort:»Wir kamen nicht auf den Gedanken, die außerordentliche Leistung zu respektieren, die unsere Vorgänger erbracht hatten, indem sie dem Leben eine Ordnung gaben (so stellt es sich mir heute dar) und zum Schutz dieser Ordnung ein wohldurchdachtes System ersannen.«

Ich wünschte, Maynard hätte etwas mehr über dieses wohldurchdachte System gesagt; er sagt uns nicht, wer es wo und wann konstruiert hat. Wir erfahren nur, daß er und seine Freunde es nicht respektierten. Sollen wir daraus schließen, daß er und sie die Gesetze ihres eigenen Landes ignorierten oder übertraten? Gewohnheitsverbrecher im landläufigen Sinn waren sie wohl kaum. Eine Konvention ignorierten sie jedoch mit Sicherheit. Nach den seit Jahrhunderten geltenden, traditionellen Wertmaßstäben und starren Verhaltensregeln war Homosexualität ein Verbrechen. Früher galt sie als Kapitalverbrechen, und in Maynards Jugend war sie immer noch eine Obszönität, die man fast nicht erwähnen durfte. Bis vor kurzem wurde sie ziemlich streng bestraft. Was hat Maynard, seine früheren Überzeugungen und Liebschaften vorausgesetzt, wirklich über Homosexualität gedacht? Leider erfahren wir das nicht. Er wendet sich anderen Themen zu und entwickelt seine Verteidigung der Unvernunft.»Manch spontaner, irrationaler Ausbruch der menschlichen Natur kann einen Wert besitzen, von dem unser Schematismus abgeschnitten ist. Selbst Gefühle, die mit Boshaftigkeit assoziiert werden, können einen Wert haben. Und zu den Werten, die sich aus spontanen, vulkanischen und sogar boshaften Impulsen ergeben, kommt viel Nachdenkenswertes und Verbindendes hinzu, was wir noch nicht kennen – Dinge, die mit der Ordnung und Struktur des Lebens in der Gemeinschaft und den Gefühlen zu tun haben, die sie hervorrufen können.«

Ich kann nicht glauben, daß Maynard eine Apologie derjenigen zu schreiben beabsichtigte, die Neger lynchen oder jüdische Kinder vergasen, doch wäre es nicht für diejenigen, die aus einem »spontanen vulkanischen« Impuls heraus handelten, die das Lebensmuster ordneten, indem sie die Gemeinschaften lehrten, sich in ihrem Haß gegen fremde Rassen zu vereinigen und über Morde zu jubeln, ein leichtes gewesen, Maynards Worte zu zitieren und in ihnen »einen Wert« zu entdecken?

An dieser Stelle ist es vielleicht hilfreich, auf jenes erste Treffen von 1915 zurückzukommen, mit dem Maynard seinen Vortrag begann. Bertrand Russell war der dritte in dieser Diskussionsrunde; er behauptet, daß »Lawrence die gesamte Philosophie des Faschismus bereits vor den Politikern entwickelt hatte«. Das ist sicher eine Übertreibung; Lawrence war weder Nationalist noch Rassist. Er sympathisierte jedoch mit der Vorstellung von einem autoritären Staat, er vertraute eher auf den Solarplexus als auf den Verstand, und er verlangte nicht Zustimmung, sondern Gehorsam. Vielleicht kann man sagen, daß er kein Faschist war, jedoch durchaus Sympathien für die faschistische Ideologie hegte.

Läßt sich das auch von Maynard behaupten? Vom jungen Maynard sicher nicht; aber im Jahr 1938 war er kein so eindeutiger Fall mehr. Woran glaubte er wirklich? Zu Argumentationszwecken habe ich natürlich vieles vernachlässigt; Maynard hatte nämlich zwei Persönlichkeiten. Es gab den Gutsherrn von Tilton und den jungen Mr Keynes, den Maynard später verurteilte, der aber nicht zum Schweigen gebracht werden konnte. Der alte Keynes bedauerte, daß die Jugend die konventionelle Moral nicht anerkannte. Der junge Keynes unterbrach ihn: »Ich bin weiterhin ein Immoralist.« Er verurteilt die »Religion« von Moores Jüngern und betont gleichzeitig, daß »es eine Religion war, bei der man sich sehr gut entwickeln konnte... sie ist immer noch meine eigentliche Religion«. Und nachdem er mit Nachdruck behauptet hatte, Lawrence habe recht, fand er schließlich heraus, daß er letztendlich doch nicht so sehr recht hatte. Maynard widersprach sich, und das gibt mir die Möglichkeit, ebenfalls zweideutig zu sein. Vor dem Hintergrund von Maynards früheren Überzeugungen finde ich seine späteren politisch bedauernswert. Doch weil der junge Maynard überlebt hat, dürfen wir dem alten verzeihen und ihn weiter gern haben.

Register

Bildnachweis